JN063359

第5版

前・松蔭大学大学院教授
岸田貞夫

前・中央大学商学部教授
矢内一好

慶應義塾大学法学部教授
吉村典久

共栄大学国際経営学部教授
秋山高善

専修大学商学部教授
柳　裕治

駒澤大学経営学部講師
柳　綾子

武蔵野大学経営学部准教授
髙橋里枝

財経詳報社

はしがき

この本は、租税法にはじめて関心を持つ人たちのための入門書、特に、大学や研修における租税法の講義のための教科書となることを目的としている。

従来、このような目的での教科書としては、金子宏先生の『租税法』が、まずあげられる。内容の格調の高さ、他の分野との関連性の豊富さ、説明の理論的高さと理論の明快さ等は、全く他の類書を抜いて、ただただ素晴らしいの一語に尽きる。

ただ、実際に利用していると、大学等における授業時間の必ずしも多くはないこと等から、その半分以上も消化しきれないという現象にある場合もある。

そこで、租税法の体系を全体的に容易に観察できるよう、また、現在の大学の授業時間等にマッチした、最小限度の基礎的な内容の簡潔なテキストを持ちたい、と思わないでもない。

本書は、このような目的のテキストがあってもよいのではないか、との発想で、世に送り出されたものである。

本書では、租税法体系のうち、所得税、法人税、消費税、相続税・贈与税に係る法について内容としている。それは、これらに係る国税収入額が、全国税の大部分を占めていて、その重要度が高いからである。また、経済の国際化を考え、国際租税についても説明している。

本書の内容は、租税法の大略を紹介することを目的とし、また、学生等にとってハンディであることを考えると、限られた紙数を前提とし、簡潔を旨としている。内容的には、不足部分や補充すべき部分が少なくない、と思われる。このような部分は、それぞれの専門書を参考にし、むしろ、教えられる先生方が批判し、補充されることを予想前提としている。

ただ、記載に際しては、なるべく「意義」「趣旨」「根拠」「理由」等の項目を設けて、理解のしやすさを図ったつもりである。

また、問題意識をもって項目を見てもらうべく、大きな項目の当初に簡単な問題（副題）を設けている。

現在の大学生等に要求されるのは、限られた時間において、多くの知識を得ることよりも、少ない問題についてでも、考えて理解することに多くの時間を割くことではないか、と思われる。深さのある考え方から、普遍的な、応用力のある思考力が生まれるのではないか、と思っている。

本書の刊行については、財経詳報社の宮本弘明社長に格別のご尽力をいただきました。感謝申し上げます。

令和５年９月

著者を代表して　岸　田　貞　夫

目　　次

第2章　所得税法……27

第4章　相続（贈与）税法……209

第5章　消 費 税 法

第6章　国際租税法……263

凡　　例

1　本書においては、文中の法令、通達等について、次の略語を用いた。

通　法	国税通則法
国手法	国税に係る共通的な手続並びに納税者の権利及び義務に関する法律
徴　法	国税徴収法
所　法	所得税法
所　令	所得税法施行令
所　規	所得税法施行規則
法　法	法人税法
法　令	法人税法施行令
法　規	法人税法施行規則
耐　令	減価償却資産の耐用年数等に関する省令
相　法	相続税法
相　令	相続税法施行令
相　規	相続税法施行規則
措　法	租税特別措置法
措　令	租税特別措置法施行令
措　規	租税特別措置法施行規則
措　通	租税特別措置法関係通達
災免法	災害被害者に対する租税の減免、徴収猶予等に関する法律
軽減法	経済社会の変化等に対応して早急に講ずべき所得税及び法人税の負担軽減措置に関する法律
円滑化法	中小企業における経営の承継の円滑化に関する法律
租税条約実施特例法	租税条約の実施に伴う所得税法、法人税法及び地方税法の特例等に関する法律
消　法	消費税法
消　令	消費税法施行令
消　規	消費税法施行規則
印　法	印紙税法
所基通	所得税基本通達
法基通	法人税基本通達
相基通	相続税法基本通達
消基通	消費税法基本通達

＊「法法22③一」は法人税法第22条第３項第１号を表す。

＊税務に関する法令以外の法律については、略語を用いていない。

2　本書においては、判例集等について、次の略語を用いた。

行　録	行政裁判所判決録
民　集	最高裁判所民事判例集
刑　集	最高裁判所刑事判例集
行　集	行政事件裁判例集
裁　時	裁判所時報
訟　月	訟務月報
税　資	税務訴訟資料
判　時	判例時報
判　タ	判例タイムズ

第1章　総　　論

1　租税及び租税法とは（租税はなぜ支払わなければならないのか）

(1)　租税の意義

租税とは、国及び地方公共団体がその経費に充てる目的をもって、無償で一般国民から強制的に徴収する財貨である。その特色として、①公益性（公共サービスの提供に必要な資金の調達)、②権力性（国等が一方的、権力的に課税、徴収する場合がある)、③非対価性（反対給付としての性質を有しない）があげられる。特に、私有財産制を前提とする経済社会においては、国等は資本材を有していないことから、国等は公共サービスのための財を租税の形で収集せざるを得ないので、税の機能は重要なものとなる。

そこで、主権者たる国民は、国等の維持及び活動に必要な経費を負担することを求められ、憲法は、教育の義務、勤労の義務と並んで、国民の三大義務の一つとして、納税の義務（憲法30）を規定している。

(2)　租税の目的

(A)　公共サービスのための資金の調達

現代の国家は国民の福祉の増進を目的とするものが多く、国家はこの目的を果たすために多額の資金を必要とする。すなわち、国家は、国防、警察、公共事業等の公共サービス（公教育、公営住宅の建設等の準公共サービスを含む）を行うことが要求されているが、その資金の大部分を、租税という反対給付のない形で収集してくるのである。国等は、租税以外の形で資金を調達してくる場合もある（国家所有の資源の販売等による収入等）。しかし、通常は、私有財産制を前提とする国家社会においては、かかる資源も私人が所有している場合が多く、その他私人の経済活動による経済的利益のなかから資金を調達せざるを得ない。租税は、かかる資金の調達の主な手段として利用されている。

(B)　富の再分配

現代の国家は、多かれ少なかれ社会保障政策を採用しており、また、国民間に極端な経済的不平等が存在することは、国家社会の存在として好ましくないと考えている。この考慮は、政策の履行として財を支出する場合に限られず、租税として社会から財を収集する場合にも働いている。経済的に余裕のある者に対して多額の課税がされる理由は、同人はそうでない者よりも担税力（税金を負担できる能力）が多いということもさりながら、同時に富者から財を徴収して、そうでない者に財を配分することによって、富を各国民間にある程度公平に分配しようとこころみていることにある。具体的には、累進税率による所得税や相続税等において、この趣旨が表れている。

(C)　景気調整

租税は国民経済のなかから少なからざる財貨を徴収していることから、国民経済に与える影響も少なくない。そこで、国民経済の健全な発展を維持するために、租税が政策的に利用される場合が多い。例えば、景気が好調であるときには、徴収する税額が多少高くても（税率を高くし、又は新しい税を創設するなど）、その負担に堪えることができると同時に過大なインフレを抑止する効果を有し、また、景気が不調のときは、徴収する税額を少なくして投資や消費を刺激して国民経済を活発にしようとするものである。

(D)　その他の政策目的に資するため

租税はその他土地政策、公害対策、産業保護政策等に、直接的又は間接的に利用される場合が少なくない。

(3) 租税の根拠

租税は国家等によって強制的に一方的に課されるのであるが、その実質的な理由はどこにあるのか、従来から、論争されているところである。

かつては利益説が有力であり、租税は国民が国家によって財産や身体を保護されている利益に対する対価である、と考えられていた。この見解は、各人の受ける利益と税負担とは比例しなければならない、とすることになるが、しかし、この考え方は税負担を求めている実態と著しく差異があると批判された。この後、国家はその目的を達成するために課税権を有し、国民は当然に義務を有するとする義務説が台頭してきた。この見解も、国家を国民を超えた歴史的必然的なものとして権威主義的な国家思想に結び付くものであるとして批判されている。

現在では、国家社会の維持のための必要な経費を、国民がその負担できる能力等に応じて支払うとされる会費の如きものとする会費説が有力に主張されている。

(4) 租税法とは

租税法とは租税に関する法の体系をいう。課税主体の差異によって、国税（国）と地方税（地方公共団体）とに、また、租税負担者を基準として、直接税又は間接税に分類される。その内容によって、国税については、手続法（国税通則法（平成23年度税制改正法案によると国税通則法が「国税に係る共通的な手続並びに納税者の権利及び義務に関する法律」（国税手続法）に改題される。）、国税徴収法等）、実体法（所得税法、法人税法、相続税法、租税特別措置法等）、租税救済法に分類される。その他、課税対象の相違によって、収得税、財産税、消費税、流通税に分類される（巻末、主要税目一覧参照）。

(5) 租税法の法源

租税法の法源（法として援用できる法形式）としては、次のものがあげられる。

① **憲法**……憲法は国の最高法規であり、その趣旨に反する法律等は無効になり、また、それに反する行政行為等は無効になる。さらに租税法の原則に関するものとして、憲法14条及び84条があり、その他13条、22条、24条、25条、29条等の規定との関連が問題とされる場合が少なくない。

② **法律**……租税法律主義の見地から一番重要な原則的な法源である。租税法としては他の法規に共通的に適用される国税通則法（国税手続法)、国税徴収法と、個別的な課税要件を規定する内容の所得税法、法人税法、相続税法等に大別される。

③ **政令・省令**……政令は内閣の制定する命令（法人税法施行令等）であり、省令は各省大臣の制定する命令（法人税法施行規則等）である。法律では基本的な事項を規定し、政令等ではその施行のための細目的な事項を規定する場合が多い。政令等には、法律を施行するための執行命令と、法律又は政令の特別の委任を受けた委任命令とがある。

④ **告示**……各省大臣等がその所掌事務に関して行う公示（指示、決定等）をいう。告示は、租税法上の要件を補充的に指示しているときには、租税法の法源の一つになる。

⑤ **条例・規則**……条例は地方自治体の議会が制定し、規則は地方自治体の長が制定する法規である。地方税法は、地方公共団体がその地方税の税目、課税客体、課税標準、税率その他賦課徴収について定めをするには、当該地方公共団体の条例によらなければならない旨を、また、地方公共団体の長は、条例の実施のための手続その他その施行について必要な事項を規則で定めることができる旨、規定しており、地方税法の主要な法源である。

⑥ **条約**……近時は国際的取引の発達に応じて租税条約を締結し、租税問題の国際間の取扱いを調和させている場合が多い。国際条約優先の原則から、該当事項については法律に優先して適用される。なお、条約の一種として、それを補足するために交換公文という通牒が相互に交換され

る場合が多い。国会の承認を要しない点で委任立法に類似している。

⑦　**通達**……通達（上級行政庁が下級行政庁に対して発する命令、指令）は、法源ではなく、国民や裁判所を拘束するものではない。しかし税務行政の実務は通達によって行われていることから、事実上、納税者に大きな影響を与えている。

(6)　租税法の適用範囲（効力）

(A)　地域的限界

租税法はその制定主体の権限の及ぶ全地域に効力を及ぼし、それを限界とする。すなわち、法律等は日本の領土の全部に及び、条例等はその地方公共団体の区域内において効力を有することになる。

(B)　人 的 限 界

租税法はその効力の及ぶ地域内のすべての人に対して適用される。その国籍の別、自然人又は法人の別なくその対象とする。ただし、外交官等の治外法権の認められている者については、適用が除外されている。

(C)　時間的限界

租税法は他の法律と同様に、公布された後にその施行日と定められた日に効力を発し、原則として、その時以後の事実に適用される。公布の日より以前の事実に遡って効力を有するかどうかは、立法の問題である。納税義務者の不利益になるように遡及することは、法的安定性を害することになるので許されないと解されている。

2　隣接科学との比較（財政学等とはどのように異なるのか）

租税の研究の仕方には種々の学問分野がある。それぞれの見地からのアプローチがある。次の学問分野は租税法とは目的を異にするが、密接な関連を有している。

① 会計学……会計学は企業の資本及び利益の算定に関する原理と技術の体系的研究を目的とするものであるが、その際に課税標準の基礎となる所得の額の算定に関する原理や技術の研究も併せて行っており、税法学と密接な関連を有している。

② 財政学……租税の本質や役割、並びにその機能と効果等の分析を研究するものである。

③ 租税政策学……現行租税制度の合理性を検討し、いかなる制度を採用すべきか等、租税法における立法のあり方の見地から考究するものである。

3　租税法律関係の特色（私法上の法律関係とどのように異なるのか）

(1)　債権債務関係

租税をめぐる国と国民との関係については、権力関係説（国民は、優越的、権力的意思の主体としての国の課税権に従属する関係とみる説）が有力であった。しかし、現在では債務関係説（国と国民とは、法律のもとにおいて租税債権者と租税債務者との対立関係にあるとみる説）によって説明されている。債務関係説によれば、課税権は法律に基づくものと理解すれば足りるとして、極力、権力的要素を排除すべきとすることになる。

(2)　公法上の法律関係

この債務関係説によるとき、それは同時に公法上の債権債務関係であることから、その内容は法定され、私法上の債務のように当事者の合意によって定まるのではない。また、租税に関する法律上の訴訟は、行政事件として行政事件訴訟特例法の適用を受けることになる。

(3) 公益性の要請

租税は公共サービスの資金の調達の手段であることから、その確定手続及び徴収手続において、課税権、徴収権を行使する国等に対し、私法上の債権者にはない優越的な権利が認められている（更正処分等の際の質問調査権や徴収における自力執行権など）。

4 租税法の基本原則

はじめに、租税原則としては、まず、アダム・スミスの租税原則があげられる。

この原則は、①公平の原則（各自の能力に比例して納税すべきであること）、②明確の原則（支払期日、金額、方法が明確であること）、③便宜の原則（納税の時期、方法が納税者にとって便利であること）、④最小徴税費の原則（徴税費はなるべく少額であること）の四原則からなっている。

この考え方は、現在でも、租税法の基本的な原則といいうる。

(1) 租税法律主義（法律に規定していない行為について課税できるのか）

(A) 意　　義

法律の根拠に基づかずに、租税を賦課、徴収することはできない、とする原則である（憲法84）。この原則は現代の法治主義の一つの表れであるが、同時に、中世からの「同意なしには課税なし」の原則を継承し、発展させたものである。

すなわち、法律に規定されていない行為や事実に対しては課税することは許されないとするものである。この原則は、また、納税者にとって自己の行為の税法上の効果について予測を与えることになるという意義をも有している。租税法の原則のうち最も基本的なものであり、租税法規の解釈等において重要な役割を果たしている。規定の趣旨を拡大、類推して課税するというような解釈はこの原則に反するとして許されないことになる。

(B) 内　　容

(a) 課税要件法定主義

納税義務が成立するには、法律でそのための要件（課税要件）を規定していなければならず、また、租税の賦課並びに徴収の手続は法律によって直接的に規定されていなければならない、とする原則である。この原則からみると、政令や省令に課税要件等が規定されている場合に、これらの政令等の効力が問題となる。通説によれば、法律が政令等に課税要件の設定を具体的、個別的に委任しているときの政令等による規定は有効であるが、それ以外の場合の政令等による課税要件の規定は効力を有しない、と解されている。

(b) 課税要件明確主義

課税要件を法律で規定する場合でも、その内容が一義的であらねばならない、とする原則である。多義的な見解を認めるような、あいまいな規定であっては、結果的に課税要件を法定することの意義をなくし、また、納税者にとってその行為の効果の予測可能を否定することになるからである。

(c) 手続的保障原則

租税の賦課、徴収等に係る行為（行政処分）は納税者の財産権に重要な影響を及ぼすものであるから、それに係る要件、手続は法定されており、かつ、その内容も適正であることが求められる。

法律上、課税の対象となることが明らかではない行為について課税しようとすることは、規定の解釈の問題や課税公平の原則から、肯定する見解もあるが、租税法律主義はそれらに優越する基本的原則とみれば、原則として課税されない、というべきである。

⑵　租税公平主義（租税平等主義）（平等というとき、形式的平等か実質的平等か、いずれを尊重すべきか）

⒜　意　　義

租税は納税者の担税力に応じて公平に負担されるべきであり、また、租税法規の適用に際しては各納税者に平等に取り扱われなければならない、とする原則である。これは、「課税のうえで、同様の状況にあるものは同様に、異なる状況にあるものは状況に応じて異なって扱われるべきことを要求する」（金子宏『租税法（第17版）』81頁）ことになる。現在、租税の負担は納税者の担税力に応じて差異があることが合理的であると解されているが、その差異がどれほどであれば合理的といわれる範囲内であるかは、一概にいいえない。原則的には、立法政策に委ねられている。

⒝　平等の内容

租税公平主義は重要な原則の一つといわれているが、具体的に何をもって公平であるのか、問題となることが少なくない。また、公平といっても、垂直的公平（異なる状況にある者間における負担の公平）と水平的公平（同じ状況にある者間における負担の公平）とがある。一般的には一方に偏することなく、両者を考慮して定めることになる。

⒞　執行における平等

公平の課題は立法におけるのみならず、執行において重要である。前者は政策上の考慮からその裁量範囲は少なくないが、後者は通達の適用等の場合を通じて厳しく、ある意味では形式的にせよ厳格に求められる。

⑶　自主財政主義

これは、地方自治体は、憲法上の自治権の一つとして課税権を与えられ、それによって、自主的にその財源を調達できるとする原則をいう。

もっとも、このような課税権に対し、各自治体の住民の税負担が著しく不均衡になることを防ぐため、地方税法という法律で、統一的な準則を設けている。この趣旨は、国の行政機関の指揮・監督権をなるべく排除し、地方自治体の判断を尊重するということを無視するものではない。

5　租税法規の解釈原理（税法の解釈と他の法の解釈とはどこが違うのか）

(1)　解釈の意義

法の解釈とは、法の意味内容を明らかにすることである。租税法規の用語や概念の多義性、技術性から他の法分野におけると同様、常に解釈の必要が求められる。

(2)　解釈の基本原理

租税法の解釈については、他の法分野におけると同様に文理解釈（条文の文言の通常の意味に従うもの）、趣旨解釈（法律を論理体系に構成し、各条文を論理的に意味ある内容として理解するもの）、類推解釈（類似性のあることを理由として同じ効果を認めるもの）、反対解釈（類似性がある場合でも規定が存在しないことを理由として同じ効果を認めないもの）等の方法が考えられる。しかし租税は国民に経済的負担を求めるものであり、租税法の解釈に際しては、法的安定性、予測可能性の要請が働くから、みだりに拡張解釈や類推解釈を行うことは許されない。なお、租税法の規定上、実質課税の原則が存在している（所法12、法法11）。これは課税対象となる契約等の解釈について、その文言にとらわれることなく、その実質関係に着目して解釈すべきであるということであり、この規定によって、租税法規の解釈が拡大されるものではない。

(3)　借用概念の解釈

租税法で用いられている概念は、大別すれば固有概念（税法独自の概念・

用語で、税法で定義されている場合が多い）と借用概念（他の法分野で用いられている用語等をそのまま用いる）とに分かれる。借用概念については、それを他の法分野で用いられている場合と同義に解釈すべきか、それとも税法上の原則たる課税公平の立場に沿って解釈すべきか、争われている。法的安定性の見地から、特に別異の解釈をすべきか明らかでない限り、他の法分野において用いられている場合と同義に解釈すべきである。

(4) 信義誠実（禁反言）の原則の適用

信義則の原則は私法の分野から発展したものであるが、その考え方の合理性、普遍性のゆえ、公法の分野にも一般的に適用されると理解されている。その際、課税庁側の誤った内容の見解等を信頼して行動した納税者をどのように扱うかの問題において、信義則（禁反言の原則（以前の自己の表示に反する言動は禁止されるという考え方））が適用されるべきか否か、見解が争われている。

課税は法に従い正しく適用されるべきであるとの立場を重視すれば、上の見解を信頼した納税者を犠牲にしても正しく法を適用することが要請される（合法性の要請）。しかし、課税庁の見解を信頼した者を保護しなければ法的安定性を害することになる（信頼性の保護の要請）。多くの学説、判例は、これら両者の要請を具体的な場合に比較衡量して信義則の適用があるべきかどうかを判断している。認めるとする場合、要件として、①行政庁が納税者に信頼の対象となる公の見解を表示したこと、②納税者の信頼が保護に値するものであること、③納税者が表示を信頼し、それに基づいてなんらかの行為をしたこと（金子、前掲129頁以下）にいずれにも該当するものでなければならないと理解されている。

(5) 租税回避

租税回避とは、通常用いられない私法上の行為を選択することによって、意図した経済目的を実現しながら、通常用いられる法形式に対応する課税要件の充足を免れ、税負担を減少又は排除するような行為をいう（脱税又は節税と区別される）。租税回避行為の効果をそのまま認めるかどうかは、税法の解釈の問題である。その効果を認めない旨の規定のある場合（(同族会社の行為計算の否認等)（所法157、法法132等)）を別にして、かかる規定が存在しない場合の行為については、公平課税の見地から問題があるとしても、租税法律主義を重視する見地からは、一般的にはそのまま認めざるを得ない、と理解されている。

近侍、国際的な租税回避に対応する問題として、BEPS（税源浸食と利益移転）に対する対応策が今日日本を含み各国において検討されている。

6　納税義務の成立（課税要件にはどのようなものが含まれるのか）

(1)　納税義務の成立

納税義務は、納税者の行為や事実状態が課税要件を充足することによって成立する。

(2)　課 税 要 件

課税要件とは、法律上、次のような事項をいう。

① **納税義務者**……納税義務の主体をいい、その者の行為等に基づき、所得を得たこと等によって税法上納税義務を負担すべき者（源泉徴収義務者は狭義の納税義務者ではないが、源泉徴収した税額を納付する点で納税義務者に含む扱いを受ける場合がある）をいう。納税義務者には、自然人、法人のみならず、人格のない社団・財団（権利能力なき社団等）もなりうる。納税義務者は、わが国における居住の有無や居住期間の長・短等の事情に対応して生じる納税義務の範囲の差異によって、無制限納税義務者（国内、国外から生じるすべての所得について納税義務を

負う者）と制限納税義務者（主に国内で得た所得等についてのみ納税義務を負う者）に分けられる。なお、連帯納税義務者（連帯して納税義務を負担する場合）及び第２次納税義務者（本来の納税義務者が租税を滞納している場合に、同人に代わって納付すべき義務を負担する者）を含めて用いられることがある。

② 課税物件……課税の対象となる物、行為又は事実をいう。例えば、所得税、法人税の課税物件は個人又は法人の所得であり、相続税、贈与税のそれは相続又は贈与によって取得した財産であり、消費税のそれは資産の譲渡等又は外国貨物の引取りである。

③ 課税物件の帰属……課税物件が帰属した者が納税義務者になる。

④ 課税標準……課税物件を金額、価額、数量等で表示したものをいう。

⑤ 税率……税額を算定するために課税標準に対して適用される比率をいう。

(3) 抽象的成立

以上によって、納税義務は成立することになるが、これによって直ちに具体的に納税義務を負うことにはならない。納税者はこの段階では一般的には、納税義務の内容が確定されておらず、具体的な納税義務を負っているのではないからである。

7 納税義務の確定（申告納税制度はなぜ好ましい制度といわれるのか）

(1) 確定方法

納税義務の成立した国税では、具体的に次の手続によって確定する。

(A) 自動確定方式

税法による課税要件を充足すれば、特別の手続を要せず確定するもの（登録免許税、印紙税等のように、課税要件の充足の有無が明らかであり、かつ、税額の算出が容易なものが多い）をいう。

(B)　申告納税方式

納付すべき税額が納税者のする申告（課税庁へ自ら通知すること）により確定する方式であり、主要な税目はこの方式によっている。納税者は自己の所得内容を一番よく知っているはずであるから、まず、同人の申告によることが効率的であるし、納税者の自主性を重んじるという点においても好ましいからである。

さらに、適正な内容の申告を奨励するために青色申告制度がある。これは、正しい内容の申告には納税者が帳簿を備え付けて正確な記帳をすることが必要であるとの考えから、正確な帳簿書類等を備え付けている納税者には、青色の申告書で申告させるものである。この制度を奨励するため、課税所得の計算等において有利な取扱いを認めている。

なお、税法上この申告内容を是正すべき場合には、納税者からは修正申告、更正の請求の制度が、また、課税庁からは更正（再更正を含む）、決定の方法がある。

修正申告とは、納税者が申告後に、その申告にかかる税額が過少であったこと、あるいは純損失等の金額が過大であること等に気づいて、更正があるまでに税額等を修正（自己に不利益に是正）する内容の申告を行うことをいう。

また、更正の請求とは、納税者が申告後に、その申告にかかる税額が過大であること、あるいは純損失等の金額が過少であること等に気づいて、税額等の減額を求めて行う申立てをいう（課税庁に対し減額更正処分をすることを申請する）。更正の請求には、申告にかかる税額が申告の当初から過大である場合と、申告後に生じた事由（売買契約の解除等）によって、結果的に申告税額が過大となった場合とになされるものがある。

(C)　賦課課税方式

納税すべき税額が専ら課税庁の処分によって確定するものをいう（酒税、

加算税等)。

(2) 更正、決定

(A) 更正等とは

更正等とは申告内容が法に従っていない場合に、課税庁が課税標準等の調査に基づいて課税標準及び税額を是正する手続をいい、更正と決定がその内容である。決定は申告すべき所得があるのに申告がされていないときに、また、更正は申告内容が法の規定に従っていないとき（課税標準が過大又は過小であるとき）になされる。

(B) 推計課税による更正

更正等を行う場合に実額（本人の適正な帳簿書類等の直接資料による額）によって計算できない場合に、やむを得ず間接資料（それ以外の本人の収入や費用の額を間接的に推定させる資料）によって所得額を推計して更正、決定を行うことがある。推計課税の一般的な方法としては、純資産増減法（課税期間の期首と期末の純資産額を比較し、その増加額を基準として所得額を推定する方法)、比率法（仕入金額、売上金額、又は収入金額等の一部又は全部を実額で把握し、類似同業者等の差益率、所得率、経費率等を適用して所得額を推定する方法)、効率法（従業員数、使用電力量等を基に比準同業者のこれらの１単位当たりの所得額の平均値を乗じて所得金額を推定する方法）等が用いられている。なお、推計課税による更正等は、推計課税の許容性の要件（実額計算のできない場合にのみ可能であるということ）及び合理性の要件（適正な推計方法の選択及び推計計算の内容の妥当性）を充足していないと取り消される、と多くの学説、判例は解している。

(C) 同族会社の行為計算の否認による更正

同族会社（会社の株主の上位３グループ保有株式数が発行済み株式総数の過半数を占める会社等）の行為（外部的な取引行為）や計算（内部的な評価、算定）が経済的合理性を有しないような場合には、課税庁は通常の場合にされる行為や計算に引き直して更正することができる（所法156、法法132、相法

64等)。納税者の行為や計算が合理性を欠いている場合とは、租税回避以外の理由ないし目的が存在しない場合のみならず、独立的な関係にある当事者間では通常行われないような性質の行為等がされた場合も含まれる、と解されている。

8　附帯税（附帯税はどのような役割を有しているか）

(1)　附帯税の意義

本来の租税債務に附帯して生じる従たる債務を、附帯税と呼んでいる。本来の租税（所得税、法人税等）ではないが、本来の租税と合わせて（附帯して）徴収される場合が多いので、このように呼ばれている。適正な申告、あるいは適正な納税が履行されなかった場合に、特別の経済的負担を課すことによって、それらの義務の履行の確保を図るものである。

(2)　附帯税の種類

これには、延滞税、利子税、加算税及び過怠税がある。

① **延滞税**……法定納期内に租税を納付しない場合に、未納税額を課税標準として課される（通法（国手法）60)。遅延損害金に相当し、納付遅延に対する民事罰の性質を持っている。

② **利子税**……申告書の提出期限の延長又は延納が認められた場合に、その間の約定利息の性質を持つものである（通法（国手法）64)。

③ **加算税**……申告義務及び徴収納付義務が適正に履行されない場合に課される附帯税である（通法（国手法）65以下)。過少申告加算税、無申告加算税、不納付加算税及び重加算税に分かれる。

加算税は、過少に申告された税額、申告すべきであったのに申告されなかった税額あるいは徴収納付されなかった税額等を課税標準として算出されるが、さらに、それらの行為が隠ぺい、仮装という不正手段を伴ってなされた場合には、その部分の税額に対し、通常の加算税に代えて、加重された税率の加算税（重加算税）が課される（通法（国手法）68等）。

④　過怠税……印紙税の課税対象となる文書の作成者が、印紙税の納付又は印紙税の消印を怠った場合に課される附帯税である（印法20）。

9　租税救済手続法（なぜ課税処分等に対して異議(不服)が認められるべきなのか）

(1)　救済方法の存在意義

課税庁側の更正、決定又は徴収処分等は、最終的には納税者の意思に反してもなされるものである。それ故、これらの処分が法律の規定に従って、適法にされているかどうかを検討する機会が納税者に保証されなければならない。そこで、法は行政手続における不服申告制度と司法手続における抗告訴訟制度とを備えている。

(A)　不服申立前置主義

司法段階における手続は、原則として、不服申立てを経た後でなければ利用できないことになっている。この理由は、①不服申立てを通じて課税庁側も処分の見直しをする機会を与えられることによって反省の資料を得ることができること、②不服申立てによって解決すれば結果的には迅速な解決になること、③不服申立てを経ることにより裁判所での事務量の軽減に資することなどの考慮による。

(B)　不服申立要件

救済制度を利用するには、救済の対象となる国税に関する法律に基づく処分の存在と、それを利用する資格（処分によって直接その法的地位に影響を受けた者）と、法的利益を有すること（その処分によって不利益を受けたこと）が必要であり、さらに、申立期間内にされているなど適法な申立てがされていることが要件となる。

(2) 行政手続における救済方法

(A) 再審査の請求

処分を行った原処分庁に対して、その処分の適法性、相当性の見直しを求める制度である。処分を受けた納税者は、再調査の請求か審査請求のいずれかを選択して不服申立てをすることができる。再調査の請求を受けた処分庁は、その処分を行った職員とは別の職員によって処分を審理させ、その結果につき、処分の取消（全部又は一部)、変更（申立者にとって従前よりも不利益に変更することはできない)、棄却、又は却下の決定を行う。この決定に不服のある納税者は、審査請求においてその処分の取消、変更を求めることができる。

迅速な判断を得られる反面、判断内容の第三者性に疑問を抱かせるおそれがある。

(B) 審査請求制度

再調査決定を経た後の処分に不満のある納税者は、その処分の取消、変更を国税不服審判所長に対し審査請求によって求めることができる。審査請求制度の特色は、国税についての執行機関（国税庁等）から独立し、専ら審査請求の審理のみを職掌とする国税不服審判所（国税庁の独立機関）が第三者的立場から処分を審理することにある。また、審理方式も職権審理に当事者的審理構造を加味して申立者の地位、権利を擁護する仕組みになっている（閲覧請求の制度等その他の申立権)。さらに、裁決の際には、一定の手続の下に国税庁長官の発した通達とは異なった見解によって行うことができる（通法（国手法）99)。

(3) 訴訟による救済

(A) 訴 訟 類 型

裁決を経た後の処分に不服のある納税者は、司法手続として処分の取消を求める訴訟等を提起できる（原処分庁は裁決に不満であっても提訴できない）。

租税に関する訴訟類型として重要なのは、抗告訴訟（処分の効力を争うもの）と当事者訴訟（公法上の法律関係に関する訴訟）とである。前者は、課税処分や徴収処分の取消を請求するもので、租税事件としては一般的なものである。後者は、課税処分等の無効を前提として、納付した税金の還付を求めるものである（不服申立前置主義の適用を受けない）。

⒝　審理の特色

課税処分や徴収処分の取消を求める訴訟は、民事訴訟の一つであるが、行政庁の処分の効力を争うという特色から、行政事件訴訟法によって審理され、同法に規定がない場合に民事訴訟法が適用される。審理に際し、原則として、民事訴訟法の規定によるが、特に抗告訴訟においては不服申立前置、出訴期間、職権による訴訟参加、職権証拠調等が認められている。立証責任についても、課税要件事実の存否及び課税標準については、原則として、課税庁側にあると解されている。

⒞　判　　　決

取消訴訟の判決は、却下（提訴期間徒過など訴訟要件を具備していないとき）、棄却（請求を認めないもの）又は原処分の一部又は全部取消（請求認容）の判決がある。

第１審（地方裁判所）の判決について不服のある当事者はいずれも、管轄高等裁判所への控訴及びその判決に対する最高裁判所への上訴の途が認められている。

10　租税処罰法（租税犯の成立には故意が必要か）

(1)　意　　　義

税法は、その違反行為に対して刑事罰をもって制裁を与えている。すなわち、個々の租税の確定、徴収及び納付に直接的に関する犯罪を租税犯と呼び、それに対する刑罰を租税罰と呼び、それらを総称する法体系を租税処罰法と呼んでいる。

(2) 種　　類

租税犯は、租税債権を直接的に侵害する脱税犯と、課税、徴税の権限の行使を妨害する租税危害犯（租税秩序犯）とに分かれる。

さらに租税犯は、ほ脱犯（所法238①、法法159①等）、間接脱税犯（関税法1・11、酒税法54①等）、不納付犯（所法240①等）及び滞納処分免脱犯（徴法187）とに分かれる。

租税危害犯には、単純無申告犯（所法241等）、不徴収犯（所法242）及び検査拒否犯（調査妨害犯）（通法127（国手法128）等）が含まれている。

(3) 成立要件

租税犯の成立については、刑事犯の一つとして行為者の故意、すなわち構成要件に該当する事実の認識が必要である。例えば、所得税のほ脱犯が成立するには、所得の存在を認識していることが必要である。ただ、その所得の範囲について正確に認識していなくても、所得の金額のおおよそについての認識があれば足りると解されている。

ほ脱所得の認定に当たり、直接資料が存在するときには間接資料を用いて推計計算することも、合理的な内容である限り認められている。

(4) 処罰の形態

処罰としては、懲役もしくは罰金又はこれを併科することとされている（所法238①等）。その他刑法の規定による没収及び追徴（刑法19・19の2）も租税犯について適用されるが、さらに、酒税法等も没収の規定を設けている（酒税法54④・56②、関税法118①）。

11　現代の税制政策の流れ

現代の税制は、昭和24年のシャウプ勧告に基づく基本的改革に始まった。昭和22年当時から存在した申告納税制度においては、青色申告制度を導入して帳簿制度を前提とした申告を奨励し、直接税を中心とし、かつ、総合累進所得税制度の推進、法人税を個人に対する配当所得税の先取りとみて配当控除制度を設けた。昭和40年代には、シャウプ勧告のうち、理論的すぎるものや複雑すぎると思われる制度の廃止、納税者の納得を得やすいような税制簡素化への要請による所得税、法人税等の規定の整備、法令化などがなされた。

昭和60年代においては、公平、公正、簡素、選択、活力、中立性、国際性等の視点からの全般的な見直し、検討がされた（「抜本的税制改革」）。

特に、経済の急速な発展に伴う税制の複雑化、あるいは特別措置に係る多くの規定の新設による不公平に対応するべく、税制の簡素化、直接税関連の特別措置規定の整備、統合がなされた。また、直間比率の是正及び消費税の改革を意図して、付加価値税の性質を有する消費税（昭和63年）が導入された。さらに、経済活動の国際化に伴う国際課税と呼ばれる一連の規定の整備がされた。

その後、平成10年度においては、税制の国際化は、それらに係る規定の充実にとどまらず、企業の国際的競争力の配慮をも含んで、法人税、所得税、さらに地方税等の税率の引下げ、累進構造の緩和などにも及んだ。

平成13、14年度には、さらに、経済、産業の構造改革に資するため、企業再編成に係る税制が整備され、続いて連結納税制度が導入された。また資産税等についても、事業承継についての配慮の見地から見直しがされた。

平成15年度には、所得税においては、納税の「空洞化」の是正を図り、法人税においては、研究開発税制の有効化、設備投資税制の集中・重点化、留保金課税の見直し、資産税においては、相続時精算課税制度の導入など相続税、贈与税の一体化による次世代への資産移転の円滑化等を図り、消費税においては、事業者免税点の水準の引下げ、簡易課税制度の見直しがなされた(「あるべき税制の構築」)。

平成16年度には、経済社会の構造変化の「実像」を基に、年金課税の優遇措置の縮減、住宅ローン減税の縮減、金融・証券税制、不動産譲渡益課税の優遇税率、簡素化、繰越欠損期間の延長、及び地方税への税源移譲等について改正された。

平成17年度には、少子・高齢化やグローバル化等の構造変化に伴い、税負担の歪みを是正し、財政構造改革の見地から見直しを行った。所得税では、いわゆる三位一体改革（国庫補助負担金の改革、地方交付税の改革、税源移譲を含む税源配分の見直し)、税率構造・控除双方の見直しへの方向を示した。法人税においては、企業再編促進税制の改正等がなされ、国際課税については、外国子会社合算税制や外国税額控除制度の見直しを行った。

平成18年度においては、税源移譲に関連して所得税の税率につき、従来の４段階の税率が６段階に改正された。地方税が一律10%に改正されることを前提として、国税と地方税合計の税負担は、従来と変わらないこととされた。その他、各種所得控除額の見直し等から、個人所得税の負担が広範囲の納税者に求められる傾向が強まってきた。法人課税についても、租税特別措置法における企業優遇税制を見直して、総合的に増税の方向にある。

相続税の物納制度の拡大、酒税の見直し、たばこ税の引上げ、登録免許税の軽減措置の縮小など、総じて増税傾向にあるといえよう。

平成19年度における方向は、従来からの「経済・社会の活性化」から、「経済の活性化」のための税制改正といえよう。経済の活性化を促進する観点から、減価償却制度を国際的にみて遜色のないものとし、また、中小企業の資本蓄積を推進するため、中小企業の留保金課税を廃止した。全般的にみて、企業の経済活動の活性化と、そこからの税の増収を期待し、それを他の政策の資金源とする傾向が推察される。

平成20年度には、消費税を含む税体系の抜本的改革に向けた橋渡しを意図した。すなわち、試験研究費の増額部分等に適用できる税額控除制度を新たに創設し、情報システムを連携させるためのソフトウエアを税制対象に追加した。また、中小企業の活性化の観点から、起業、成長、事業承継の各段階で配慮を行った。なお、新たな公益法人に対する税制の抜本的見直しを行うとした。また、中小企業の事業承継の円滑化のため、事業の承継者を対象とした取引相場のない株式等に係る相続税の納税猶予制度を創設したことである。

平成21年度においては、国内経済の不振から国民生活を守り、今後３年間のうちに景気回復を最優先とすることを目的としている。具体的には、住宅投資の活性化を図るため、住宅ローン減税に係る控除額を過去最大水準まで引き上げ、一定の譲渡益について特別控除や繰延措置を創設した。また、設備投資を促進するため即時償却等を可能にし、海外子会社からの受取配当の益金不算入を導入した。

さらに、中小企業対策として、円滑な資金繰りに資するため欠損金の繰戻還付制度を復活するなどを行った。

平成22年度は、政権交代に伴って、従来の企業中心の税制から、「人間のための経済」「チルドレンファースト」の考え方を目指すことをあげている。具体的にはまず、納税環境の整備として、納税者権利憲章の制定、国税不服審判所の改革、納税者番号制度の導入、歳入庁の設置等を意図している。所得税においては、低所得者の地位の向上、所得再分配機能の回復の見地から、所得控除から税額控除・給付付き税額控除・手当の充実等へ改革する方向を提示している。法人税では、清算所得課税の廃止、グループ法人税制の導入を行い、中小企業の軽減税率の引下げ、「二重控除」を解消するため特殊支配同族会社における業務主宰役員給与の損金不算入などを講じている。国際課税においては、タックス・ヘイブン対策税制の改正をし、移転価格税制では独立企業間価格の算定方式の柔軟化を検討している。

平成23年度においては、ねじれ国会の影響で、従来からの改正案の多くが成立しなかったが、還付加算金の計算期間の改正、減価償却資産制度の改正、相続税における連帯納付制度の改正、移転価格制度の改正、雇用促進税制の導入などがなされた。

また、東日本大震災からの復旧、復興財源のための復興特別法人税（10%の付加税を3年間）、復興特別所得税（2.1%を25年間）が成立し、地方税においても住民税均等割の引上げ（1,000円を10年間）が施行された。

その後、更正の請求期間の延長、白色申告者に対する理由付記（平成26年施行に変更)、などの改正がなされた。

平成24年度には、「社会保障と税の一体改革」に係る改正で、社会保障の財源の確保、及び所得較差の是正を図るための改正であり、消費税率の段階的引上げ、所得税の最高税率の引上げ、相続税の控除額の引下げ及び最高税率の引上げなどが、予定されていたが、実現は見送られた。

平成25年度においては、これまでの「縮小均衡の分配政策」から、「成長と富の創出の好循環」へと転換させ、「強い経済」を取り戻すことを目指している。所得税では、最高税率を45%（所得額4,000万円超の場合。2016年施行）に引き上げ、法人税では、研究開発費の控除限度額の引上げ、投資促進のための投資額の3割の前倒し償却等、給与増加額の一定割合の税額控除、資産税においては、孫に対する一定額内の贈与の非課税、相続税の最高税率の引上げなどが予定されている。

平成26年には、経済活動、景気の活性化によって財政収入の増加を意図していることから、①法人税の実効税率を減少し（2.51%の下げ)、その代替財源として外形課税標準を拡大（中小企業は除く)、繰越欠損金の控除縮小、株式配当の強化、研究開発費の減税縮小等を行い、②地方活性化のために本社機能を地方に移転する場合の優遇税制（法人税関連）を創生し、③若年者層への資金移転を促すべく住宅資金贈与枠を拡大（平成27年には3,000万円まで)、結婚・出産・子育て費用の贈与（1,000万円）を新設した。

平成26年6月に行政不服審査法の大幅な改正に関連して、従来の「異議申立」が「再調査の請求」に名称改正され、更正処分を受けた納税者は、再調査の請求か審査請求を選択できるようになるなどの改正がなされた。

平成27年には、個人所得税では市販薬購入額の一部控除（5年間の時限措置)、空家税制の新設、法人所得税では法人税減税等がなされた。

平成28年12月放任税率の実効税率の30%への引き下げの実施、消費税率が10%に引き上げられ、一定の食料品や新聞への８%の軽減税率が適用されることになった（実施は平成29年4月)。

平成29年には、所得税において配偶者控除の見直し、法人税法において法人組織再編税制の改正、タックス・ヘイブン対策税制の見直しをおこなった。消費税では景気対策上、実施が平成31年10月に延期された。

平成30年には、所得税において基礎控除の見直し、給与所得控除の見直し、公的年金控除の見直し、法人税において自得的賃上げの促進から増加給与額の一定割合の税額控除等、収益の帰属年度に関する規定の創設（法22条の２)、組織再編成の見直し等、資産税において事業承継税制の特則（適用要件の緩和等)、その他出国税の創設（実施は平成31年1月から）等がなされた。

令和元年には、所得税において住宅ローンの減税期間の延長、住民税において未婚のひとり親に減税、法人税において中小企業に対する設備投資減税の延長。委託研究費用の控除割合の引き上げ、研究開発税制の法人税の控除上限を40%に引き上げ、資産税において今日いう資金贈与の対象者の所得制限、個人事業主の事業承継税制の創設（土地、建物の贈与税の猶予）等が行われた。

令和２年には、オープンイノベーション税制が導入された。連結納税制度も見直され「グループ通算制度」に移行することが決定された（施行は令和４年４月１日以降に開始する事業年度から適用される。)。未婚のひとり親に対する税制上の措置や寡婦（寡夫）控除の見直し、及び国外居住親族に係る扶養控除等の見直し等がなされた。国外財産調書制度において加算税の加重等の改正がされた。なお、新型コロナウイルス感染症の感染拡大に伴い、納税猶予の特例の創設、給付金の所得非課税、大規模法人（資本金10億円以上等）以外の法人の欠損金の繰戻による還付等が認められた。

令和３年には申告納税手続きのデジタル化の進展の見地から税務関係書類

の押印の見直し、電子帳簿等保存制度等が納税者利便の観点から改正された。

令和4年には、賃上げ促進税制やオープンイノベーション促進税制、グループ通算税制の改正、納税環境幣備の一環として帳簿の提出がない場合等の過小申告加算税率の加重等の改正がなされた。

令和5年には、2023年10月に導入されるインボイス制度において小規模事業者向けの負担軽減措置を創設した。個人投資家の優遇拡大を図った。法人税では、グローバル企業の最低税率を15%とするなどを意図し、資産税では相続と贈与との一体化を進め、生前贈与の前倒しを促し、相続税時精算課税制度において110万以下の申告不要の非課税枠設定で利用を促すなどを意図している。

〔参考文献〕

(1)　金子宏『租税法（第24版）』（弘文堂　令和3年）
(2)　田中二郎『租税法（第三版）』（有斐閣　平成2年）
(3)　清永敬次『税法（新装版）』（ミネルヴァ書房　平成25年）
(4)　谷口勢津夫『税法基本講義（第7版）』（弘文堂　令和3年）
(5)　水野忠恒『租税法（第4版）』（有斐閣　平成21年）

第2章　所得税法

1　所得税法の基本原則（所得税法のいろいろな規定の背後にある考えは何か）

法律学における体系思考の中心は、法秩序における価値判断上の一貫性と内的統一性を発見し、実現することにある。

所得税法も「法」としての一つの体系であるから、そこに価値判断の一貫性と内的統一性がなければならない。

所得税法におけるさまざまな法素材を、法的価値判断、すなわち法原則に基づき相互の矛盾や重複あるいは空白のないように整理することにより、初めて所得税法の体系化ができよう。

所得税法を根本から支配する「法原則のピラミッド」を構築し、それに従って法素材を整理し、それに対する価値判断を下すことが、立法にとっても法適用にとっても重要であるだけではなく、結局、そのことは租税正義の実現にもつながり得るのである。

(1)　応能負担原則

(A)　意　　義

租税法において日本国憲法14条に基づく租税公平主義を実現するためには、何が公平で何が不公平であるかを判断するための基準が絶対的に必要である。

応能負担原則は、「担税力」をその基準として定め、国民がその租税力に応じて租税を負担することを求めるものであり、今日、租税法を支配する最

所得税法における法原則のピラミッド

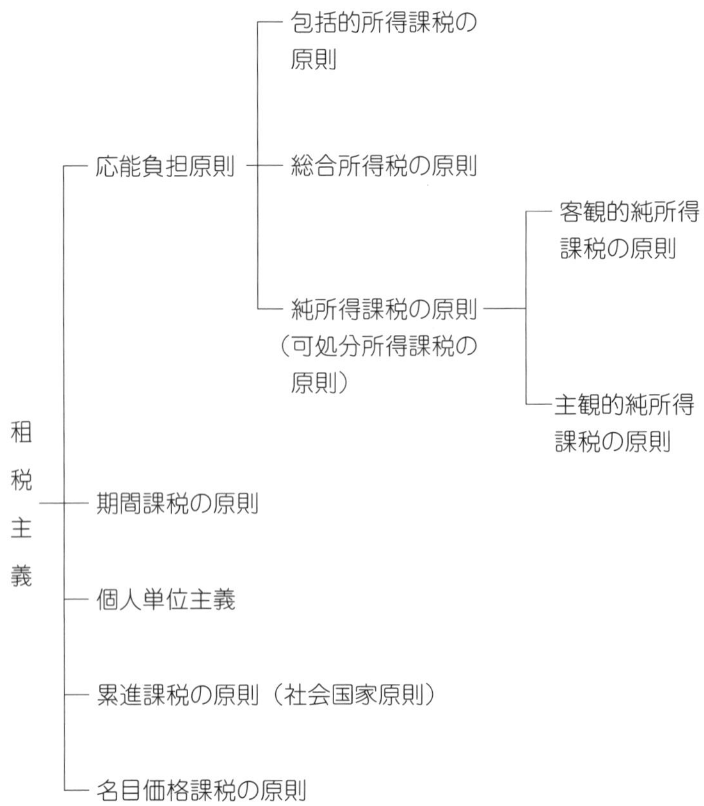

高の法原則として幅広く承認されている。所得は担税力の直接的な表現であり、その限りにおいて所得税は応能負担原則を実現していくための最善の税目であるといえよう。

ただし、応能負担原則は租税正義の観念から導き出される第一次的法原則としての本質からみると、その内容は多かれ少なかれ抽象的であるから、下位の法原則によって具体化する必要がある。

(B)　所得税法における応能負担原則の具体化

(a)　同じ担税力（所得）を有する納税者は同じ所得税額を負担しなけれ

ばならない（水平的公平）

租税特別措置が存在する場合には、当該租税特別措置の適用を受ける納税者とその適用を受けない納税者を比較すれば、両者に対しては同一の所得があるにもかかわらず異なる租税負担が課されることになる。つまり、租税特別措置は常に水平的公平を破るもの、すなわち応能負担原則違反であり、憲法14条違反となる危険性を潜在的に有している。

したがって、応能負担原則に照らしてその例外である租税特別措置を発見した場合、応能負担原則以外の法原則による正当化（「合理的な差別」としての正当化）が可能かどうかを判断しなければならない。

⒝　より高い担税力（所得）を有する納税者は、より低い担税力（所得）しか有さない納税者と比べて、より高い所得税を負担しなければならない（垂直的公平）

この垂直的公平の要請は、所得税において累進税率のみならず比例税率によっても実現することができる。だから、仮に所得税法上比例税率が採用されたとしても、それだけでは応能負担原則違反、すなわち平等原則違反とはいえない。

累進税率の正当化の問題は、応能負担原則以外の別の法原則、特に社会国家原則の問題である。さらに言葉に衣を着せずに言うならば、累進税率は税収確保のための端的な手段でもある。

⒞　担税力を持たないものに課税してはならない（可処分所得課税の原則）

納税者の担税力は租税の課税標準において表現されるものであるが、所得税の担税力は、納税者の所得のうち国家に租税として納付することができる部分についてのみ生じる。その限りにおいて、納税のため可処分ではない所得の部分については、担税力を持たないものとして所得税の課税標準の算定上、税負担から排除されなければならない。このことによって、国家の介入から自由な市民の領域が守られる。近時の日本の租税政策として、この市民の自由な領域を課税の浸食によって狭めようとする傾向も見受けられるようになりつつある（基礎控除の改正等)。しかし、この政策はリバタリアニズムの観点からは支持し難い。

この可処分所得課税の原則は、所得税法における課税標準の算定に際し守られるべき客観的純所得課税の原則及び主観的純所得課税の原則によって実現される。

(d)　担税力を超える課税をしてはならない（財産権保障）

所得税の課税標準として当該納税者の担税力が算定された場合、その課税標準（担税力）のうち国家が所得税としてどれだけ徴収するかは、原則として立法者の合理的な裁量に委ねられている。しかし、応能負担原則が担税力に応じて課税をするという原則である以上は、担税力を超えた租税負担を納税者に求めることは許されない。つまり所得税の負担は応能負担原則のみの考慮下においては最大限担税力の範囲内（つまり適正に算定された課税標準の金額）であると解されるが、応能負担原則以外の法原則、例えば憲法29条の財産権保障あるいは比例原則なども考慮すれば、たとえ担税力の範囲内にあっても財産権の本質もしくは私有財産制の本質を損なうほど高負担の所得税は、やはり禁止されるといわざるを得ない。

ただ、どの程度の所得税の負担が許されるかは一概に決定することはできず、その都度の社会的観念や経済的状況を考慮して立法府が合理的裁量により判断するほかはない。

(C)　量的担税力と質的担税力

応能負担原則の具体化としての上述の(b)のルール、すなわち「より高い担税力（所得）を有する納税者は、より低い担税力（所得）しか有さない納税者と比べて、より高い所得税を負担しなければならない」ということを適用するためには、納税者の担税力（所得）の高低が判断されなければならない。それは唯一、担税力（所得）の量的側面、すなわち単純な所得金額の多寡が基準となって判断されるべきである。この基準を量的担税力という。この量的担税力の考えによれば、高額所得者は低額所得者より高い所得税の負担を負わなければならない。

もっとも、同額の所得を有しているため量的担税力は同じと判断される場合であっても、いわゆる質的担税力が異なるものがあるとし、質的担税力という概念を肯定する見解も有力である。

すなわち、この質的担税力の考えは、所得の種類を勤労所得（例えば給与所得)、資産所得（例えば利子所得、配当所得、不動産所得)、勤労資金結合所得（例えば事業所得）に分け、勤労所得は不安定なため質的担税力が低く、資産所得は不労所得で質的担税力が高いため、前者については低い所得税の負担を、後者については高い所得税の負担を求めている。

質的担税力の考え

	量的担税力	質的担税力	所得税負担
資産所得	同	高	重課
勤労所得	同	低	軽課

しかし、所得税法におけるこのような勤労所得と資産所得との質的担税力の差という考えには、理論的にみて次の点で疑問がないわけではない。

まず第一に、この質的担税力論によれば、勤労所得は失業や病気によって減少する恐れがあるため不安定性が認められるのに対し、資産所得は安定しているため資産所得のほうが質的担税力が高く租税負担も高くなければならないとする。しかし、インフレや株価の下落、経済不況による企業収益の悪化という現実を考慮すれば、必ずしも資産所得が安定しているとはいえない状況にある反面、勤労所得の不安定性は、医療費控除の制度や所得減少の結果生じる適用税率の低下による所得税負担の減少などによって、所得税法上別に考慮できることからすれば、資産所得が安定しており、勤労所得が不安定であり、両者は質的担税力が異なると一概にいうことはできない。

第二に、資産所得は不労所得であるというが、不労所得の概念は明確ではない。労働についても精神労働と肉体労働の区別があるが、資産所得者については、たしかに肉体労働をしていないという意味では不労であるといえるが、精神労働をしていることは十分に考えられ（例えば、利子所得の場合、どの金融機関に預貯金をすれば安全で高額の利子収入が得られるかを判断するため、その所得者がさまざまな情報を収集し分析する精神労働を行うことも考えられよう）、給与所得者についても、肉体労働にのみ従事しているとはいえない状況が見受けられる（例えば、大学教員の労働）。したがって、労働の内容や質を考慮した場合、資産所得が不労所得であると単純かつ一律に結論することはできない。

第三に、資産所得の質的担税力が高く、勤労所得の担税力が低いと結論づける理由として、経済学者は、帰属所得（インピューテッド・インカム）の差異を挙げる。すなわち、資産所得の場合、不労所得であって、帰属所得を享受できるため、帰属所得を享受できない勤労所得より質的担税力は高い、とされる。しかし、この理由づけは整合性のあるものではない。なぜならば、前述のとおり、そもそも帰属所得発生の基礎である不労なる概念自体曖昧なものであることに加えて、帰属所得の大部分が評価困難性などのため現実に課税できないにもかかわらず、部分的な課税の理由として恣意的に帰属所得を持ち出すことは、理論体系上首尾一貫しないからである。

第四に、質的担税力を肯定した場合、量的担税力（所得金額）は高いが質的担税力が低い勤労所得を得ている者と、量的担税力（所得金額）は低いが質的担税力が高い資産所得を得ている者との間の租税負担はどうするべきか、解答が得られなくなるという欠点が生じる。すなわち、2,000万円の給与所得を得ている者と1,000万円の利子所得を得ている者とでは、前者は量的担税力は高いが、その所得は給与所得で質的担税力が低く、後者は量的担税力は低いが、その所得は資産所得であるため質的担税力は高いと判断されることになるため、全体的な担税力はどちらが高く、そして一体どちらの租税負担を重くすべきなのか全く判断することはできない。

結局のところ、担税力を理論的に分析した場合、質的担税力という考えを肯定することは妥当ではなく、担税力は唯一量的側面においてのみ表現されるというべきであろう。もっとも、資産所得と勤労所得との間に質的担税力の差はないという場合であっても、勤労所得を優遇するという政策目的から勤労所得の租税負担を軽くする立法措置をとることは不可能ではない。つまり、質的担税力の差から勤労所得の軽課を根拠づけるのではなく、特定の政策目的達成のため、あえて水平的公平を破る租税特別措置として、勤労所得軽課・資産所得重課を根拠づけるほうが、より妥当であろう。

なお、質的担税力理論は、勤労、すなわち伝統的には肉体労働に重き価値を置く物品生産活動重視の初期資本主義の価値観（マックス・ウェーバー『プロテスタンティズムの倫理と資本主義の精神』等で語られている。）や、カール・マルクスの共産主義思想にルーツを持つのであって、金融活動・サービス活動が経済の中心となった21世紀の経済システムにはもはや必ずしも適合できないと言わざるを得ない。

(2) 包括的所得課税の原則

(A) 所得概念

所得税は個人の「所得」に対する租税であるが、この所得は客観的担税力の段階（いわゆる経済的意味における所得）と主観的担税力の段階（いわゆる法的意味における所得）との二段階において測定される。そのうち客観的担税力という段階における「所得」の定義については、学説上必ずしも意見の一致があるわけではない。

この経済的意味における所得概念に関して、次の四つの有力な学説が存在する。

(a) 制限的所得概念（所得源泉説）

この学説によると、所得は、「財貨生産の継続的源泉からの収益として一定期間内に納税者に流入した財貨の総体」と定義される。すなわち、安定的な所得源泉の存在と所得流入の回帰性が所得の前提となるため、預金利子や給与、事業収益などが所得とされ、資産譲渡から生じる利得（いわゆる実現したキャピタル・ゲイン）や競馬の当選金などは所得ではない。

この学説は、ドイツのフィスチング（Fuisting）などが提唱するものであり、19世紀末から20世紀初頭にかけてヨーロッパ諸国の伝統的な考え方であった。

⒝　包括的所得概念（純資産増加説）

ドイツのゲオルグ・フォン・シャンツ（Georg von Schanz）やアメリカのヘイグ（Haig）、サイモンズ（Simons）が提唱する学説であり、所得を、「一定期間内における納税者の純資産の増加＋消費」と定義する。

これによれば、納税者の純資産の増加となるすべての利得は所得であるとされ、その利得の発生原因は問われない。したがって、制限的所得概念では除外されていた資産譲渡から生じる利得や競馬の当選金あるいは相続や贈与をはじめ一切の一時的・恩恵的・偶発的利得も、この学説では所得の範囲に含まれる。しかも、この学説では、保有資産の単なる値上がり（いわゆる未実現のキャピタル・ゲイン）だけでなく、自己保有資産の利用や自身に向けられた役務提供等から得られる経済的価値（いわゆる帰属所得）も所得であるとされるため（消費に該当する）、所得の範囲が極めて広くなってしまうという特徴が認められる。

この包括的所得概念はアメリカ合衆国の現在の連邦所得税において採用されている。

⒞　市場所得説

この学説は、ドイツのロッシャー（Wilhelm Roscher）が最初で、現代ではオーストリアのルッペ（H. G. Ruppe）、ドイツのキルヒホフ（Paul Kirchhof）やラング（Joachim Lang）が提唱するものであり、所得を「市場における経済的活動により稼得された利得」と定義する。包括的所得概念の場合、所得の範囲をあまりにも広げすぎるため実行不可能という点において多少の難点がみられるところから、市場所得説では市場を通じて稼得された利得のみを所得と解することにより、未実現のキャピタル・ゲインや帰属所得を所得の範疇から排除している。

また、これによれば、市場を通して稼得されたとはいえない相続や贈与あるいは遺失物の拾得や国家からの補助金給付も所得ではないとされている。

この市場所得説は、現在のドイツやオーストリアの所得税法の解釈学説として支配的地位を有している。

(d) 消費型所得概念

この学説は、アービング・フィッシャー（Irving Fisher）やニコラス・カルドア（Nicholas Kaldor）が主張するものであり、納税者が消費にあてた財貨を所得ととらえる。特にこの説の特徴は、金融機関等に預け入れた金銭につく利息は、それが払い出され消費にあてられない限り、所得ではないとして所得税の課税の範囲外に置く点に認められる。

この考えをベースにすると、インフレに影響されにくい税制や中立性を確保する税制を創設する可能性があることなどから、近時、この消費型所得概念を支持する研究者が増えている。しかし、この学説に基づく所得税は、税収面及び実務面で数多くの問題をかかえており、当面、採用される可能性は少ない。

(B) わが国の所得税法における所得概念

わが国の所得税法は、第７条で、「所得税は、次の各号に掲げる者の区分に応じ当該各号に掲げる所得について課する」と規定するだけで、所得概念に関する法律上の定義規定は存在しない。そこで、第７条の解釈として、どのような所得概念の学説によるべきかを判断する必要がある。

まず、考えられるのは、所得税法が、譲渡所得や一時所得という所得類型を設けて一時的・偶発的利得を課税対象としているとともに、雑所得という所得類型において、雑所得以外の９種類の所得類型に該当しないその他の所得一切を課税対象に含めていることなどからすれば、少なくとも制限的所得概念（所得源泉説）は採用していないように思われる（静岡地判昭和50年10月28日訟月21巻13号2803頁）。また、一時所得において遺失物の拾得や国庫補助金などを市場を通じて稼得されたとはいえない利得も、その所得の範囲に含められている（神戸地判昭和59年３月21日訟月30巻８号1485頁）ことから考えると、市場所得説によっても所得税法上の所得概念を説明することには困難がある。もちろん利子所得に課税しているため、消費型所得概念がベースとなっていないことは明らかである。

結局、所得税法は非常に広い所得をその課税対象としていると考えられ、基本的には包括的所得概念がその基礎となっている、と評価せざるを得ない。最（二小）判昭和40年4月9日民集19巻3号582頁では、「……法がいわゆる純資産増加説によって所得を把握する建前をとるにいたった……」と述べられている。またそれ以外の裁判例においても、「所得の概念は、もっぱら経済的に把握すべきであり、所得税法は、一定期間内に生じた経済的利得を課税の対象とし、担税力に応じた公平な税負担の分配を実現しなければならないので、……いやしくも納税義務者が経済的にみてその利得を現実に支配管理し、自己のためにこれを享受し得る可能性の存する限り、課税の対象たる所得を構成する」として所得の範囲を広く解している（名古屋高判昭和41年1月27日訟月12巻6号912頁・同旨のものとして熊本地判平成8年3月29日訟月42巻12号3106頁）。もっとも、裁判例における所得の定義は、「各人が収入等の形で新たに取得する経済的価値、すなわち経済的利得を意味し、これは財貨の譲渡もしくは役務の提供の対価である収入（収益）から、財貨の譲渡の対価もしくは役務の提供に要した必要経費（費用）を控除したものである」として純所得と解するもの（那覇地判平成6年12月14日税資206号724頁）から、納税義務者について発生したその利用処分が自由な価値増加を所得とするもの（京都地判昭和53年3月17日訟月24巻8号1600頁）まで多岐にわたっており、必ずしも一致したものではない。

ただし、包括的所得概念を採用しているとはいっても、後述するように未実現のキャピタル・ゲインや帰属所得など外部からの価値の流入ではない内部的価値の増加は、日本の所得税法上原則として課税対象とされていない。このことは、一応、実行不可能ということから理由づけられているが（大阪地判昭和45年9月24日税資60号405頁、未実現のキャピタル・ゲインや帰属所得を毎年税務行政庁が捕捉しその金額を評価することは極めて困難である）、包括的所得概念に基づく限り、それらも所得であって課税されなければならず、それを合理的理由なく課税しないでおくことは租税公平主義違反といわざるを得ない。

ただ、このことは日本の所得税法上の構造から生じる問題でもある。すなわち、純資産増加説は所得をいわば「財産法」的思考によって捉えているのに対し、日本の所得税法は、所得を「収入」と「必要経費・取得費」といういわば「損益法」的計算方法によって捕捉している。この理論上の「財産法的思考」と実定法上の「損益法的計算方法」とのギャップから問題が生じているといえる。

その限りにおいて、日本の現行所得税法上は未実現のキャピタル・ゲインや帰属所得など外部からの価値の流入ではない内部的価値の増加はそもそも所得の範囲から除外されていると考えるほうが妥当であり、所得税法上採用されている包括的所得概念の考えは、実現された利得もしくは外部から流入した利得のみを所得と構成する方向で修正されるべきであろう。なお、大阪高判昭和56年7月16日行集32巻7号1054頁は、未実現の利得に課税するかどうかは、租税立法政策の問題であって、違憲の問題を生じさせるものではないと判示している。

このように、修正された形であっても包括的所得概念に基づき、一切の所得を所得税の課税対象とすべきであるとする考えを、包括的所得課税の原則という。

(3) 総合所得税の原則

(A) 総合所得税と分類所得税

所得税の種類には、分類所得税と総合所得税がある。

分類所得税は、所得をその所得源泉や性質などに応じていくつかの所得類型に分類し、それぞれ別異に課税する制度で、各々の所得類型ごとにその計算方法や控除額などが異なり、究極的には適用される税率表までも異なる。

一方、総合所得税は、すべての所得を合算した上で人的控除などを行い一つの課税標準を算出した上で、一つの税率表を適用し税額を算出する。

包括的所得概念を基礎とした場合、分類所得税は、いずれも同じ所得であるにもかかわらずその所得類型ごとに異なった課税に結びつくから、租税公平主義の観点からは好ましいとはいえない。また、総合所得税は所得控除などを通じて、納税者個人の人的事情を配慮した主観的担税力を正確に測定できる点で応能負担原則による個人の総合的担税力に応じた課税を行えるのに対し、分類所得税は、最適課税論の立場からいわゆる純経済的所得税としての課税を実現できる可能性があるという意味では優れているものの、納税者個人の主観的担税力を考慮するという法的価値判断の観点からは必ずしも適切なものとはいえない。

したがって、今日では、総合所得税の考えが分類所得税より優れたものとして、一般の支持を得ている。

(B)　わが国の所得税法の診断

理念的な総合所得税のメルクマールは、次の点にある。

① 包括的所得概念を基礎にすれば、各々の所得類型は、それぞれ同じ所得の一つの類型にすぎないのだから、その価値は等しい（各所得類型間の等価性）。

② 各所得類型間の等価性ということは、結局、各所得類型特有の控除や計算方法を排除し、控除や計算方法の同一性を求める。

③ すべての所得を合算するため、完全な損益通算が必要である。

④ 一つの課税標準と税率表の存在が必要である。

この理念的な総合所得税のメルクマールとわが国の所得税法を照らし合わせてみると、①の点では、もし資産所得重課・勤労所得軽課の質的担税力を肯定した場合、各所得類型の等価性はなくなり、②の点についても、特に事業所得と給与所得の控除や計算方法が大きく異なっているため、各所得類型において控除や計算方法の同一性があるとはいえない。また、③の点についても、たしかに損益通算は行われるものの、わが国の場合、不動産所得、事業所得、山林所得、譲渡所得の計算上生じた損失のみ通算でき、他の所得類型の損失は通算できないため（所法69）、完全な損失通算とはいえず、④についても、課税総所得金額、課税退職所得金額、課税山林所得金額（所法89）という三つもの課税標準（この場合、所得税法上の用語としての課税標準ではなく、課税物件を数量化したものであって、かつ、それに対し税率が適用されるものという講学上の概念としての課税標準を意味している）が存在している。

つまり、わが国の所得税法は、基本的には各所得類型間で損益通算がなされ課税標準が算出されるという点で総合所得税の範疇に属しているといえるにしても、その他の多くの点で分類所得税の色合いをなお濃く残していると評価せざるを得ない。ちなみに、最（小二）判昭和40年４月９日民集19巻３号582頁は、「……所得税法が個人の全所得の合計金額に対して課税するいわゆる綜合課税の原則をとっており……」としている。

(4)　純所得課税の原則（可処分所得課税の原則）

既に述べたとおり、応能負担原則の帰結としての「担税力を持たない者に課税してはならない」ということから、所得のうち納税のため可処分な部分についてのみ所得税を課すことができるとする純所得課税の原則（可処分所得課税の原則）が妥当している。

(A)　客観的純所得課税の原則

通常、外部からの経済的価値の流入である収入を獲得するためには、何らかの資本を投下することが必要である。

例えば、事業者が商品を10万円で売って利益を上げたが、その商品を製造もしくは取得するため７万円かかったとしよう。この場合、事業者にはたしかに10万円の収入が生じるが、そのうち７万円は、当該収入を得るために必要な支出としての投下資本の回収である。

包括的所得概念によれば、客観的担税力の段階における所得は純資産の増加ととらえられることになるため、投下資本の回収に当たる収入の部分は所得を構成しないものとして所得税の課税から排除されねばならない（いわゆるcapitalとincomeの区別）。上の例では、10万円の収入は納税者の粗資産の増加とはなっても、所得ではなく、納税者の純資産の増加、つまり所得は、投下資本を超える部分（10万円－７万円＝３万円）である。この投下資本を保全し、課税によって侵害されないようにすることは、包括的所得概念の必然的帰結であるだけでなく、資本主義の拡大再生産の考えによっても支持できる。したがって、納税者の収入のうち投下資本の回収に充当される部分は、納税のため可処分ではなく、担税力を持たない。客観的純所得課税の原則は、収入を得るため必要な支出（必要経費）を収入金額から控除しなければならないことを求めるものであり、このいわゆる必要経費控除によって、納税者の客観的担税力が測定される。

なお、所得獲得と所得消費を区別し、所得獲得のための支出のみが必要経費として控除され、所得消費のための支出は控除されないとする、いわゆる家事費不算入の原則は、この客観的担税力測定の段階においてのみ働くものである。

(B)　主観的純所得課税の原則

必要経費控除によって納税者の客観的担税力、つまり経済的意義における所得の金額が算定されることになるが、次に、納税者の個人的事情に合わせて主観的担税力が算定されなければならない。すなわち、客観的担税力は納税者の私的生活にも納税のためにも使用することができるが、そのうち納税者及びその扶養家族の最低生活に充当される部分は担税力を持たない。

なぜならば、日本国憲法が保障する個人の尊厳（憲法13）には、国家が自律的に生活を行っている個人の生存を脅かすような介入をしたり、個人の自律的な生活の基礎となっている経済的基盤を侵奪してはならないという要請が含まれているから、納税者及びその扶養家族の最低生活に充当される客観的担税力の部分にまで所得税の課税を及ぼすとすれば、それはまさに国家が個人の自律的な生活の基礎となっている経済的基盤を課税によって侵奪することになるからである。

したがって、「納税者及びその扶養家族の最低生活を維持するため必要かつ不可避的な私的支出は所得控除されなければならない」とする主観的純所得課税の原則により、所得のうち納税者及びその扶養家族の最低生活を維持するため必要かつ不可避的な部分は、主観的担税力のないものとして、所得税の課税がそれに及ぶのを防止しなければならない。

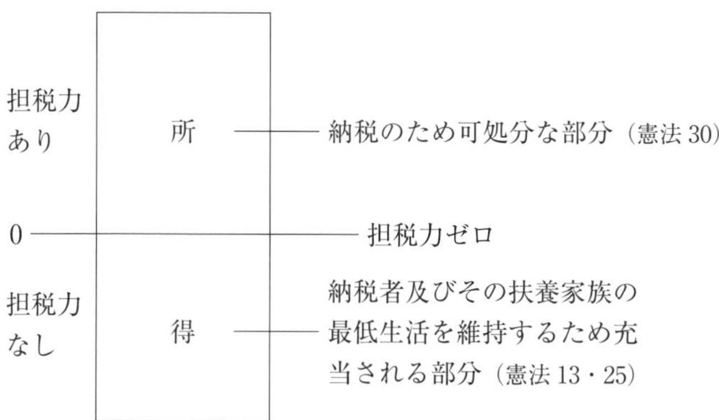

なお、課税最低限の定めが憲法25条の生存権を侵害するか否かについて、最（三小）判平成元年２月７日訟月35巻６号1029頁（総評サラリーマン税金訴訟）は、所得税法25条の判断基準を示した最（大）判昭和56年７月７日民集36巻７号1235頁（堀木訴訟）を引用した上で、所得税法の規定が著しく合理性を欠き明らかに裁量の逸脱、濫用とみざるを得ないゆえんを具体的に主張しなければならないと判示している。

(5)　期間課税の原則

わが国の所得税法は、暦年（１月１日～12月31日）を課税期間としており、その期間内に獲得された所得について毎年所得税が課される（通法（国手法）15②一及び所法23～35の「その年中の」)。

このように一定の期間を設定し、当該期間内に獲得された所得について所得税を課すことを期間課税の原則という。この期間課税の原則は、国家においてその毎年の活動資金に充当するため毎年財政収入が必要であるとの考慮に基づくものであって、その限りでは、課税期間は国家の必要性に応じて任意に設定することが許されるため、単なる技術上の原則というべきであろう。

累進税率が採用されている場合、期間課税の原則を厳格に貫けば、いくつかの弊害が生じる。すなわち、毎年大きく変動する所得（漁撈所得や発明による所得）と、ほぼ毎年決まった金額で回帰的に生じる所得（給与や地代）とを比較すれば、納税者の生涯所得の観点では同じ金額の所得を有することになるにもかかわらず、全体的には前者の所得税負担のほうが重いという結果が生じかねないからである。

そこで、この期間課税の原則から生じる弊害を防止するため、変動所得・臨時所得の平均課税（所法90）や純損失の繰越控除（所法70）などさまざまな措置が、所得税法上採用されている。

しかし、応能負担原則の理想は納税者の生涯所得に課税することである限り、納税者の全課税所得を生涯所得に近似させるためには、各年度の損益は各々の課税期間の間で完全に通算、すなわち、無制限の純損失の繰越控除・繰戻控除がなされねばならない。したがって、現行法は純損失の繰越控除を原則として3年間に制限しているが、純損失の繰越控除制度自体は応能負担原則に基づくものであって租税特別措置（租税優遇措置）などではなく、3年間に制限している措置がむしろ租税重課措置であるといえよう。

なお、最（二小）判昭和40年4月9日民集19巻3号582頁によれば、純損失の繰戻控除制度（所法140条）について、それは、「法がいわゆる純資産増加説によって所得を把握する建前をとるにいたったことに対応して設けられた制度であるが、それが青色申告書を提出する個人に限り認められていることに徴しても明らかなように、純資産増加説の当然の帰結ではなくして期間計算主義から来る徴税の不合理と税負担の不公平をなくすための期間計算主義に対する例外的措置であって、その旨の特別の規定があってはじめて可能となるものである」と判示しているが、前述の理念から考えれば疑問なしとはしえない。

（例）　所得税法89条を前提とする各単位主義の税負担の差

（所得控除はないと仮定する）

A：独　身　者　　　　　　　　　800万円
B：片稼ぎ夫婦　　夫　　800万円　　妻　　　0円
C：共稼ぎ夫婦　　夫　　400万円　　妻　400万円
D：片稼ぎ家族　　夫　　800万円　　妻　　　0円
　（子は独身）　　子１　　　0円　　子２　　　0円
E：共稼ぎ家族　　夫　　200万円　　妻　200万円
　（子は独身）　　子１　200万円　　子２　200万円

<table>
<tr><th colspan="2"></th><th>A</th><th>B</th><th>C</th><th>D</th><th>E</th></tr>
<tr><td colspan="2">個人単位主義</td><td>120.4万円</td><td>夫　120.4万円
妻　0円</td><td>夫　37.25万円
妻　37.25万円
合計：74.5万円</td><td>夫　120.4万円
妻　0円
子１　0円
子２　0円
合計：120.4万円</td><td>夫　10.25万円
妻　10.25万円
子１　10.25万円
子２　10.25万円
合計：　41万円</td></tr>
<tr><td rowspan="2">夫婦単位主義</td><td>合算非分割方式</td><td>120.4万円</td><td>夫婦120.4万円</td><td>夫婦120.4万円</td><td>夫婦　120.4万円
子１　0円
子２　0円
合計：120.4万円</td><td>夫婦　37.25万円
子１　10.25万円
子２　10.25万円
合計：57.75万円</td></tr>
<tr><td>2分2乗方式</td><td>120.4万円</td><td>夫婦　74.5万円</td><td>夫婦　74.5万円</td><td>夫婦　74.5万円
子１　0円
子２　0円
合計：　74.5万円</td><td>夫婦　20.5万円
子１　10.25万円
子２　10.25万円
合計：　41万円</td></tr>
<tr><td rowspan="2">家族単位主義</td><td>合算非分割方式</td><td>120.4万円</td><td>夫婦＝家族
120.4万円</td><td>夫婦＝家族
120.4万円</td><td>家族　120.4万円</td><td>家族　120.4万円</td></tr>
<tr><td>N分N乗方式</td><td>120.4万円</td><td>夫婦＝家族
74.5万円</td><td>夫婦＝家族
74.5万円</td><td>家族　41万円</td><td>家族　41万円</td></tr>
</table>

(6) 個人単位主義

(A) 課税単位

課税単位とは、所得税額を計算するための人的単位のことであるが、これについては次の考え方がある。

(a) 個人単位主義

これは、個人を単位として所得税額を計算する方法である。家族の構成員は別々に課税されることになるため、累進税率の下では、共稼ぎ夫婦と片稼ぎ夫婦の場合、夫婦全体の所得金額は同じでも片稼ぎ夫婦のほうが負担する所得税が多くなるという特徴を持っている。また、家族構成員の間で所得を分割することによって税負担の軽減を図る試みもなされやすい。

(b) 夫婦単位主義

これは夫婦を単位として所得税額を計算する方法であるが、夫婦の所得を合算し、その合算額に対して分割することなく税率表を直接適用し税額を算出する方式（合算非分割方式）と、夫婦の所得を合算し、次に当該合算額を均等あるいは不均等に分割し、各々の分割金額に税率表を適用して税額を算出する方式（合算分割方式）がある。

合算分割方式のうち合算均等分割方式は、２分２乗方式とも呼ばれる。夫婦単位主義の場合、累進税率の下では、同額の所得を持つ共稼ぎ夫婦と片稼ぎ夫婦との間の所得税負担の差はなくなるが、同額の所得を持つ夫婦と独身者との間では所得税負担の差が生じる。

特に、合算非分割方式の場合、それぞれ所得のある男女が婚姻したとき、婚姻前より婚姻後における所得税負担は増えるため、婚姻に対する阻害効果が見受けられ、この方式は婚姻懲罰税と呼ばれることもある。

(c) 家族単位主義

これは家族を単位として所得税額を計算する方法であるが、家族全員の所得を合算し、その合算額に対して分割することなく税率表を直接適用し税額を算出する方法（合算非分割方式）と、家族全員の所得を合算し、次に当該合算額を均等あるいは不均等に分割し、各々の分割金額に税率表を適用して税額を算出する方式（合算分割方式）がある。

合算分割方式のうち合算均等分割方式は、家族構成員の数によって決まってくることからN分N乗方式とも呼ばれる。夫婦単位主義の場合と同じく、累進税率の下では、家族の稼得形態（一人が稼いでいるか、複数で稼いでいるか）による所得税負担の差はなくなるが、同じ所得を持つ家族と独身者とでは独身者の所得税負担のほうが大きくなる。一方で、個人単位主義とみられた家族構成員間で所得を分割することによる所得税負担軽減の試みは意味を失う。

このN分N乗方式の採用が、近時、少子化対策としてクローズ・アップされてきている。確かにN分N乗方式の場合家族の数が増えれば、累進税率上の税負担軽減効果が高まるので、子供を増やすインセンティブにはなりうる。それ以外にも、家族の数を増やすためには、老親を世帯に迎え入れることも考えられうるため、高齢化社会に対処することもできる。このようにN分N乗方式は多くのメリットを持っているが、家族全員の所得を正確に把握し、申告させるという点で技術的困難があることも忘れてはならない。

合算非分割方式の場合、夫婦単位主義の合算非分割方式と同じく、所得者どうしの婚姻を阻害する。

(B)　現行所得税法

以上に述べたとおり、個人単位主義、夫婦単位主義、家族単位主義にはそれぞれ利害得失があり、いかなる考え方を採用するかは社会の状況や国民感情に配慮して立法者が合理的な裁量により決定すべき事項であるといえよう。ドイツやアメリカ合衆国は夫婦単位主義の２分２乗方式、フランスは家族単位主義の合算分割方式（N分N乗方式に近い）であり、戦前のわが国は家族単位主義によってきた。現行法は、基本的に個人単位主義を採用しているが（所法２①二～五・5）、専業専従者たる親族に支払った対価を事業所得者自身の所得に算入する制度を設けるなど（所法56）、個人単位主義のもとで生じやすい家族間での所得分割による税額軽減の試みに対処する規定を、個々に置いている。

なお、最（大）判昭和36年9月6日民集15巻8号2047頁は、わが国の個人単位主義は憲法24条に反しないとしている。さらに、夫婦財産契約で共有制を取り決めたとしても、夫婦の一方の所得を折半して申告することは許されない（東京高判平成2年12月12日税資181号867頁）。

(7)　累進課税の原則

社会国家原則は、資本主義の市場経済体制のもとで生じる失業や貧困等の社会的弊害の除去のため国家が積極的な役割を果たすべきであるという考えであるが、その内容については比較的曖昧であり、他の法原則と比べてもその下位原則による具体化が特に必要とされるものである。租税法におけるこの社会国家原則の具体化としては、富の再分配が挙げられる。すなわち、現代の資本主義の市場経済体制のもとで富の分配状態の偏りを是正するため、富を多く有している者からより多額の租税を徴収し、社会保障制度を通じて持たない者に給付することを、富の再分配という。所得税においてこの富の再分配を実現する手段として利用されてきたのが、累進税率である。富の再分配を強調する限り、社会給付の源泉となる税収の増加が必要であり、それは所得税において比例税率によるより、累進税率によるほうがより多くの税収を上げ、より多くの金額を社会給付に回すことができる。

その意味において富の再分配の観点からは比例税率よりも累進税率のほうがより合目的的であるといえよう。つまり所得税における累進税率は従来は応能負担原則から正当化されていたが（所得増加による限界効用の逓減）、現在では累進税率は富の再分配という社会国家原則に基づき正当化する見解が有力である。わが国の所得税法も89条において超過累進税率を採用している。なお、わが国の累進税率は憲法14条に反しない（東京地判昭和57年12月27日税資128号782頁）。

もっとも富の再分配は、租税政策のみならず社会保障政策と一体的になされるものであり、それが果して有効に機能しているかは、両政策を十分に検討して判断しなければならないであろう。

(8) 名目価格課税の原則

インフレが昂進している状態のもとでは、ものの価格はたしかに名目上上昇するが、経済的にみるとそれは単に通貨自体の価値が下がっただけのことであり、ものの実質価値に何ら変更はない。

ところが、日本の所得税の税額計算は円という通貨単位の額面価格に従って行われるため、たとえ実質的には価値に何の変更がないにしても、円で表される名目的価格の上昇により、納税者の所得はより高い所得段階に位置づけられ、結局、累進税率の効果によってより高い所得税負担が生じる。

ここにおいて、1円＝1円とし、円の名目的価格に基づき所得税額を計算する名目的価格課税の原則を貫徹した場合、インフレによる仮想上の利得についても課税が行われるという不都合な結果に至る。

ところで名目的価格課税の原則から生じるこの仮想上の利得に対する課税を防止するためには、インフレ率を考慮した指数によって所得税法上のさまざまな数値（減価償却額、所得控除額、課税標準額）をインフレに合わせる指数化税制が必要となる。つまりインフレを排除した実質的な価格に基づき納税者の真実の担税力を把握するための所得税額計算を行うという実質的価格課税の原則が、応能負担原則の観点からはより適切とみなされることになろう。しかし実質的価格課税の原則を貫いた場合、毎年のインフレ率を正確に測定する必要があるのみならず、インフレ調整を法定化することによって多かれ少なかれ政府自身がインフレを容認してしまう結果となることを考慮すれば、実質的価格課税の原則はその限りにおいて現実的とはいえない。結局、執行可能性を考慮すれば、名目的価格課税の原則を認めることもやむを得ない。

2　貨幣の時間的価値と所得税（今日の100万円と1年後の100万円の価値は同じか）

所得税の制度を構築する場合や所得税負担を念頭に置きどのような私的取引を行うかを摸索する場合、貨幣の時間的価値（time value of money）を理解しておくことは非常に重要である。なぜならば、今日の租税政策や節税を目指す租税計画は、貨幣の時間的価値の計算なくしては成り立たないからである。

近代経済学において時間は価値を持つとされている。この価値は、投資して貨幣に係る時間から生じる。そして、この貨幣の時間的価値は、二つの次元において表すことができる。すなわち、現在価値（present value）と将来価値（future value）である。数学的にみる限り、この現在価値と将来価値は全く同じ物であって、その一つの同じ物を異なる側面（時間的側面）からみているだけの違いしかない。すなわち、将来価値は、時間軸及び利子率を使って、現在価値を特定の将来における価値に換算したものであり、現在価値は、特定の将来における価値を、時間軸及び利子率を使って割り引き、現在の価値に換算したものである。貨幣の将来価値をFV、貨幣の現在価値をPV、利子率をR、投資年数をnとすると次の公式が妥当する。

○将来価値の計算

単利の場合：$FV = PV \times (1 + R \times n)$　　複利の場合：$FV = PV \times (1 + R)^n$

○現在価値の計算

単利の場合：$PV = \dfrac{FV}{(1 + R \times n)}$　　複利の場合：$PV = \dfrac{FV}{(1 + R)^n}$

このように将来価値と現在価値を計算することにより、貨幣の価値の時間を超越した客観的な比較が可能になる。すなわち、現在価値100万円は、単利の利子率10％の下で、10年後の将来価値200万円と等価であり、複利の利子率10％の場合は、10年後の将来価値259万3,742円（円未満切捨て）と等価である。換言すれば、複利計算の下で、10年後に受け取ることができる259万3,742円については、その将来価値の金額を利子率10％で割り引けば、その現在価値が100万円であることがわかる。

ただし、複利計算の場合、次の点に留意する必要がある。例えば１年ごとの８％複利計算で２年間100万円を貸したとする。この場合、100万円の現在価値に対する２年後の将来価値は116万6,400円である。一方、四半期ごとの２％複利計算で８期の間（つまり２年間）100万円を貸したとする。この場合、年利では８％になるにもかかわらず、100万円の現在価値に対する２年後の将来価値は117万1,659円（円未満切捨て）となる。つまり、上述の場合、貸主は、１年ごとの複利計算より、四半期ごとの複利計算のほうが5,259円分多くの将来価値を得る。このように複利計算の場合、利子率だけではなく複利計算の単位期間（１年単位か四半期単位か）もその将来価値に大きな影響を与える。

いずれにせよ、10％の利子率の下では、今日100万円を支払うか、５年後に161万5,100円を支払うか、10年後に259万3,742円（円未満切捨て）を支払うかの間に価値の差はない。なぜならば、現在の100万円は、10％の複利計算では、５年後には161万5,100円、10年後には259万3,742円（円未満切捨て）の将来価値になるからである。

現在支払わなければならない所得税は、再投資額に係る利子分を減少させる。例えば、ある賢明な納税者が、100万円を10年間年利10％の複利計算による非課税の投資商品（タックス・シェルター）に投資すると、10年後には259万3,742円（円未満切捨て）の将来価値を得る。つまり、159万3,742円もの利子を稼得し、10年後にその投資額は２倍以上になるのである。一方、正直な納税者が同じ100万円を通常課税される投資商品に投資し、その利子につき20％の税率で租税を支払うとすると、各年において元本のわずか８％しか再投資に回すことはできない。正確に計算すると、100万円の10％＝10万円の利子について、20％の所得税＝２万円を差し引けば、８万円の税引き後の所得となり、それは元本の８％に当たる。つまり８％の利子率で再投資された100万円の10年後の将来価値は215万8,924円（円未満切捨て）である。このように、非課税の投資商品（タックス・シェルター）への投資額の10年後の将来価値は、通常課税される投資商品への投資額と比較して43万4,818円も多くなる。このことが、非課税の投資商品（タックス・シェルター）や課税繰延べの利益を納税者にとって魅力あるものとしている。

なお、いかに早く投資した金額が２倍になるかということを計算する簡単な方法に、「72のルール」というのがある。すなわち、72の数字を利子率で割ると、その金額が２倍になる年数がわかる。６％の利子率では、その年数は12年である。当初の金額１万円が、利子率６％の下では、12年後に２万121円（円未満切捨て）になる。もし50%の所得税によって実質的な利子率が６％から３％（６％×50%）に減少する場合、当初の投資額が２倍になるのは24年後である。このことに鑑みても、所得税は投資収益にいかに大きな影響を及ぼすかがわかるであろう。

また、時間は価値を生むと同時にリスクも高める可能性があることを忘れてはならない。投資時間が長くなればなるほど時間的価値は逓増するが、反面、インフレやデフォルトなどの予期しないリスクにさらされる可能性も増

表(a)　１万円の各年初金額の将来価値（円以下切捨て）単位：円

利率／年数	0.5%	１％	２％	３％	４％	５％	６％	７％	８％	９％	10%
1	10050	10100	10200	10300	10400	10500	10600	10700	10800	10900	11000
2	10100	10201	10404	10609	10816	11025	11236	11449	11664	11881	12100
3	10150	10303	10612	10927	11248	11576	11910	12250	12597	12950	13310
4	10201	10406	10824	11255	11698	12155	12624	13107	13604	14115	14641
5	10252	10510	11040	11592	12166	12762	13382	14025	14693	15386	16105
6	10303	10615	11261	11940	12653	13400	14185	15007	15868	16771	17715
7	10355	10721	11486	12298	13159	14071	15036	16057	17138	18280	19487
8	10407	10828	11716	12667	13685	14774	15938	17181	18509	19925	21435
9	10459	10936	11950	13047	14233	15513	16894	18384	19990	21718	23579
10	10511	11046	12189	13439	14802	16288	17908	19671	21589	23673	25937
15	10776	11609	13458	15579	18009	20789	23965	27590	31721	36424	41772
20	11048	12201	14859	18061	21911	26532	32071	38698	46609	56044	67274
25	11327	12824	16406	20937	26658	33863	42918	54274	68484	86230	108347
30	11613	13478	18113	24272	32433	43219	57434	76122	100626	132676	174493
40	12207	14888	22080	32620	48010	70399	102857	149744	217245	314094	452592

表(b)　1万円の各年末金額の現在価値（円以下切捨て）単位：円

利率／年数	0.5%	1%	2%	3%	4%	5%	6%	7%	8%	9%	10%
1	9950	9900	9803	9708	9615	9523	9433	9345	9259	9174	9090
2	9900	9802	9611	9425	9245	9070	8899	8734	8573	8416	8264
3	9851	9705	9423	9151	8889	8638	8396	8162	7938	7721	7513
4	9802	9609	9238	8884	8548	8227	7920	7628	7350	7084	6830
5	9753	9514	9057	8626	8219	7835	7472	7129	6805	6499	6209
6	9705	9420	8879	8374	7903	7462	7049	6663	6301	5962	5644
7	9656	9327	8705	8130	7599	7106	6650	6227	5834	5470	5131
8	9608	9234	8534	7894	7306	6768	6274	5820	5402	5018	4665
9	9561	9243	8367	7664	7025	6446	5918	5439	5002	4604	4240
10	9513	9052	8203	7440	6755	6139	5583	5083	4631	4224	3855
15	9279	8613	7430	6418	5552	4810	4172	3624	3152	2745	2393
20	9050	8195	6729	5536	4563	3768	3118	2584	2145	1784	1486
25	8827	7797	6095	4776	3751	2953	2329	1842	1460	1159	922
30	8610	7419	5520	4119	3083	2313	1741	1313	993	753	573
40	8191	6716	4528	3065	2082	1420	972	667	460	318	220

大する。もっとも現実の市場における利子率は、単純な時間的要素のみならず、このようなリスク増大の可能性も織り込んで決定されるが、それでも時間が経つにつれ、予測外のリスクが生じる危険性はより高まるのである。

他方、逆に上記のことを現在価値で考えれば、今日納税しなければならない100万円の所得税額を5年後に繰り延べることができれば、利子率10%で考えると、5年後の100万円の所得税額の現在価値は62万921円（円未満切捨て）でしかない。すなわち5年後に課税を繰り延べることによって、所得税額を37万9,079円分も減らすことができるのである。将来価値から現在価値を算出するための割引額は、時間(n)と利子率(R)に応じて減少する。繰延べ期間が長くなればなるほど、そして利子率が高くなればなるほど、割引現在価値は低くなる。このように利子率等の予測は非常に重要であるが、利子率変動リスクを最小化する適切な方法はない。利子率予測を見誤った場合、大きな損に見舞われる。したがって、退職年金や年金保険など長期的な投資の場合、堅実な（保守的な）将来投資率に基づく必要がある。

有名な朝三暮四の故事において、中国の狙公は目先の利益にとらわれ全体をみない猿の浅知恵を笑った。しかし、この猿の餌を貨幣に置き換えてみると、近代経済学における貨幣の時間的価値を理解している限り、猿の怒りは正当であり、笑われるのはむしろ経済法則を理解できない狙公のほうである。朝四暮三と朝三暮四はその価値は同じではない。将来価値は朝四暮三の方が朝三暮四より大きく、現在価値は朝三暮四の方が朝四暮三より小さい。つまり、朝四暮三を選択した賢明な猿は、朝三暮四の場合より大きい経済的価値を手に入れ、その分、狙公は損をしたのである。所得税のみならず、法学及び経済学において、貨幣の時間的価値を理解することは何よりも重要である。

最後に貨幣の時間的価値を理解するため、事例を考えてみよう。

あなたは、利子率10％の時、今１回限りの支払いとして1,000万円を受け取るべきか、それとも２年間にわたり各年末に550万円ずつを受け取るべきかで悩んだとする。あなたはどちらを選択するか？　前者の場合1,000万円しか受領できないのに対し、後者の場合２年間で合計1,100万円受領できる。朝三暮四の事例のように時間を無視して単純に考えると、後者のほうが有利であり、そちらを選択すべきようにもみえるが、果たしてそうであろうか？　貨幣の時間的価値を考慮し、両者を現在価値で比較してみる。今１回限りの支払いとして受領した1,000万円の現在価値は1,000万円である。それに対し、毎年２年間にわたる年末550万円の受領の現在価値は、表(b)でみると9,807,600円（5,092,450円＋4,715,150円）である。つまりこの場合、前者のほうが有利であることがわかる。一方、両者の場合における２年後の将来価値に着目することによっても同じ結論を導くことができる。すなわち、前者の今１回限りの支払いとして受領した1,000万円の２年後の将来価値は、表(a)を参照して12,100,000円である。それに対し、後者の２年間にわたる各年末550万円の受領に係る２年後の将来価値は11,550,000円（6,050,000円＋5,500,000円）であり、やはり前者のほうが有利であることは一目瞭然である。

3　納税義務者（所得税を納めなければならない者は誰か）

(1) 自　然　人

所得税の納税義務者は原則として自然人たる個人である（所法５）。日本の所得税法は、自然人を居住者と非居住者に区分しており（所法２）、居住者は、原則として国内のみならず国外において生じた全所得について、いわば属人主義的に所得税の納税義務を負うのに対し（無制限納税義務）、非居住者は、原則として日本国内において生じた国内源泉所得についてのみ、いわば属地主義的に所得税の納税義務を負う（制限納税義務）。この場合、居住者とは、国内に住所を有し、又は、現在まで引き続いて１年以上居所を有する個人であり（所法２①三）、非居住者は、居住者以外の個人である（所法２①五）。この居住者と非居住者との区別による納税義務の範囲の限界確定は、租税が国家活動に必要な資金を市民から調達する役割を負っていることを前提とした上で、国内での居住の期間を基準に納税者の所得形成に対する国家の貢献の度合いを測定し、そしてその国家によるサービスの対価としての所得税の納税義務の範囲を決定するという意味を有するものと解することができる。

したがって納税義務の範囲を決定するに当たって日本国籍の保有ということは原則として重要ではない。ただし国内に住所を有する者又は有しない者を推定する場合、日本国籍かどうかが考慮されることもある（所令14・15）。

所得税法上の住所の意義については、民法22条に定める「生活の本拠」、すなわち個人の「社会生活上の諸問題を処理する拠点となる地をいう」と解されている（東京地判昭和56年３月23日訟月27巻６号1190頁）。そして、ある者が日本国内に住所を有しているか否かは事実問題であるが、生活の本拠がいずれにあるかは、「客観的な事実、即ち住居、職業、国内において生計を一にする配偶者その他親族を有するか否か、資産の所在等」に基づき判定される（神戸地判昭和60年12月2日税資147号519頁）。以下、住所判定の具体的メルクマールをいくつか例示的に挙げておく。①住居の保有又は賃借、②国内滞在の回数・期間、③配偶者・親族の居住場所、④職業の種類と状況、⑤宗教団体、社交クラブ、労働組合もしくは職業団体への加入状況、⑥運転免許その他の免許の有無、⑦自動車等の登録又は保有、⑧内国法人等が発行したクレジットカードの保有、⑨国内における銀行口座の保有、⑩国内における証券口座の保有、⑪国内の保険会社との保険契約、⑫郵便の配送先、⑬新聞の配達先、⑭国内の電話会社との固定電話もしくは携帯電話契約、⑮国内のインターネットサービスプロバイダー利用、⑯週刊誌や定期刊行物の送付先、⑰国内の住所を記載している公的文書、⑱国内での事業もしくは雇傭、⑲重要な私物の国内における保有、⑳国内銀行等における金庫の保有。なお、所得税法施行令14条及び15条の推定規定も参照のこと。

なお、近時、どの国にも固定的な住所を有さない「永遠の旅人（perpetual traveler)」といわれる者が登場してきている。この永遠の旅人は、富裕者が各国の租税を節減するとともに、各国の法規制を免れるスキームを駆使することによって生まれる。具体的には、いわゆる「5つの旗国理論（five flags theory)」に基づき、①国外所得を免税する国の市民権（国籍）を持ち、②その法的住所はタックス・ヘイブンに置き、③法人税負担がないかもしくは低い国でビジネスを行い、④預金利子及びキャピタル・ゲインの軽課国（asset haven）でその財産を蓄積・運用し、⑤消費税負担の低い国で消費生活を行う、ことによって最小限の税負担で最大限の法的自由を享受することが可能になる。

(2)　法　　人

所得税法上、利子・配当等の支払いに対しては源泉徴収制度がとられており、当該支払者は、自然人に対する支払いのみならず法人に対する利子・配当等についても所得税の源泉徴収義務を負わされている（所法212③)。

ところで、わが国の租税法の構成上、自然人たる個人の所得に対しては所得税が、法人の所得に対しては法人税が課されるため、所得の受領者が法人である場合、本来的には法人税債務が発生し（法法4・5）、所得税債務は発生しないはずである。しかし、利子・配当等の支払者にその受領者が個人であるか法人であるかに応じて異なる源泉徴収義務を履行させることは煩雑であるため、その限りにおいて例外的に法人についても所得税の納税義務者とし（所法5③④）、利子・配当等の支払い時に一律に所得税の源泉徴収がなされることになっている。この場合、受領者たる法人が負担した所得税額（源泉徴収税額）は、実質的に法人税の前取りであるため、後に当該法人に対する法人税額の計算上税額控除される（法法68①・144）。

(3) 人格のない社団等

人格のない社団等とは、法人でない社団又は財団で代表者又は管理人の定めがあるものをいうが（所法2①八）、これについても法人とみなして、所得税の納税義務や源泉徴収義務が課されている（通法（国手法）3、所法4）。これは、民法上の権利能力がないという意味においては法人ではないが、実質的にみて個人の域を超越し独立した活動を営んでいる団体を、公平負担の見地に立って所得税法上法人と同一的に取り扱おうとする趣旨のものであるが、法人とみなされる人格のない社団等とそうではない団体等を区別することは、現実問題として容易ではない。

基本的に、法人とみなされる人格のない社団等であるか否かを判断するためには、「個人の意思と離れた別個独立の団体意思の存在が客観的に認識され、その事業活動等に要する団体固有の資産が個人と峻別されて存在することが、最低限不可欠」であるとされているが（熊本ねずみ講事件、福岡高判平成2年7月18日判時1395号34頁、法人税の事件として最（三小）判平成16年7月13日判時1874号58頁）、ケースバイケースで判断していくほかないであろう。

なお、民法上の組合（任意組合）や商法上の匿名組合は、法人とみなされる人格のない社団等ではないとされている（所基通2－5）。そのため近時、組合の形式を利用した租税回避ともいうべき行為が頻発し（最（三小）判平成

18年1月24日民集60巻1号252頁［映画フィルムリース事件］、名古屋高判平成17年10月27日税資255号順号10180［名古屋航空機リース事件］、名古屋高判平成19年3月8日税資257号順号10647［船舶リース事件］）、平成17年度の税制改正以降、一定の組合事業に係る組合損失額は損金不算入となった（措法67の12等）。任意組合の組合員に係る所得計算については、所基通36・37共－19ないし36・37共－20参照。匿名組合の組合員に係る所得計算については、所基通36・37共－21及び36・37共－21の2参照。

4　所得概念

包括的所得課税の原則で論じたように、わが国の所得税法の基礎に置かれているのはシャンツ流の包括的所得概念である。それによれば、所得は「一定期間内に納税者に生じた純資産の増加＋消費」と解されることになるが、その所得の範囲は極めて広いため、次の点について問題が生じる。

(1)　借入金

納税者が他から借入金を受けた場合、一見、納税者の資産が増加し、そこに所得が発生するかのようにみえる。しかし、借入金の受入れは通常その元本の返還義務を伴うものであるから、実はそれは納税者の粗資産の増加であっても、純資産の増加ではない。したがって、包括的所得概念によれば、借入金は所得税法7条の意味における所得ではない。もっとも、もし納税者が借入金の返済を免除されたとすれば、そこには純資産の増加が認められるため、所得が発生することになる（所基通36－15(5)）。ただし、債務免除益が相続税法8条に該当し、所得税ではなく、相続税又は贈与税が課税されることもある。

(2)　違法利得

違法利得とは、窃盗や売春によって得た経済的価値あるいは利息制限法違反の超過利息などのように、違法な手段によって獲得された利得のことである。この違法利得が所得を構成するか否かの問題について、包括的所得概念によれば、所得の存在を判断するに当たっては納税者の純資産の増加の有無のみが問題とされ、当該純資産増加の手段は問わないため、たとえ違法な手段により獲得された利得であっても納税者の純資産を増加させる限りは所得であり、所得税の課税に服すると解されている（最（三小）判昭和46年11月9日民集25巻8号1120頁、東京地判昭和62年6月29日判時1263号56頁、所基通36－1）。

たしかに、包括的所得概念によれば、所得を経済的な概念として把握し、現実上の財の増加の有無をもって所得の存在を判断しているため、違法利得であろうとも所得を構成すると解する余地は十分にあろう。

しかし、借入金の場合と比較してみると、返還義務が伴う違法利得について、果たして納税者の「純」資産の増加があったと断言できるかどうかは疑わしいといわざるを得ない（ちなみに、税務当局も、旧所得税基本通達148において、所有権の移転する詐欺・強迫による利得は所得を構成するが、所有権の移転のない窃盗・横領による利得は所得ではない、としていた)。なぜならば、借入金の場合、通常返還義務が伴うものであるため借入金額と返還額が相殺され、結果的に所得はなくなるという以上、そもそも返還義務が伴う違法利得についても、同じ論理が成り立つはずであるからである。

もっとも、違法利得は所得ではないとして課税をしない場合、違法行為が発見されその利得が返還される保障はないから、違法行為が発見されない限り、違法利得者は事実上当該利得を課税されることなしに保有することができてしまう。それゆえ合法的な利得に対しては課税される反面、違法利得には課税されないこととなり、公平の観点からは好ましくない結果を招来するとの批判も当然あり得るであろう。

したがって、この必ずしも返還請求権が行使されない場合のことも考慮に入れるならば、違法利得については、現行法上、便宜的にその利得時に所得税を一律に課税し、違法行為が発見されて当該違法利得が失われた場合、更正の請求制度等を通じて当初の課税を解消しようとしている（所法152、所令

274）と解するのが相当ではあるまいか。

なお違法利得に課税する場合、その所得金額を計算するに際し、違法な必要経費も控除できるかどうかの問題がある。

さらに、違法利得に現実に課税しようとする場合に、多くの問題に直面することもある。すなわち、たとえば、売春行為によって得た利得に課税しようとする場合、それが贈与に該当し、贈与税が課されるのか、それとも、何らかの対価として受領したと考えて所得税が課されるのか、は全く明確ではない。なぜならば、売春行為は公序良俗に反するため私法上無効であり（民法90条）、私法上の行為類型の判断が不能であるからである。

(3)　未実現のキャピタル・ゲイン

未実現のキャピタル・ゲインは、納税者がなお保有している資産について生じた価値の値上り益のことである。包括的所得概念によれば、これも納税者の純資産増加であるから所得を構成し、それに対しては当然所得税が課されねばならない。しかし、わが国の所得税法上は、原則として未実現のキャピタル・ゲインに対する課税はなされてはいない。その理由は、普通次のように説明される。すなわち、未実現のキャピタル・ゲインを一般的に課税の対象とする場合、税務当局は毎年納税者の資産を把握しその未実現のキャピタル・ゲインの価額を評価しなければならないが、その事務が事実上困難であるため、立法政策上、未実現のキャピタル・ゲインには課税しない（大阪高判昭和56年7月16日行集32巻7号1054頁）。

しかしながら、理論的に未実現のキャピタル・ゲインも所得を構成しているとする以上、それに課税しないというのは、租税公平主義に違反するおそれが十分にある。単に事務が困難であるとの理由だけで原則に対する例外を認めていいものか疑問を感じざるを得ない。むしろ、包括的所得概念の考えを修正し、未実現のキャピタル・ゲインについては所得の範囲から除外するほうが妥当であろう。もっとも、現行所得税法上、明文の別段の定めを置くことによって、未実現のキャピタル・ゲインに課税している例もないわけではない。例えば、農産物を収穫した場合、当該農産物を市場において売却し利得を得ない場合であっても、当該農産物の収穫価額に相当する金額の収入があったものとされ、所得税が課せられるが（所法42）、これは未実現のキャピタル・ゲインに課税している例である。

(4) 帰属所得

帰属所得（imputed income）とは、「納税者自身が保有する財産もしくは自身の役務を自身及びその家族のため利用することにより得られる利益」と定義することができる。その例は数多くあるが、代表的なものとしては自己保有家屋に居住することにより家賃の支払いを免れる利益（いわゆる帰属家賃）、主婦（主夫）が家事労働することによって家事に係る労働費用の支出を免れる利益、医師が自分自身を無料で診察することにより診察料支払いを免れる利益などが挙げられる。なお、雇主から与えられる無償家賃の居住サービスや無償の食事等のいわゆるフリンジ・ベネフィットは、他人から与えられた経済的価値を消費しているので、帰属所得ではない。また、主婦（主夫）の家事労働にかかる利益も、所得税の個人単位主義を厳格に考えれば、他人から与えられた経済的価値を消費しているとみることができるため、帰属所得ではないとする見解もありうる。

包括的所得概念によれば、この帰属所得も理論上所得税の課税所得を構成していると解されているが（自身が産み出した価値を消費していると考えられるからである。）、未実現のキャピタル・ゲインの場合と同様に、捕捉・評価が困難であるため現実には所得税を課されていない。具体的には、帰属所得の場合、所得税法36条に規定する「収入」がないため、所得税は課せられない。したがって租税公平主義との抵触が生じることも未実現のキャピタル・ゲインの場合と同様であり、それを避けるためには包括的所得概念を修正し所得の範囲から帰属所得を除くことも一つの選択方法である。もっとも、裁判例において、借入金利子が譲渡所得に係る取得費を構成するかの問題を判断するに際し、帰属所得を考慮したものも存在する（東京地判昭和60年

5月30日行集36巻5号702頁、東京高判昭和61年2月26日行集37巻1・2号177頁)。

5　非課税所得と免税所得（親からもらう仕送りについても所得税を納めなければならないか）

(1)　人的非課税

人的非課税は、特定の者について一切課税をしないことである。例えば、大日本帝国憲法のもとにおいて、天皇及び皇族は人的非課税に該当し、一切の課税を免れていた。しかし、人的非課税は特定の者がその特定の者であるが故に課税から除かれるのであるから、租税公平主義に著しく反する。平等原則を強く保障する日本国憲法においては、人的非課税は原則としてあってはならないといえる。したがって、今日、天皇・皇族といえども人的非課税ではなく、所得税における人的非課税は、次に掲げる一定の分野において極めて例外的に認められているにすぎない。

(A)　公共法人

所得税法上の公共法人等は、所得税法別表第一に列挙されているが、法人税法上の公共法人等とは異なり、学校法人や宗教法人のように、法人税法上は公益法人に分類されているものも含む（参照、所法別表第一、法法別表第一及び第二)。既に述べたとおり（2(2)参照)、公共法人も受け取る利子・配当等については源泉徴収の対象となる限り所得税の源泉徴収に服する義務を負うが、公共法人等は当該利子・配当等に関し所得税を課せられない（所法11)。これは公共法人が原則として法人税の人的非課税に該当することや、公益法人は収益事業から生ずる所得に対してのみ法人税が課税されること（法法4）に対応する措置である。

公共法人は、国や地方公共団体などであるが（法法2⑤)、これらはいずれも、租税債権者かあるいはその一機関と解するのが相当であるため、納税義務者の範疇から排除することが妥当である、との考慮に基づき人的非課税とされている。なお、公共法人といえども、所得税の源泉徴収義務は負っている（所法181・183等）。

(B) 外　交　官

日本に駐留する外国の大使・公使や外交官については、国際慣習法上、課税除外とされている（外交関係に関するウィーン条約34・36・37、所基通９－11）。この人的非課税は、国際的な外交関係を円滑にするという合理的な目的のため認められていることを考慮すれば、直ちに租税公平主義に反するとはいえない。なお、わが国でこれらの外交官が人的非課税に該当しても、当該外交官の本国の租税については、人的非課税にはならない。

(2) 物的非課税

物的非課税とは、課税物件の一部について課税から除外することである。所得税において物的非課税は、所得税法上のもの及び租税特別措置法上のもののみならず、租税法律以外の法律（例えば生活保護法57条等）によるものや通達によるものも含めて数多く存在しているが、分類すると、次の３種類に分けることができる。

(A) 財政目的規範としての非課税

これは国家活動に必要な資金を調達するという目的のため、応能負担原則などを基礎として作られている租税体系の理論上生じ得る問題を解決もしくは調整するためとられている非課税措置である。

例えば、給与所得者に対して支給された旅費（所法９①四）や通勤手当（同五）あるいは職務の性質上欠くことのできない現物給付（同六）などは、実質的にみると必要経費の性格を持っているため、本来的には必要経費控除の対象とされるべきであるにもかかわらず、給与所得の場合、実額による必要経費控除が所得税法上認められていないこととの調整を図るため、非課税とされている。また、相続、遺贈又は個人からの贈与により取得する財貨を非課税としているのも（所法９①十六）、現行租税体系上生じ得る所得税と相続・贈与税の二重課税を避けるためのものである（最（三小）判平成22年7月6日民集64巻5号1277頁）。

なお、損害保険会社等と締結した保険契約に基づき支払いを受ける保険金及び損害賠償金で、心身に加えられた損害又は突発的な事故により資産に加えられた損害に基因して取得するもの（所法9①十七、所令30）も非課税項目とされているが、これらは他人の行為によって被った損害を補てんするものであって担税力がないため非課税とされるものである（名古屋高判平成22年6月24日先物取引裁判例集60号40頁、昭和36年12月税制調査会答申及びその審議の内容と経過の説明）。もちろん、ここに規定する損害賠償金に該当するかどうかは、実質的にみて判断されなければならない（札幌高判平成5年7月20日税資198号329頁、大阪高判昭和52年4月15日税資94号80頁）。先物取引被害に係る和解金はここでいう非課税の損害賠償金に該当する（名古屋高判平成22年6月24日先物取引裁判例集60号40頁、また、福岡高判平成22年10月12日先物取引裁判例集61号59頁も参照）。

(B)　社会目的規範としての非課税

これは社会政策、経済政策、文化政策など、さまざまな政策目標を達成するための誘因措置として、特定の所得の項目を非課税とするものである。したがって、これは応能負担原則の水平的公平を破るもの、つまり租税特別措置と考えられる。

これに該当するものとしては、文化振興を目的とする文化功労者年金やノーベル賞の非課税（所法9①十三ホ）、障害者を優遇する目的の障害者等の少額預金利子等の非課税等（所法10、措法4等）、貯蓄奨励措置である勤労者財産形成の利子の非課税（措法4の2・4の3等）などがある。

(C)　簡素化目的規範としての非課税

これは税務執行上の効率性を考慮して、特定の少額所得を非課税とすることによって簡素化を図ろうとするものである。この簡素化目的規範は、必ずしも財政目的規範や社会目的規範と対立するものではなく、両者と結合し、一つの規範において財政目的規範もしくは社会目的規範と簡素化目的規範の両側面がみられることもあり得る。

この非課税の例には、当座預金利子の非課税（所法９①一）や所得税基本通達上のいくつかのフリンジ・ベネフィット（この概念については後述８(1)(C)参照）の非課税（所基通36－21～36－30）などがある。

なお、物的非課税に該当する所得は申告書の手続を経ることなく、いわば自動的に税額計算から排除される反面、当該所得に係る必要経費や取得費等あるいは損失も所得税の税額計算において考慮されない。

ただし、物的非課税に該当するものであっても、所得税法10条に定める障害者等の少額預金利子の非課税のように、非課税貯蓄申告書の提出など一定の手続をとることを要件として非課税になるものもある。

(3) 免　　税

免税とは、いったん成立した納税義務を事後的に消滅させることをいう。最初から納税義務は発生しない人的非課税や物的非課税とは異なり、免税所得の場合、当該所得は課税所得となって所得税額計算の過程に含められ、それに対応する納税義務は発生するが、納税者が一定の手続をとることによりその免税所得に係る納税義務が消滅するという性格を持っている。

免税所得の例には、肉用牛の売却による農業所得に係る所得税の免税（措法25）や災害減免法による災害被害者の所得税の減免（災免法２）がある。

6　課税所得の分類（所得の種類はどのように分類されているか）

所得税法では、所得を、利子所得、配当所得、不動産所得、事業所得、給与所得、退職所得、山林所得、譲渡所得、一時所得、雑所得の10種類の所得類型（所得の種類）に分類している。これは普通、所得の種類ごとに質的担税力の差を考慮するためであると説明されている（所得類型を設ける趣旨について、参照、富山地判昭和48年２月９日行集24巻１・２号61頁）。

しかし、既に述べたように、質的担税力という概念は、感情論的にはともかく、理論的には論証できないこと、総合所得税の原則からは各所得類型の価値は等価であると考えられることなどを考慮すると、各所得類型における計算方法や控除額の差異はできるだけなくすほうが好ましい。

また、所得税法は、毎年繰り返して発生する回帰的所得（事業所得や給与所得）と臨時に発生する非回帰的所得（一時所得や山林所得）との間に担税力の差を認め、非回帰的所得については課税を緩和する措置をとっている。しかし、このことも、単に所得税法上累進税率が採用されているため非回帰的所得に生じ得る税負担の過重ということを調整するための措置にすぎず、(質的) 担税力の差を想定することによってその課税緩和措置を正当化することは相当ではない。いずれにせよ、現行所得税法は、各所得類型について異なる計算方法や控除額を定めているため、ある所得がいかなる所得類型に該当するかによって、納税者の租税負担が変わってくることになる。

特に、退職所得、長期譲渡所得及び一時所得は、その収入金額の2分の1以下しか課税の対象とされないので (所法22②二・30②)、他の所得類型から転換する試み（convert of income）がなされやすい。また、雑所得についても、損失が生じたとき他の所得類型と損益通算することはできないので (所法69①)、損益通算が認められる他の所得類型（例えば事業所得）へと転換する試みや他の所得類型に認定を求める主張がされることも稀ではない。

なお、所得の種類の認定を行うに当たっては、法律的行為の民法上の性質のみを重視するのではなく、経済的実質的観点が重視されるべきである（東京地判昭和39年5月28日行集15巻5号783頁)。

(1)　利子所得

(A)　意　　義

利子所得とは、公社債及び預貯金の利子並びに合同運用信託及び公社債投資信託及び公募公社債等運用投資信託の収益の分配に係る所得をいう（所法23①)。

このうち預貯金の利子は、利子所得の中心の一つをなしているが、それは銀行その他の金融機関に対する預金及び貯金の利子である（所法2①十、所令2）。ここでいう金融機関の範囲については、所得税基本通達2－12で「法律の規定により預金又は貯金の受入れの業務を行うことが認められている」機関として例示的に示されているが、必ずしも明確な解釈ではない。例えば、保険会社は通常金融機関とされ、租税特別措置法8条1項・同法施行令3条の3では金融機関に含められているが、所得税基本通達2－12では除外されている。

一方、「預金」の意義について、裁判例は消費寄託契約としての契約形式を重視するもの（私法的把握）と、預金という経済的現象に着目するもの（経済的把握）とに分かれているといわれている。前者の私法的把握の立場に立った判決としては千葉地裁昭和37年12月25日行集13巻12号2277頁があり、後者の経済的把握の考えを採用したものとして東京高判昭和41年4月28日判タ194号147頁があるとされることが多い。特に後者の東京高判昭和41年4月28日によれば、預金の概念は「法人が不特定多数の者から法人所定の定型的約款によって金銭を受け入れこれを自己の運用資金の主要部分とするとともに、不特定多数の者がいずれも金銭の保管の安全性、その払戻しの確実性を挙げて法人の信用に委ねて金銭を預け入れ、通常これに対する一定割合の金銭（利子）の支払いを受ける」という経済的実質を持っているとされている。ただし、私法的把握を判示したとされる前者の千葉地判昭和37年12月25日も、詳細に検討すると、「当事者によって選ばれた法律的形式のみに拘泥すべきではないと解するのが相当である」と述べられ、結論として当該事件における金銭の受入れは、金銭の消費信託と同一の経済的性質を有すると認定されていることに鑑みれば、純粋な私法的把握とは言い難い側面も有している。また、千葉地判昭和37年12月25日が金銭消費寄託の性質として判示する「これらの者が不特定多数の相手方、すなわち預金者に対し同額の金銭の返還を約して、預金者から預託を受けた」という部分は、必ずしも金銭消費寄託固有の性質ではない（不特定多数の相手方からの預託でなくても金銭消費寄託契約は成立し得る)。結局、預金の意義については、税法上の契約形式を参照しつつも、預金の経済的性質に基づいて判断せざるを得ないであろう。具体的には①金銭消費寄託契約性、②不特定多数の者から受け入れること、③定型的な約款の存在、などのメルクマールを総合的に考慮して、預金を認定していくべきであろう。いわゆるデット・アサンプション取引に係る差額を預金の利子、すなわち利子所得に該当すると判断した東京高判平成17年12月21日訟月54巻2号472頁も、金銭消費寄託性及び預金の経済的性質の両面にわたる検討を行って結論を導いている。

利子の意義については、伝統的には元本債権の存在を前提とし、元本額の一定比率をもって存続期間に比例してその額が計算されるものであって、他人に属する金銭等の利用等の対価であると解されている。つまり利子のメルクマールとして、①元本の存在、②元本額の一定比率をもって存続期間に比例してその額が計算されること、③day-to-dayの発生、④他人等に属する金銭利用の対価性などが挙げられる。したがって、懸賞金付定期預金に係る懸賞金は、その元本は預金であると考えられるが、上述の利子のメルクマールのうち少なくとも②や③が欠けているため、預金の「利子」ではなく、利子所得とはいえない(それは一時所得であろう)。もっとも、二重通貨定期預金(預入れの際に一定の条件を設定し、その条件次第で満期の受取りが円貨になったり外貨になったりする可能性がある預金)やコーラブル預金(預金者は満期まで解約できず、銀行側にのみ期限前解約の権利を認める特約のついた預金)などのいわゆる仕組預金の場合、この伝統的な利子概念が妥当するかどうか問題視され得る。

なお、金融機関以外の者が金銭消費寄託契約に基づき支払った利子で所得税法施行令2条各号に該当しないものは、雑所得に該当する。また、銀行等の金融機関に対する定期積金等(定期的に掛金を払い込み、満期日に約定した金額の給付金を受け取れる積立型の商品)は、金銭消費寄託ではないため、その給付補てん金(定期積金の払込み掛金の合計額と給付金額との差額)は、利子所得ではなく雑所得とされている(所基通35－1(4))。

他方、公社債は、外国及び外国の地方公共団体の発行した債券を含む公債及び会社が会社法その他の法律の規定により発行する債券及び会社以外の内国法人が特別の法律により発行する債券並びに外国法人が発行する債券でこれらに準ずるものである（所法２①九、所基通２－10及び２－11)。最近の資金調達方法の多様化及び国際化に応じてさまざまな種類の社債が登場してきており、特に利益参加型社債（確定した利子の支払いに加え、社債を発行する会社の利益に応じた利益配分を受ける権利を有する社債）やエクイティ・リンク債（転換社債やワラント債など株式取得オプションが付随する債券）などのいわゆる混合証券の場合、その社債利子としての利子所得と配当所得との区別が困難なケースが生じ得る。なお、ワラント債（新株引受権付社債）の利息は、利子所得とされている（最（一小）判平成３年４月11日税資183号66頁)。

最後に、合同運用信託、公社債投資信託及び公募公社債等運用投資信託の収益の配分は、法律的にみれば利子ではないが、貯蓄に係る果実という点に着目すれば、経済的に預金利子と同じ性質のものであると認められる。また、これらの収益の分配については、多数の者に対し同じ条件の下で決められた利率でもって支払われるという実態もある。これらのことを前提に、貯蓄に対する課税の中立性に配慮し、上記の収益の分配も利子所得に含められている。

事業上の資金を預金し、その預金から得られた利子については、事業所得ではなく、利子所得とされている（富山地判昭和48年２月９日行集24巻１・２号61頁)。しかし事業所得が事業に付随して得られる収入も含んでいることに鑑みれば、この取扱いは必ずしも理論的必然性に支えられているとは言い難い。例えば所得税法27条１項のカッコ書に利子所得を追加するなどして、調整のための明文規定を置くべきであろう。

利子所得の例

銀行等の金融機関が定期積金契約の中途解約前の期間又は満期後の期間に対応して支払う利子は、利子所得に含まれる（所基通23－1）。それに対し、個人が他人に貸し付けたお金に係る利子は、貸主にとって利子所得ではなく、事業所得もしくは雑所得である（所基通35－2（6）参照）。

(B) 計算方法

利子所得の金額は、その年中の利子等の収入金額である（所法23②）。つまり、収入を得るために必要な経費（必要経費）の控除は認められていない。

利子所得の場合であっても必要経費の存在を想定することができないわけではないが、通常その金額は少額であるとみられることから、簡素化目的のため一律の利子所得について必要経費の控除を否定したものであると解するのが相当であろう。東京高判平成2年8月8日税資180号451頁も、利子所得について必要経費控除を認めていないのは、合理的な国の租税立法政策に由来するものであって、憲法14条及び29条に違反しない、と判示している。

利子所得の金額＝収入金額

(C) 課税方法

所得税法上の原則は、15％の源泉徴収を行った上での総合課税であるが（所法22②・181・182）、現在、租税特別措置法に基づき、大半の利子所得（一般利子等）に対しては他の所得とは分離して一律に15％（地方税たる住民税の利子割の税率5％（地方税法71の6）を加えれば合計20％の税率になる）の源泉徴収だけで課税されるという、一律源泉分離課税制度が採用されている（措法3）。なお、国債や地方債等の特定公社債（措法3①一）については、申告分離課税の対象とされている（措法8の4①）。

(2) 配当所得

(A) 意　　義

配当所得は、法人から受ける剰余金の配当、利益の配当、剰余金の分配、基金利息並びに投資信託（公社債投資信託及び公募公社債等運用投資信託を除く）及び特定受益証券発行信託の収益の分配に係る所得である（所法24①）。

配当所得の中心である「剰余金の配当」（会社法制定前の表現では「利益の配当」）は、一応の損益計算に基づく法人の利益が出資額に応じて出資者に支払われる形式をとっていることを前提とし（東京地判昭和36年4月6日行集12巻4号760頁）、いわゆる蛸配当や株主平等の原則に反する配当等のように商法上不適法な配当も含むが、株主相互金融会社における株主優待金のように法人の利益の有無にかかわらず支払われるものは含まれない（最（二小）判昭和35年10月7日民集14巻12号2420頁）。要するに、剰余金の配当のメルクマールとしては、実質的観点において、①株主である地位に基づいて供与された経済的利益であること、及び、②法人の利益又は剰余金の処分であること、が挙げられる。また形式的観点において、③法人が確定した決算において利益又は剰余金の処分により配当又は分配したものというメルクマールも想定することができる。ただし、これらのメルクマールがすべて充足されることは必要ではない。

なお、法人の株主等が、①当該法人の合併（適格合併の場合を除く）、②当該法人の分割型合併（適格分割型合併の場合を除く）、③当該法人の資本の払戻し又は当該法人の解散による残余財産の分配、④当該法人の自己の株式又は出資の取得、⑤当該法人の出資の消却等、⑥当該法人の組織変更等の事由により金銭やその他の資産等の交付を受けた場合、その金銭やその他の資産等の価値の合計額が、その交付の基因となった当該法人の株式に対応する部分の当該法人の資本金等の額を超えるとき、その超える部分の金額は、剰余金の配当等とみなされ、配当所得として課税される（所法25）。

事業用資産に属する株式から得られる配当金も、事業所得ではなく、配当所得であると解されている（昭和49年9月6日名古屋高裁金沢支部判行集25巻8・9号1096頁）。しかし、利子所得の場合と同じくこのことは必ずしも自明のことであるとはいえない。やはり調整規定の立法が必要であろう。

配当所得の例

法人が創業記念などに際し株主に交付する記念品あるいは株主優待乗車券や株主優待施設利用券もしくは自社製品の値引販売による利益等は、利益の有無にかかわらず交付されるものであるため、原則として配当所得ではない（所基通24－2及び35－1（8）参照）。

(B) 計算方法

配当所得の金額は、その年中の配当等の収入金額から、当該配当を生ずべき元本たる株式等の取得に要した負債の利子を控除した金額である（所法24②）。もちろん負債利子以外にも配当所得を得るための必要経費と想定されるものがあり得るが、それについて必要経費控除は認められない。その理由は必ずしも明らかではないが、利子所得の場合と同様に、その少額性を考慮した簡素化目的の措置として理解できよう。

配当所得の金額＝収入金額－負債利子

(C) 課税方法

所得税法上の原則は、配当所得について、20％の源泉徴収を行った上で（所法181・182二）、総合課税されることになっている（所法22②）。

ただし、証券市場を活性化させ、「貯蓄から投資へ」の改革に資する金融・証券税制の簡素化の観点から、一定の上場株式等の配当等について、種々な源泉徴収税率の特例が設けられている（措法8の4等）。さらに、非課税口座で保有する上場株式等にかかる配当所得及び譲渡所得を非課税とするいわゆるNISA（日本版ISA）は拡充され、平成28年1月1日以降、非課税口座に設けられる各年分の非課税管理勘定に受け入れることができる上場株式等の取得対価の額の限度額が、120万円に引き上げられた（措法9の8及び37の14）。また、20歳未満の者の非課税口座開設も認められ、年間投資上限額80万円で、当該非課税口座で保有する上場株式等にかかる配当所得及び譲渡所得が非課税となるいわゆるジュニアNISAも創設されている（措法9の9及び37の14の2）。

なお、令和５年度税制改正によって①NISA制度の恒久化、②つみたて投資枠の120万円への拡充、③成長投資枠の年間投資上限額を240万円に拡充するとともにつみたて投資枠との併用を可能とする、④一生涯にわたる非課税限度額を1,800万円とし、成長投資枠をその内数とし1,200万円とする、等の改正が行われた（令和５年度税制改正の大綱）。

法人からの剰余金の配当等に対し配当所得として所得税を課税することにより生じ得る法人税と所得税の二重負担ということを配慮し、配当控除がなされる（所法92）。

(3) 不動産所得

(A) 意　　義

不動産所得とは、不動産、不動産の上に存する権利、船舶又は航空機の貸付けによる所得である（所法26①）。ただし、不動産等の貸付けによる所得であっても事業所得に該当する場合、不動産所得の範疇から除外されるが（所法26①カッコ書）、他方、不動産の貸付業又は船舶もしくは航空機の貸付業は事業の範囲から除外されており（所令63カッコ書）、不動産所得と事業所得との区別が問題となる。

この区別は、結局、不動産等の貸付け事業として行われている場合であっても、当該事業における人的役務が重要な構成要素をなしているか否かを基準にし、社会通念に照らしてケースバイケースで判断していくほかないであろう。例えば、部屋の賃貸借において、食事やクリーニングサービスの提供などの要素が認められる場合、事業所得と認定される可能性がある一方で、暖房、掃除、雪かきのような日常的かつ最低限の必要性に基づく付随的サービスの提供は、不動産所得該当性を否定するものではない。また、不動産所得を生じる事業又は業務に付随する収入が不動産所得に該当するか否かは法文上明確ではないため、紛争が生じ得る（参照、名古屋高判平成17年９月８日税資255号順号10120）。

不動産所得の例
アパートや貸間のように食事を供さない場合の所得は不動産所得、下宿のように食事を供する場合は事業所得もしくは雑所得である（所基通26－4）。

なお、不動産等の貸付業が「事業」として行われているか、事業の規模には至らない「業務」として行われているかによって、資産損失の必要経費算入（所法51①④・72）、貸倒損失の必要経費算入（所法51②・61①）、事業専従者給与の必要経費算入（所法57①②）や青色申告特別控除の適用（措法25の2）に関し、差異が生じる。「事業」概念については、次の事業所得の項目参照。

(B) 計算方法

不動産所得の金額は、その年中の不動産所得に係る純収入金額から必要経費を控除した金額である（所法26②）。

不動産所得の金額＝総収入金額－必要経費

(4) 事業所得

(A) 意　　義

事業所得とは、さまざまな「事業」から生じる所得である（所法27①）。ここでいう事業は、「自己の計算と危険において独立して営まれ、営利性、有償性を有し、かつ反復継続して遂行する意思と社会的地位とが客観的に認められる業務である」と定義されている（最（二小）判昭和56年4月24日民集35巻3号672頁）。そして事業該当性の判断は、納税者の意図・主観的事情だけではなく、業務の内容、業務及び経営判断の主体、業務成果の帰属などの客観的事情等を総合考慮してなされる（東京高判平成10年4月27日税資231号851頁）。具体的に事業に該当するか否かは、次のメルクマールの有無を社会的通念に照らして全体的見地から個別に判断していくほかないであろう。なお、事業所得を生ずべき事業の遂行に付随して生じた収入も事業所得に含まれる（所基通27－5）ほか、事業所得を生ずべき業務を行う居住者が受領する保険金や損害賠償金で、事業所得に係る収入金額に代わる性質を有するものも、事業所得に含まれる（所令94）。

(a) 経済的活動

経済的活動としての社会的客観性を具備しているものでなければならず、そのためには相当程度の期間継続して安定した収益を得られる可能性があるものでなければならない（名古屋高判昭和57年12月23日税資128号774頁）。このメルクマールは主として雑所得との区別に用いられることが多い。実務上、ある経済的活動から得られる所得だけで生計を立てていくことができる場合、その経済的活動は、社会的客観性を具備している。すなわちその経済的活動により得られる所得は事業所得であると認定されることが多い。このことに鑑みれば、人的・物的設備の有無や経済的活動の規模がテストされることになる。なお、資金の貸付行為に関して、東京高判昭和47年12月13日税資66号1130頁は、「利息の多寡、貸付の口数、相手との関係、貸付の頻度、金額の大小、担保権設定の有無、貸付資金の調達方法、利息収入の総所得において占める割合、人的物的設備の有無、規模、貸付宣伝広告の状況等」を総合して事業該当性を判断するとしている。もっとも、法令に反するものや公序良俗違反の活動であってもその事業性を直ちに否定されるものではない（大阪地判昭和26年５月30日税資17号571頁）。

(b) 独 立 性

このメルクマールは事業の存在を認定するため最も重要なものであり、「自己の計算と危険において」との言葉に象徴されるように、自身の活動の内容及び態様を自ら決定し、その活動の成果を自ら享受するとともにそのリスクも自ら負うことを意味する。例えば、その活動の対価がまさにその活動の結果に左右されること、その活動の時間や場所あるいは内容を自ら決定できること、その活動の一部を他人に委ねることができること、特に活動のため他人を雇用できること、休暇中の報酬を請求できないことや病欠の場合に報酬の保障がないことなどの要素は、独立性を示す間接証拠である。このメルクマールにより、給与所得や退職所得との区別がなされる。

(c) 継続性

これは主観的に経済的活動を反復する意図を有しており、又は、客観的に現実に反復していることを意味する。したがって１回限りの決断が社会通念に照らして複数の行為を必要とする場合、継続性のメルクマールは充足されるし、また、現実に活動が反復的に行われている場合、このメルクマールは通常充足される。このメルクマールにより、一時所得や譲渡所得との区別がなされる。なお、事業廃止後に原材料や製品を数次にわたって販売して得た利得も事業所得を構成する（最（三小）判昭和32年10月22日民集11巻10号1761頁）。

(d) 営利性

営利を得る目的で経済的活動を営んでいることが必要である。もっとも、現実に利益を得たか否かは重要ではないが、少なくとも利益を得る客観的可能性が存在するものでなければならない。この点で、競馬などのギャンブル活動については、利益を得る客観的可能性がないとして事業性が否定されることが多い。このメルクマールも一時所得との区別に利用される。

事業所得の例

プロ野球の選手が球団から得る報酬は事業所得に該当するが、楽団所属のバイオリニストが当該楽団から受ける報酬は給与所得に当たる（最（三小）判昭和53年８月29日訟月24巻11号2430頁）。力士が日本相撲協会から受ける力士褒賞金は給与所得であるが、スポンサーから受ける賞金は事業所得である（力士等に対する課税についての通達昭和34年３月11日直所５－４）。

(B) 計算方法

事業所得の金額は、その年中の事業所得に係る総収入金額から必要経費を控除した金額である（所法27②）。

事業所得の金額＝総収入金額－必要経費

(5) 給与所得

(A) 意　　義

給与所得とは、俸給、給料、賃金、歳費及び賞与並びにこれらの性質を有する給与に係る所得である（所法28①）。給与所得の意義について最高裁判決は、「雇傭契約又はこれに類する原因に基づき使用者の指揮命令に服して提供した労務の対価として使用者から受ける給付」とするもの（弁護士の顧問料収入に関する前出最（二小）判昭和56年4月24日）と、「勤労者が勤労者たる地位に基づいて使用者から受ける給付」とするもの（通勤手当に関する最（二小）判昭和37年8月10日訟月9巻1号83頁）とが存在している。しかし、要は、雇用又はこれに類する原因に基づいて、非独立的に提供される労務の対価として、他人から受ける報酬及び実質的にみてこれに準ずべき給付であると解すべきであろう（京都地判昭和56年3月6日行集32巻3号342頁）。そして、給与所得に該当するか否かの判断においては、「支給者との関係において何らかの空間的、時間的拘束を受け、継続的ないし断続的に労務又は役務の提供があり、その対価として支給されるものであるかどうか」という観点が重視されなければならず（前出最（二小）判昭和56年4月24日）また、支払の原因となった法律関係についての支給者及び受給者の意思や認識及び労務提供や支払の具体的態様等を考察して、客観的・実質的に判断されなければならない（最（二小）判平成13年7月13日訟月48巻7号1831頁（リンゴ生産組合事件））。

すなわち、具体的には①従属性テスト、②組織的統合テスト、③収入の無リスクテストなどの判断基準を事実関係に適用して給与所得性を認定すべきであろう。①の従属性テストでは、所得源泉が前出最（二小）判昭和56年4月24日が述べる「使用者の指揮命令に服して提供した労務」であるかどうか、すなわち「支給者との関係において何らかの空間的、時間的拘束を受け、継続的ないし断続的に労務又は役務の提供」をしたといえるかどうかが問われる。雇用契約という私法契約は従属性を示す一つの有力な間接証拠になり得るが、それだけで決定されるわけではない。むしろ業務の実質に着目して判断されるべきである。このテストにおいては、業務における指揮命令の程度（業務上何をなすべきかだけでなく、それをどのように成し遂げるかについての一方当事者の指示とそれに対する服従関係があるかどうか)、業務における時間的拘束性、業務の一方当事者の指示に基づく場所的拘束性、業務の代替性、業務に必要な道具・用品の負担関係、出張費の支払の有無、休暇・休日に関する取決め、病欠条項、健康保険や年金に関する取決め、兼職可能性などの要素に着目しなければならない。

ただし、この従属性テストは、弁護士や公認会計士等の高度の知識を持った専門家や専門技術者の場合には十分機能しない。なぜならば、使用者の側はそのような専門家等の業務内容について十分な指揮命令を行うことができるだけの知識を持たないことが多く、また、専門知識を持っていないが故にそのような専門家等を雇うからである。したがって、このような専門家が関係する場合、従属性テストではなく組織的統合テストが必要になる。すなわち、組織的統合テストにおいては、それらの専門家が組織の本来的な一部を構成しているかどうか、それとも組織に外部から付け加わっているだけの存在にすぎないのかがテストされる。この場合、業務内容に関する指揮命令のように業務自体に着目するのではなく、業務の周辺事項や業務の対価に着目し、与えられるフリンジ・ベネフィット（有給休暇、病欠や業務上の事故の場合における補償、健康保険等による保障等）が多ければ多いほど、その対価の給与所得性が強く認定され得る。

さらに、一歩進んで、業務内容に全く着目せず、むしろ業務の対価に着目し、納税者が収入についてリスクを全く負わない場合に給与所得性を認定することが多くみられる（収入の無リスクテスト)。これは、いわゆる独立性を示す「自己の計算と危険において」基準のうち、「自己の危険において」基準を満たさないかどうかをテストするものである。例えば、定型的な定額報酬（固定給）の場合や報酬の額が納税者のイニシアチブにかかっていないこと、あるいは、その報酬の額が業務にかかった費用と無関係に決められているような場合、給与所得とされ得る。例えば、国会議員の活動は誰の指揮命令を受けるものではないが、その報酬は月極で定額の歳費を受け取っており（国会議員の歳費、旅費及び手当等に関する法律1条）、そのことに鑑みれば、議員報酬は無リスクテストによって給与所得性を満たしていると判断してもよいであろう。

なお、役員報酬・賞与について昭和54年4月17日東京高判税資105号143頁は、「……取締役として受けた報酬は、それが委任契約に基づくものであっても、原告（取締役）が当該会社に従属し、単に『取締役』という役職において人的役務を提供するにすぎず、その取締役の活動から生じた成果（それが利益となる場合も、あるいは損失となる場合もある。）は、そのすべてが直接当該会社に帰属するものであって、原告が受ける報酬は、その活動から生じた成果として直接に享受するものでなく、当該会社に従属して人的役務を提供した報酬として受けるもの」として給与所得に該当すると判断している。これは従属性テストによって役員報酬・賞与の給与所得性を認定していると考えられるが、やや疑問である。役員報酬・賞与については、組織統合テストが適用されるべきである。

給与所得は、継続的なものと一時的なものとを問わず、また、金銭給付のみならず現物給与も含むが、このうち現物給与はフリンジ・ベネフィットと呼ばれ、その評価と課税の難しい問題を生じさせている（後述の「9　収入金額」の項参照）。

ストックオプションの付与は、その性質上、給与所得に係るフリンジ・ベネフィットであるが、その評価の困難性のため、基本的にストックオプションの付与時には課税されない。ストックオプションの権利が行使され株式が取得された場合でも、取得した株式の時価と取得価額との差額に係る経済的利益は、その権利行使価額の年間合計額が1,200万円を超えない限り、その株式取得時には課税されず（措法29の2）、取得した株式がその後譲渡されたときに譲渡所得として課税される。租税特別措置法29条の2の適用対象とされない非適格のストックオプションについては、その権利行使時に、給与所得として課税される。この点に関し、外国親会社の株式をストックオプションとして与えられた場合の課税につき、下級審判決は、一時所得とするもの（東京地判平成14年11月26日、東京地判平成15年８月26日）と、給与所得とするもの（横浜地判平成16年１月21日、東京地判平成16年１月30日、東京高判平成16年２月19日）とに分かれていたが、最（三小）判平成17年１月25日判時1886号11頁では、給与所得と判示された。なお、外国法人と資本関係のない内国法人の役員等が当該外国法人から付与されたストックオプションに係る権利行使益は、一時所得ではなく雑所得に該当するとされる（東京高判平成17年４月27日訟月52巻10号3209頁）。

また、外国親会社から与えられたいわゆるファントムストック（現実に株式を交付することなく、所定の金額と権利行使時の株価との差額を現金で受領する権利）行使益も給与所得に該当する（東京地判平成16年10月15日判タ1204号272頁）。さらに外国親会社から与えられたいわゆるリストリクテッドストック（付与時に株式を交付するが一定期日までその譲渡が制限されるもの）の譲渡制限解除により受けた利益も、給与所得に当たる（東京地判平成17年12月16日訟月53巻３号871頁）。外国親会社から付与されたストックアワード（当該外国親会社の株式を無償で取得することができる権利）は、その「vest」時に給与所得になる（大阪高判平成20年12月19日訟月56巻１号１頁）。

税制非適格の信託型ストックオプションの場合（国税庁「ストックオプションに対する課税（Q&A）」）、ストックオプションを付与された者による権利行使益は給与所得となるという取扱いが国税庁から示されている。すなわち、税制非適格の信託型ストックオプションとは、次のようなスキームである。①発行会社又は発行会社の役員等が信託会社に金銭を信託して、受益者の存在しない信託（法人課税信託）を組成し、②信託会社は、発行会社の譲渡制限付きストックオプションを適正な価額で購入した上で、③発行会社は、信託期間において会社に貢献した役員等を信託の受益者に指定し、信託財産として管理されている上記ストックオプションを当該役員等に付与する。④当該役員等は、上記ストックオプションを行使して発行会社の株式を取得した後、⑤当該役員等は、上記ストックオプション行使により取得した株式を売却して譲渡益を得る。この場合、a）信託会社が適正な価額で上記ストックオプションを購入している限り、当該信託会社に対する課税はなされず、また、b）信託会社が当該役員等に上記ストックオプションを付与したときにも課税はなされない（所法67の3①、②）。しかし、c）当該役員等が上記ストックオプションを行使して株式を取得したときにおける権利行使益については、「『発行法人から与えられた」ものでないこと（上記ストックオプションは信託から与えられている。）」及び「「当該新株予約権を引き受けるものに特に有利な条件若しくは金額であることとされるもの」ではないこと（信託が適正な価額で上記ストックオプションを購入している。）」（所令84③二）から課税されないとする見解もあるが、信託には法人格がないことに鑑み、上記ストックオプションは実質的には発行会社から適正な価額を負担することなしに当該役員等が取得しているとみなすことができるため、当該権利行使益は当該役員等にとって給与所得に当たると解して差し支えないであろう。最後に、d）当該役員等が上記ストックオプションの権利を行使して取得した株式等を売却した場合には、譲渡所得が生じうる。

給与所得の例

大学教員が他の大学から得た非常勤講師料は給与所得に当たる（大阪高判昭和57年11月18日行集33巻11号2316頁）。会社がその代表取締役の通勤用にタクシー乗車券を交付する場合、当該乗車券代は代表取締役の給与所得に当たる（大阪地判昭和43年４月26日訟月14巻７号826頁）。

(B) 計算方法

給与所得の金額は、その年中の給与等の収入金額から給与所得控除額を控除した金額であり（所法28②）、さらに、特定支出合計額が一定の金額を超える場合には、当該超過額が追加的に控除される（所法57の２）。このうち、給与所得控除額は収入金額の一定割合とされ（所法28③）、いわゆる概算控除に当たる（ただし、収入金額が850万円を超える場合、給与所得控除額は195万円の定額とされている。）。その趣旨は、①給与所得については必要経費と家事費の区別が困難であるため概算で控除を認める必要があること、②給与所得はいわゆる勤労所得であって質的担税力が低いため特別の控除を認めなければならないこと、③給与所得の捕捉率が比較的高いため捕捉率の低い他の所得との調整をする必要があること（いわゆる9・6・4（クロヨン）、又は、10・5・3・1（トウゴウサンピン））、④給与所得については源泉徴収により早期に税額が徴収されるためその利子分を調整することが必要であること、と解されていた。しかし平成23年度税制改正以後、給与所得控除は、①勤務費用の概算控除と、②他の所得との負担調整のための特別控除の二つの性格を持つと、極めて単純化してとらえられている。

給与所得は、その特殊性を考慮して、給与所得控除という概算控除が中心になっており、その限りにおいて実額経費控除が認められている事業所得と比較して給与所得が不利益に取り扱われているという強い批判が従来からあった（例えば、給与所得控除額の違憲性を争った大島訴訟参照（最（大）判昭和60年3月27日民集39巻2号247頁））。

思うに、①たとえ給与所得については必要経費と家事費の区別が困難であっても、論理的に概算控除のみを正当化する唯一の結論に結びつくものではなく（例えば、純論理的に考えても、全く同じ理由から立証できたものについて実額控除を認めるという結論を演繹することも不可能ではない）、また、②既に述べたとおり質的担税力なる概念は論証できないし（1(1)(C)参照）、③捕捉率の格差は税務執行上の問題であって、それを執行上解決することなしに実体法の制度により埋め合わせようとすることは結局二重の誤りを犯すことになること、④給与所得者の利子分の喪失についても、果たしてその金額が考慮に値するほど多額にわたるか疑問があること、などを考えると、給与所得控除額制度を必ずしも十分に説明することができるとはいえない。

結局、給与所得について給与所得控除額という概算経費控除が設けられ、一般的に実額経費控除が認められていない理由は、実額控除にした場合の税務行政庁の執行不可能ということにのみ求めるのが相当であろう。

もっとも、大島訴訟などがきっかけとなり、現在では、①通勤費、②職務上の旅費、③転任費、④職務研修費、⑤資格取得費、⑥帰宅旅費、⑦図書費、制服等に係る衣料費、交際費等のいわゆる勤務必要経費については、確定申告により一定の範囲内で特定支出として実額控除できることになっている（所法57の２）。しかし、給与所得についても広く必要経費が想定され得るところ、特定支出というごく一部の必要経費についてしか実額控除が認められない点で、なお客観的純所得課税の原則違反といい得る状況は継続しているといわざるを得ない。

現行の給与所得控除額と特定支出との二本立ての制度は、給与所得において将来的に完全な実額控除と選択的概算控除（執行可能性や簡素化を考慮して一定金額までについては概算控除を認めるべきである）に移行するまでの過渡的な制度と評価すべきではあるまいか。

給与所得控除額$\times\frac{1}{2}\geqq$特定支出合計額の場合

給与所得の金額＝収入金額－給与所得控除額

給与所得控除額$\times\frac{1}{2}<$特定支出合計額の場合

ア）収入金額が850万円以下のとき

給与所得の金額＝収入金額－給与所得控除額

$-\left(\text{特定支出合計額}-\text{給与所得控除額}\times\frac{1}{2}\right)$

イ）収入金額が850万円超のとき

給与所得の金額＝収入金額－給与所得控除額（195万円）

－（特定支出合計額－97.5万円）

なお、高額の給与所得を得ているものに対する増税策として、徐々に給与所得控除額の上限が引き下げられてきた（平成28年以後、収入金額1,200万円超につき給与所得控除額230万円、平成29年以後、収入金額1,000万円超につき、給与所得控除額220万円）。令和２年１月１日以後は、給与等の収入金額が850万円を超える場合、給与所得控除額はその収入金額の如何にかかわらず、195万円の定額とされている。

また、給与所得控除額の最下限も、令和２年１月１日以後、65万円から55万円に引き下げられた。この改正は、近時その数が増加しつつあるフリーランスの納税者に配慮するための基礎控除の引き上げの代償である（平成30年度税制改正の大綱）。ただし、23歳未満の扶養親族や特別障害者である扶養親族等を有する納税者に負担増が生じないようにするため所得金額調整控除が創設された（措法41の３の３）。

(C) 課税方法

給与所得は総合課税の対象であるが、源泉徴収制度の適用も受ける。すなわち、給与等の受給額は、その給与等の支払い時ごとに所得税分を徴収され（所法183）、暦年中に支払われるべき給与等の金額が2,000万円を超えない限り、年末調整によって徴収税額と所得税の年税額との過不足は清算される（所法190）。よって、そのような給与所得者は通常確定申告する必要はない（所法121）。

(6) 退職所得

(A) 意　　義

退職所得とは、退職手当、一時恩給その他退職により一時に受ける給与及びこれらの性質を有する給与に係る所得である（所法30①）。したがって、それは、①勤務関係の終了によって初めて生じる給付であること、②従来の継続的な勤務に対する報償ないしその間の労務の対価の一部の後払いの性質を有すること、③一時金として支払われること、という要件を実質的に充足するものでなければならない（最（二小）判昭和58年９月９日民集37巻７号962頁、最（三小）判昭和58年12月６日判時1106号61頁）。

また、各種社会保険制度等に基づく一時金や適格退職年金契約に基づく一時金も、その過去の勤務関係に関連して受ける一時金たる性質を有しているため、退職所得に含められている（いわゆるみなし退職所得（所法31））。

なお、東京高判平成21年7月1日税資259号順号11238によれば、適格退職年金から確定拠出年金への移行時に支払われた選択一時金の分配金及び持分差額（持込み限度額を超えるため確定拠出年金制度に移行できない部分）は、退職に基因するものではないため、退職所得には該当しない（選択一時金の分配金は一時所得に、持分差額は給与所得に該当する）。

退職所得の例

5年定年制に基づき5年の勤務期間を経過するごとに支給される退職金名義の金員は、支給を受けた従業員がいったん退職した上で再雇用されるものでなく、従前の勤務関係が継続していると認められる限り、退職所得には当たらない（いわゆる5年退職金事件、最（二小）判昭和58年9月9日民集37巻7号962頁）。10年定年制に基づく退職金名義の金員についても退職所得ではない（いわゆる10年退職金事件、最（三小）判昭和58年12月6日判時1106号61頁）。法人の使用人から役員に昇格したことに伴い、従来の使用人としての勤続期間に係る退職手当等として支払われた給与は退職所得に該当する（所基通30－2）

(B) 計算方法

退職所得の金額は、その年中の退職手当等の収入金額から退職所得控除額を控除した残額の2分の1に相当する金額である（所法30②）。

この退職所得控除額は概算控除であり、勤続年数に応じて計算される。また、2分の1課税制度は、退職所得が給与の後払いたる性質をも有していることを考慮した累進税率の緩和措置であると解されよう。

$$\text{退職所得の金額} = \frac{\text{収入金額} - \text{退職所得控除額}}{2}$$

なお、勤務年数5年以内の法人役員、国会議員及び国家公務員や地方公務員等が受ける特定役員退職手当等については、2分の1課税は適用されない。

(C) 課税方法

退職所得については、変則的分離課税がなされる。

つまり、他の所得がすべてプラスである場合、退職所得については課税退職所得金額という別の課税標準にまとめられて税率の適用を受けることになるが、他の所得につき損失が生じた場合、退職所得の金額（退職所得金額についてはその計算構造上損失が生じることはない）との間で損益通算することが認められている（所法69①、所令198）。この変則的分離課税は、退職所得が退職所得者の退職後の生活の糧となるということを考慮した税額軽減措置であると説明されており、その限りにおいて租税優遇措置である。なお、退職所得についても源泉徴収の対象とされている（所法199）。

(7) 山林所得

(A) 意　義

山林所得は、山林（原則として立木を意味する（行政裁判所判決大正9年12月20日行録31輯1035頁））を取得の日から5年を超える期間保有した後、伐採又は譲渡することによる所得である（所法32①②）。この山林所得に対する課税は、山林経営により長期間に蓄積された山林の増加益を所得として、山林が他に移転されるのを機会にそれを清算して課税する趣旨であると解されている（最（一小）判昭和50年7月17日訟月21巻9号1966頁）。

> 山林所得の例
>
> 山林をその生立する土地とともに譲渡した場合、その対価のうち立木の譲渡に係る部分は山林所得となり得るが、土地の譲渡に係る部分については山林所得に該当しない（所基通32－2）。

(B) 計算方法

山林所得の金額は、その年中の山林所得に係る総収入金額から必要経費を控除し、その残額から山林所得の特別控除額を控除した金額である（所法32③）。また、山林所得についても、「事業」として営まれている場合と、そうでない場合とで必要経費算入の範囲が異なってくるが、この場合「事業」は、山林の輪伐のみによって通常の生活費を賄うことができる程度の規模において行う山林の経営とされている（所基通45－3）。

山林所得の金額＝総収入金額－必要経費－山林所得特別控除額（50万円）

〈特例〉

① 山林所得の概算経費控除（措法30）

② 山林所得に係る森林計画特別控除（措法30の2）

(C) 課税方法

山林所得については、退職所得と同様に変則的分離課税であるほか、山林所得に特有の課税制度としていわゆる5分5乗課税方式が採用されている（所法89①）。これらの措置は、すべて山林の育成には非常に長期間が必要であり、そのため長期間にわたって徐々に成長してきたキャピタル・ゲイン全額に対し、伐採・譲渡を機に累進税率を適用することにより一度に高い租税負担を課すことは好ましくないという考慮に基づく軽減措置と理解される。

(8) 譲渡所得

(A) 意義

譲渡所得は、「資産」の「譲渡」による所得である（所法33①）。譲渡所得に対する課税は、資産の値上りによりその資産の所有者に帰属する増加益を所得としてその資産が所有者から他に移転する機会にこれを清算して課税する趣旨であると解されているが（最（一小）判昭和43年10月31日訟月14巻12号1442頁、最（三小）判昭和47年12月26日民集26巻10号2083頁）、要はキャピタル・ゲインに対する課税であるといってよい。

まず、キャピタル・ゲインの生じ得る「資産」概念については、社会生活上金銭に評価することが可能なものであり、現実に有償譲渡の可能性のあるものをいうと解されている（京都地判昭和56年7月17日訟月27巻11号2150頁）。資産は、動産・不動産のみならず、権利や特定の法的利益及び事実上の利益を含む広い概念であるが、現実的には①社会的通念において譲渡可能性があるか否か（取引の対象となり得るかどうか）、②独立して金銭評価できる可能性があるか否か、を基準に「資産」に該当するかどうかを個々的に判断していくほかないであろう。所得税基本通達により、金銭債権は「資産」に含まれないとしているが、この取扱いには理論上疑問がある（所基通33－1）。

次に、「譲渡」の意味についても、有償無償を問わず資産を移転させる一切の行為をいうと広義に解されている（最（三小）判昭和50年5月27日民集29巻5号641頁）。したがって、売買・交換（大阪高判昭和58年3月18日税資129号602頁）はもとより、現物出資（岐阜地判昭和57年4月19日税資123号95頁）や財産分与（最（三小）判昭和50年5月27日民集29巻5号641頁）もこれに含まれる。また、契約により他人に土地を長期間使用させる行為も「譲渡」と同一に扱われる（所法33①カッコ書、所令79）。

なお、次の場合は、「資産の譲渡」であっても譲渡所得ではない。

①　たな卸資産（準たな卸資産を含む）の譲渡（所法33②一前段）……このたな卸資産等の譲渡による所得は事業所得、不動産所得、山林所得もしくは雑所得に該当する。よって、たな卸資産ではない事業用固定資産が譲渡された場合（継続性のない場合）、事業所得ではなく譲渡所得に該当する。なお、法人税の例であるが、昭和43年5月24日大阪地判行集19巻5号897頁によれば、衣裳を映画会社に製作提供することを業とする会社が保有する衣裳について、主演級俳優の着用するものは再利用不可であるため固定資産に該当するが、それ以外の衣裳はたな卸資産に該当するとされる。

②　その他営利を目的として継続的に行われる資産の譲渡（所法33②一後段）

③　山林の伐採又は譲渡（所法33②二）

譲渡所得に関する例

借家人が受ける立退料で借家権の消滅の対価に相当する部分については譲渡所得である（東京高判昭和52年６月27日訟月23巻６号1202頁、所基通33－6）。ゴルフ会員権の譲渡による所得は譲渡所得である（所基通33－６の２）。

(B) 計算方法

譲渡所得の金額は、長期譲渡所得と短期譲渡所得についてそれぞれその年中の譲渡所得に係る総収入金額から、当該所得の基因となった取得費及びその資産の譲渡に要した費用の合計額を控除した残額を合計した金額から、譲渡所得の特別控除額を控除した金額である（所法33③）。この場合、短期譲渡所得は資産の取得の日以後５年以内に譲渡された場合の所得をいい、長期譲渡所得は資産の取得の日以後５年より後に譲渡された場合の所得をいう。譲渡所得特別控除額は、まず、短期譲渡所得の金額から先に控除される（所法33⑤）。

短期譲渡所得の金額＝総収入金額－（取得費＋譲渡費用）

長期譲渡所得の金額＝総収入金額－（取得費＋譲渡費用）

譲渡所得の金額＝短期譲渡所得の金額＋長期譲渡所得の金額
－譲渡所得特別控除額（50万円）

(C) 課税方法

所得税法上の原則は総合課税であるが、長期譲渡所得については、長期間にわたって形成されてきたキャピタル・ゲインに対する累進税率の適用を緩和するため、総所得金額を計算する際にその２分の１のみが算入される。

譲渡所得に対する課税の特例は所得税法上のみならず租税特別措置法上も極めて多く存在し、譲渡所得課税の全体像をつかむことは容易ではない。

(D) 特　　例

ここではごく重要なものだけ例示する。

(a)　**贈与等により取得した資産に関する取得費の引継ぎ**（所法60①）

贈与、相続あるいは遺贈により取得した資産を譲渡した場合、当該譲渡者は引き続き当該資産を保有していたものとみなされる。すなわち、贈与等による取得時には贈与者もしくは被相続人に対する譲渡所得課税はなされず、当該資産が譲渡されたときに課税は繰り延べられる。これは贈与、相続あるいは遺贈によった資産譲渡の場合、譲渡者は金銭を現実に受け取るのではないため納税準備資金に事欠くといったことを考慮する措置であると解される。したがって、贈与者に経済的価値が流入するような負担付贈与の場合、所得税法60条1項による課税繰延べの適用はない（最（三小）判昭和63年7月19日判時1290号56頁）。

(b)　**株式等の譲渡による譲渡所得課税の特例**（措法37の10）

株式等の譲渡による譲渡所得課税については、昭和28年以来原則非課税であったが、租税公平主義の観点から批判が高まり、平成元年4月1日以降原則課税となった。当初、居住者及び国内に恒久的施設を有する非居住者が行う株式等の譲渡による所得については、国税・地方税を併せて20%の税率による分離課税が適用されていたが、平成15年1月1日以降、源泉分離課税方式の選択は廃止され、申告分離課税方式へ一本化された（措法37の10・一般株式等に係る譲渡所得等の課税の特例）。しかし、一般の個人投資家の申告事務負担の軽減を図る目的で、特定口座内上場株式等の譲渡による所得について、納税者は、源泉分離課税を選択することができるとされている（措法37の11の3）。株式等に係る譲渡所得課税は、株式市場に係る政府の政策手段として大いに利用されており、極めて複雑な特例措置の塊りと化している。簡素化により所得課税の原則を回復させる必要がある。

(c)　**土地等の譲渡に係る譲渡所得課税の特例**（措法31・31の2・32）

その年の1月1日において所有期間が5年を超える土地等を譲渡した場合、地下の値上りを防止するため、分離課税により特別税率で分離課税するとともに（措法31）、優良住宅地の造成を促進するため、優良住宅地の造成のための土地等の譲渡については10%の税率等で分離課税するなど負担軽減措置がとられている（措法31の２）。一方、その年の１月１日において所有期間が５年以下の土地等を譲渡した場合、土地投機を防止するため、分離課税により特別税率で極めて重く課税している（措法32）。

なお、平成16年度税制改正により、分離課税の対象となる土地・建物等の短期・長期譲渡所得の赤字の損益通算に制限が導入された。この損益通算の制限を行った法律改正は平成16年４月１日から施行されたが、当該損益通算の制限は、平成16年１月１日以降の土地・建物等の譲渡について適用されることになっていた（平成16年法律第14号の附則27①）。すなわち、期間税について課税期間内における法律改正を当該期間に係る租税に適用するいわゆる不真正遡及効が生じたものであった。この不真正遡及効が日本国憲法84条の租税法律主義に反するかどうかが問題となったが、最（一小）判平成23年９月22日民集65巻６号2756頁及び最（二小）判平成23年９月30日集民237号519頁ではいずれも憲法84条に反しないとされた。

(d)　国外転出時における有価証券等のみなし譲渡所得等課税等（いわゆる出国税）

時価１億円以上の有価証券等を有する等一定の要件に該当する者が国外に転出する場合、その有価証券等の譲渡等が行われたものとみなして日本の所得税が課税される（所法60条の２）。これは国外移住によって日本の高い所得税負担を回避しようとする国際的租税逃避の問題に対処する措置である。居住者が保有する有価証券等が、贈与、相続又は遺贈によって非居住者に移転した場合にも、その有価証券等の譲渡等が行われたものとみなして日本の所得税が課税される制度もこの趣旨に基づく（所法60条の３）。

(9)　一時所得

(A)　意　　義

一時所得は、①利子所得、配当所得、不動産所得、事業所得、給与所得、退職所得、山林所得及び譲渡所得以外の所得のうち、②営利を目的とする継続的行為から生じた所得以外の、③一時の所得で、④労務その他の役務又は資産の譲渡の対価としての性質を有さないものである（所法34①）。したがって、その性質上、臨時性及び偶発性が特に重視される。

なお、また、④のメルクマールである対価性についても、具体的対応関係に限定されず、給付が一般的に人の地位、職務行為に対応、関連してされる場合を含むと解されている（東京地判昭和45年4月7日判時600号116頁）。土地が時効取得された場合も一時所得が発生し、その時効取得時の土地の時価が一時所得の収入金額となる（東京地判平成4年3月10日訟月39巻1号139頁、東京地判平成8年7月18日行集47巻7・8号632頁）。また、上場株式を時価を超える価額で関係会社に譲渡した場合、受領した金額のうち当該株式の時価を超える部分は、当該関係会社からの贈与として一時所得に該当する（東京高判平成26年5月19日税資264号順号12473）。

なお、営利を目的とする継続的行為から生じた所得であるか否かは、「行為の期間、回数、頻度その他の態様、利益発生の規模、期間その他の状況等の事情を総合考慮して判断」しなければならない（最（三小）判平成27年3月10日刑集69巻2号434頁）。たとえば、競馬の馬券の払戻金を得る行為が、長期的な視点で利益を得られるであろうような実現可能な計画に基づき大規模かつ反復的に行われており、また現実に利益を上げているような例外的場合には、そのような一連の馬券の購入は一体の経済活動の実態を有する。したがって、そのようなケースにおいて得られる競馬の馬券の払戻金は営利を目的とする継続的行為から生じた所得として一時所得ではなく雑所得に当たり得る（最（三小）判平成27年3月10日刑集69巻2号434頁・最（二小）判平成29年12月15日民集71巻10号2235頁）。

一時所得の例

懸賞の賞金品、福引の当選金品、競馬の馬券の払戻金、競輪の車券の払戻金、法人からの贈与により取得する金品、遺失物拾得者又は埋蔵物発見者が受ける報労金、遺失物の拾得又は埋蔵物の発見により新たに所有権を取得する資産、生命保険契約に基づく一時金などは一時所得に該当する（所基通34－1）。

(B) 計算方法

一時所得の金額は、その年中の一時所得に係る総収入金額からその収入を得るために支出した金額を控除し、その残額から一時所得の特別控除額を控除した金額である（所法34②）。ただし、控除できるその収入を得るために支出した金額は、「その収入を生じた行為をするため、又はその収入を生じた原因の発生に伴い直接要した金額に限る」（所法34②カッコ書）とされており、事業所得の場合などと比較すれば、その必要経費控除の範囲は限定されている。

一時所得の金額＝総収入金額－収入を得るため直接要した支出
－一時所得特別控除額（50万円）

なお、最（二小）判平成24年１月13日民集66巻１号１項は、担税力に応じた課税という趣旨から、所得税法34条２項の「その収入を得るために支出した金額」は、「一時所得に係る収入を得た個人が自ら負担して支出したものといえる金額をいう」と判示している（同旨、最（一小）判平成24年１月16日判時2149号58号）。

(C) 課税方法

総合課税の対象であるが、一時所得に対する累進税率の適用を緩和するため、総所得金額を計算する上で、一時所得の金額の２分の１だけが算入される（所法22②二）。

(10) 雑所得

(A) 意義

雑所得は、利子所得、配当所得、不動産所得、事業所得、給与所得、退職所得、山林所得、譲渡所得及び一時所得のいずれにも該当しない所得である（所法35①）。雑所得には統一的なメルクマールがない。恩給や適格退職年金契約に基づき受ける退職年金などの公的年金は、従来給与所得として課税されてきたが、昭和62年の税制改革により雑所得に含められるようになった。

雑所得の例

作家など事業として著述業を行っている者以外の者が得る原稿料、講演料、工業所有権の使用料、政治献金、動産の貸付けによる所得、金銭の貸付けによる利息収入、不動産の継続的売買による所得などは雑所得である（所基通35－1、35－2等参照）。

(B)　計算方法

雑所得の金額は、次に掲げる2種類の金額の合計額である（所法35②）。

①　その年中の公的年金等の収入金額から公的年金等控除額を控除した金額

②　その年中の公的年金等以外の雑所得に係る総収入金額から必要経費を控除した金額

この場合、公的年金等控除額はその収入金額の一定割合であり、概算控除であるのに対し、公的年金等以外の雑所得に係る必要経費はいわゆる実額控除である。

雑所得の金額＝（公的年金等の収入金額－公的年金等控除額）
　　　　　　＋（公的年金等以外の雑所得に係る総収入金額－必要経費）

7　所得の帰属（いわゆる三ちゃん農業の場合、農業所得は誰の所得になるか）

(1)　実質所得者課税の原則

所得税法12条は、「資産又は事業から生ずる収益の法律上帰属するとみられる者が単なる名義人であって、その収益を享受せず、その者以外の者がその収益を享受する場合には、その収益は、これを享受する者に帰属するものとして、この法律の規定を適用する」と定めているが、この所得帰属に関するルールを実質所得者課税の原則という。

この規定の解釈をめぐっては、法律上の帰属についてその形式と実質とが相違している場合、その法律上の形式（名義）にとらわれず、その収益は法律上の実質的権利者に帰属するものとして所得税法を適用していこうとする法律的帰属説と、収益の法律上の帰属と経済的帰属が相違している場合、経済的帰属のほうを重視し、当該収益が経済的に帰属する者に対し所得税法を適用する趣旨であると解する経済的帰属説が対立している。

所得税法12条の文理解釈によれば、経済的帰属説が一見正しいようにみえるが、経済的帰属説をとった場合、誰が当該収益を経済的に享受しているか判断することは極めて困難であることは否定できない。法的安定性と執行可能性を考慮すれば、法律的帰属説によるべきであるとする見解が有力である。ただ、法律的帰属説によるとしても、収益の法律上の実質を判断するに当たり、私法上の法律関係の実質のみを考慮するのか、あるいは、租税法上の独自の観点から法律関係の実質を考慮するのかは明確ではない。もし後者による場合、その結論は法律的帰属説によるといえども経済的帰属説に近似していく可能性は高いものと思われる。しかし所得の帰属を考える場合、所得源泉と人とのつながりを無視することはできない。ただし、判例は、収入が何人の所得に帰するかは、何人の勤労によるかではなく、何人の収入に帰したかで判断されるべき問題であるとしており（最（二小）判昭和37年３月16日税資36号220頁）、人と所得源泉とのつながりをあまり問題としていないようである。なお、所得税法12条は明文で「資産又は事業から生ずる収益」と規定しているため、給与所得に対してはその直接適用はない。しかし所得税法12条は、所得税法上に内在する条理である実質的所得者課税の原則を確認したものにすぎないとされていることを考慮すると（最（二小）判昭和37年６月29日裁時359号１頁）、その趣旨は給与所得といえども妥当すると考えられる。

(2) 親族間における所得の帰属

親子や夫婦など親族間における所得の真実の帰属を判定することは、非常

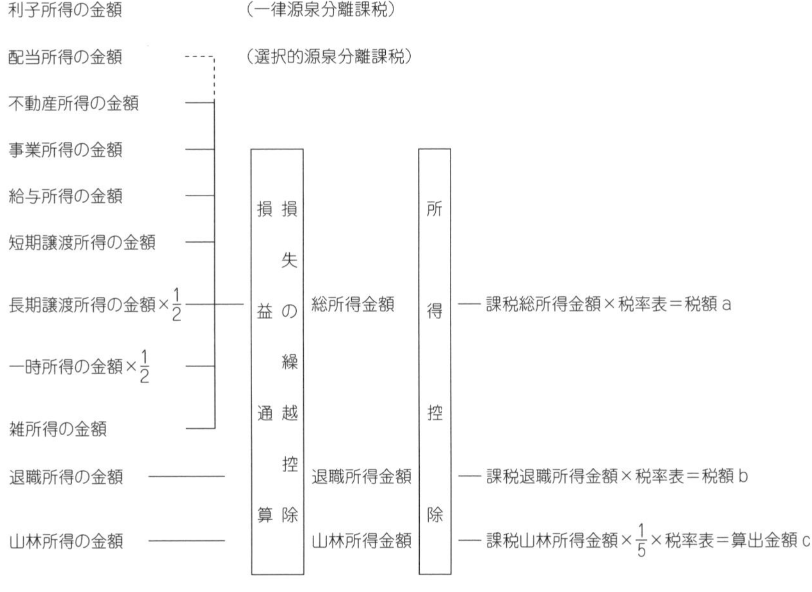

に困難である。なぜならば、親族の間では利害関係が一致しやすいため、仮装行為や恣意的な私法形式を使って親族間における所得分割を行い、所得税負担の軽減を試みる場合が多くみられる反面、主として形式の点で親族間における法律行為は整っていない例が多く、独立当事者間の場合と比較して、その存否や内容を他人に立証することは極めて困難だからである。

しかし所得の帰属を判定する基準は、親族の間であるからといって、独立当事者間の場合と異ならせる必要性はまったくない。要は証拠の問題であって、親族間における場合、独立当事者間の場合と比べて単に所得の帰属を証明する証拠が乏しい場合が多いというだけにすぎない。したがって親族間における所得の帰属を判定するに当たっては、親族間で締結された法律行為が法的にみて有効か否か、その法律行為が実際に履行されているか、さらにその法律行為の内容等が独立当事者間の場合と比較して相当な内容のものと認められるかどうか、という点を証拠に基づいて判断していけばよいであろう。

この親族間における所得の帰属が問題となった例として、農業所得の帰属の例がある。すなわち、典型的な兼業農家において生計の主宰者である夫が官庁や企業に勤務し、その妻や子あるいは両親が農耕に従事している場合、その農業所得は誰に帰属するかが問題となり得る。所得税基本通達によれば、この場合、当該農業の経営方針の決定につき支配的影響力を有すると認められる者が原則として事業主であるとされ、支配的影響力を有すると認められる者が不明の場合、例外的に、現実に農業に従事している者が事業主と推定されることになっているが（所基通12－３、12－４、12－５）妥当であろう。

8　所得税額計算の仕組み（所得税額はどのような手順で算出されるのか）

所得税法上の所得税額計算過程は、所得税法21条及び22条に規定しているが、全体的にみれば、客観的担税力を計算する第一段階と、主観的担税力を計算する第二段階、そして納税者の所得税負担を決定する税額算出の第三段階に分けることができる。このうち第一段階の客観的担税力は、客観的純所得課税の原則（必要経費控除）に基づき納税者の経済的意味における可処分所得金額を算出するものであり、第二段階の主観的担税力は、客観的担税力を前提として、主観的純所得課税の原則により納税者の主観的事情に適合した法的意味における可処分所得金額を算出し、納税者の最終的担税力を測定するものである。

9　収入金額（建物を売却した場合、実際に代金は支払われていなくても課税されるのだろうか）

(1) 意　　義

(A) 所得税法36条

所得税法36条は、各種所得における収入金額を「その年において収入すべき金額」であると定めている。この場合、収入とは通常の意味において「外部からの価値の流入」と理解されることからみて、未現実のキャピタル・ゲインや帰属所得は内部的な価値の増加であって外部からの価値の流入ではなく、収入には当たらないと解されよう。したがって、未実現のキャピタル・ゲインや帰属所得については別段の明文規定がない限り所得税は課税されないものである。また、36条１項カッコ書によれば、「金銭以外の物又は権利その他経済的な利益をもって収入する場合には、その金銭以外の物又は権利その他経済的な利益の価額」とされており、金銭以外の物又は権利その他経済的な利益も所得税法上の収入となり得ると解釈される。

なお、オンラインゲーム内での仮想通貨やデジタルアイテムを取得した場合、収入を構成するかどうかは明確ではないが、それについて現実通貨との換金システムが制度化されている限り、収入を構成すると考えるべきであろう。この問題は、地域通貨や電子マネー、航空会社のマイレージポイントを取得したときにも生じ得る。

(B) 債務免除益

個人がその有する債務について免除を受けた場合、その個人の純資産は免除された分だけ増加する。したがって、債務を免除されたことによる利益（いわゆる債務免除益）は、所得税法36条の経済的利益に該当し、収入に含まれる。無利息融資を受けた場合も、利息支払債務の免除と同じであると考えられるから、借主（個人）について通常の利息相当額の収入があったものとされるべきであるが（ただし、最（三小）平成16年7月20日訟月51巻8号2126頁の論理では、所得税法157条の同族会社の行為・計算の否認に関する規定を適用する限り、通常の利息相当額の収入があったとされる余地がある）、その通常の利息相当額の評価については、市場平均利率によるか民事法定利率（令和2年3月31日までは年5分。現在は年3分。令和8年4月1日以降は未確定。民法404）によるかは必ずしも明確ではない。

なお、包括的所得概念の理論からみれば、通常の債務免除益について所得税を課税しなければならないのであるが、そもそも債務免除は債務者の資力喪失を考慮してなされる場合が多いため、債務免除益に課税することはさらに債務者の資力を悪化させ、債務免除を行った意味を失わせかねない。そこで、通達では、債務者が資力を喪失し、債務を弁済することが著しく困難であると認められる場合、その債務免除益は原則として収入金額に算入しないことになっている（所基通36－17）。

(C) フリンジ・ベネフィット

フリンジ・ベネフィットの概念について、必ずしも一義的な定義があるとはいえないが、主として、給与所得の場合において雇主から従業員に対し金銭以外の形態により支給される給与を指す（フリンジ・ベネフィットは、また、現物給与と呼ばれることもある）。例えば、多くの企業は社員食堂を備え、その企業の従業員が低廉な価格で食事を享受できるように便宜を図ったり、また従業員に独身寮や社宅を低廉な家賃で提供する例も少なくない。これらの場合、従業員はいずれも食事もしくは家賃の低廉性という便宜を享受しており、経済的にみて、企業の提供するまさにその便宜（低廉性）という価値すなわち、「通常の市場価格（時価）－低廉な価格」という差額が従業員に流入していると解することができよう。したがって、フリンジ・ベネフィットは、従業員の純資産増加につながる外部からの価値流入であり、所得税法上の収入に含まれる。

しかし、フリンジ・ベネフィットは理論上収入に含まれ、所得税が課されなければならないとしても、実際にその価額を評価し、もれなく課税することはなかなか困難である。なぜならば、そもそも所得とされない労働条件や福利厚生とフリンジ・ベネフィットを明確に区別すること自体困難であるのみならず、フリンジ・ベネフィットは換価性が小さいため金銭で評価しにくい上に、少額である場合が多く、税務執行上の手間が多くかかるからである。したがって、わが国では、多くのフリンジ・ベネフィットについては、少額のものについては簡素化のため課税しないこともあり（所基通36－21～36－30）、また、その評価方法についても、所得税法上、一般論として時価主義が規定されているが（所法36②）、それ以外にも通達で個別的に定めている例も少なくない（所基通36－36以下）。

なお、大阪高判昭和63年３月31日訟月34巻10号2096頁では、社会通念上一般的に行われると認められるレクリエーション行事に従業員が参加することにより受ける経済的利益について課税しないとする所得税基本通達（現行所基通36－30）の合理性が認められた。

(2)　収入金額の計上時期

(A)　権利確定主義と実現主義

わが国の所得税は、期間課税の原則に基づき、暦年中に稼得された所得について課税されるため、所得を構成する収入と必要経費がどの暦年に計上されるかは所得税額を計上する上で特に重要である（これは、年度帰属の問題と呼ばれる）。

所得税法36条１項は、「その年において収入すべき金額」を収入金額に算入すると規定しているだけで、「収入すべき金額」とは何かについての明確な定義はなされてはいない。この文言の解釈に関しては、次の二つの有力な学説が対立している。すなわち、「収入すべき金額」とは、「収入すべき権利が確定した金額」であると解するもの（これを権利確定主義という）（参照、最（二小）決昭和40年９月８日刑集19巻６号630頁、最（二小）判昭和53年２月24日民集32巻１号43頁、法人税について最（一小）判平成５年11月25日民集47巻９号5278

頁）と、会計学にいう実現主義にほかならないとするもの（参照、忠佐市『税務会計法（第６版）』（税務経理協会　昭和53年）231頁及び忠佐市「税法における権利確定主義の展開」会計63巻１号85頁（昭和28年）、植松守雄「収入金額（収益）の計上時期に関する問題」租税法研究８号30頁（昭和55年））である。

両説を検討するに、権利確定主義は、違法利得のようにそもそも権利が発生しないようなものについては「権利の確定」もありえないという意味において限界がある一方で（この場合は、現実に利得を納税者が支配しているか否かという支配管理基準によらざるを得ない）、実現主義についても、それは単なる会計慣行にすぎず、あらゆる取引について年度帰属に関する統一的な基準を提供し得るか疑わしい。したがって、現在の時点では、収入の年度帰属に関して個々の取引の形態ごとに基準を設定するというケースバイケースで処理していくほかない。すなわち、事業所得に係る棚卸資産についての収入金額の計上時期は引渡し時であり（いわゆる引渡し基準）（所基通36－8）、給与所得に係る給与については契約上の支給日（所基通36－9）、山林所得又は譲渡所得については資産の引渡し日もしくは譲渡契約の効力発生日のいずれか納税者の選択する日（所基通36－12）、利息制限法違反の超過利息などについては実際に支払いを受けた日（いわゆる管理支配基準）（所基通36－8の5）とするなど、実務上も個別的に定めている場合が多い。

(B)　例外：現金主義

現金主義は、収入及び必要経費の計上時期を、現金の現実の受取日あるいは支払日とする考えであり、発生主義や実現主義あるいは権利確定主義とは異なる。現金主義は、納税者にとって収入及び必要経費の計上時期を判断する最も簡便かつ確実な方法であるため、小規模事業者（所法67）や無記名公社債の利子等（所法36③）について、所得税法36条１項の「収入すべき金額」基準の例外として採用されている。しかし、小規模事業者の能力を考慮して簡便な現金主義を採用するのであるならば、同じ理由が妥当し得る給与所得者について現金主義が採用されていないことはバランスを欠くといわざるを得ない。

(C) 例

平成9年11月1日　建物売買契約の締結　代金　2,000万円

平成9年12月1日　代金の一部支払い　500万円

平成9年12月31日　建物の引渡し

平成10年1月1日　残余代金の支払い　1,500万円

平成10年2月1日　建物所有権移転登記

① 所得税法36条1項の場合

平成9年12月31日（引渡し日）が基準（所基通36－12）。

平成9年度の譲渡所得の収入金額として、2,000万円が計上される。

② 現金主義の場合

平成9年12月1日の500万円の受領日及び平成10年1月1日の1,500万円の受領日が基準。

平成9年度の譲渡所得の収入金額として500万円が、平成10年度の譲渡所得の収入金額として1,500万円がそれぞれ計上される。

10 必要経費（個人事業者が従業員や家族とヨーロッパ観光旅行をしたが、旅行にかかったお金は事業収入から差し引いてよいのだろうか）

(1) 意　義

必要経費の概念については、講学上の概念と実定法上の概念とは明確に区別されなければならない。すなわち、理論上の概念としての必要経費は、収入を獲得するため必要な費用を意味し、納税者の純資産増加を正確に測定するため客観的純所得課税の原則に基づき、所得税の課税標準を計算する上で（客観的担税力を計算する場面において）控除されなければならない。この意味における必要経費（講学上の概念）は、事業所得のみならず給与所得や

利子所得などあらゆる所得類型についても存在し得る。特に、譲渡所得の場合、所得税法上は取得費及び譲渡に要した費用という文言が使用されているが、それらが講学上の必要経費に該当することはいうまでもない。他方、わが国の所得税法上「必要経費」という用語は、不動産所得、事業所得、山林所得及び雑所得についてのみ規定されており（所法26②・27②・32③・37)、したがってこの意味における必要経費（実定法上の概念）は、給与所得、譲渡所得や一時所得の場合ありえない。必要経費という用語が出てきたとき、それがどちらの意味で使われているかを認識しておかなければ誤解の危険が生じるため注意が必要である。ここでは特に断らない限り、前者の意味（講学上の概念）において必要経費という言葉を使用する。

(2) 範　　囲

必要経費の範囲について問題となるのは、家事費との区別である。家事費は、個人的な衣食住にかかる費用や娯楽のための支出であり、所得獲得領域と所得消費領域を厳格に区別しなければならない客観的担税力計算の段階においては控除されない（所法45①一)。この必要経費と家事費の区別の基準としては、支出の目的を重視するもの（目的説）と原因関係を重視するもの（因果関係説）が考えられるが、判例は目的説の立場によっていると解される（最（三小）判昭和30年7月26日民集9巻9号1151頁)。

実定法概念としての必要経費は、「売上原価その他当該総収入金額を得るため直接要した費用の額及びその年における販売費、一般管理費その他これらの所得を生ずべき業務について生じた費用の額」とされているが、従来、「事業もしくは業務活動のために直接の関連性を有し、事業遂行上必要な支出内容であるとともに、その金額が社会通念上相当と認められる範囲内のものでなければならない」とする下級審判例が多かった（青森地判昭和61年4月15日税資152号41頁、東京高判平成8年4月26日税資216号311頁、東京地判平成23年8月9日判時2145号17頁（後の東京高判平成24年9月19日の第1審判決))。他方、「必要経費に該当するためには、当該事業について生じた費用であること、すなわち業務との関連性がなければならないとともに、業務の遂行上必要であることを要し、さらにその必要性の判断においても、単に事業主の主観的判断のみによるのではなく、客観的に必要経費として認識できるものでなければならないと解すべきである」（広島高判平成9年7月18日税資228号149頁）とする判決や「ある支出が業務の遂行上必要なものであれば、その業務と関連するものでもあるというべきである」（東京高判平成24年9月19日判時2170号20頁）として、業務関連性の判断に直接性を要求しない判決も存在している。結局、所得税法37条や所得税法施行令96条の文言に着目すれば、後者の判例が示すとおり、①業務上の関連性を有しているか、②業務上の必要性があるかどうか（これについて、客観的必要性がなければならないか、主観的必要性であっても十分であるかの意見対立がある）、③社会通念上の金額の相当性（比例性）のテストによって必要経費性を認定するのが相当であろう。つまり、必要経費の認定のためには、①業務上の関連性を有しているか、②業務上の必要性があるかどうか（これについて、客観的必要性がなければならないか、主観的必要性であっても十分であるかの意見対立がある）、③社会通念上の金額の相当性（比例性）のテストが必要である。また、日本では必要経費について通常性の要件が必要とされるか否かについて議論されることがある。通常性を要求する所得税法上の明文規定がないため、通常性の要件は不必要と解する立場が有力である。しかし、通常性のメルクマールは支出の性質を判断する上で重要な指標としての機能を持っていることは否定できない。例えば、事業所得者が遠くから来訪した取引上重要なクライアントを自宅に招き1万円相当の食事を共にする場合と、高級レストランに招待して5万円相当のディナーを提供する場合を比較してみる。自宅での食事はたとえ食事中ビジネスの話しかしなかったとしても、その食事代の支出は社会通念上通常家事費とされるのに対し、レストランでのディナー料金はたとえ食事中私的な話しかしていなかったとしても、それは社会通念上交際費として事業における通常の支出であると考えられるため、事業所得の必要経費となり得る。すなわち、事業上通常生じ得る支出については、その性質上必要経費性が認定されやすいのに対し、通常家事費であるが偶発的に事業関連性をも持ち得る支出については、必ずしも必要経費性が認定されないという傾向がある。

賄賂や窃盗目的で家宅侵入するために購入した道具代など違法な支出が必要経費として控除できるかどうかについては論争があるが、所得の定義において倫理を排除している所得税理論に照らせば、そのような違法な支出であっても概念的に必要経費の要件を具備している場合、控除を否定する合理的な理論上の正当化理由はないように思われる。ただし、賄賂等については明文で必要経費算入が禁止されている（所法45②）。

実定法上の概念としての必要経費の例としては、棚卸資産の販売に係る売上原価、減価償却費、繰延資産の償却費、支払給与、広告宣伝費、旅費、借入金利子、引当金など極めて多くの形態が存在している。

なお、必要経費と家事費の性格が混在している支出を家事関連費というが、家事関連費は必要経費部分と家事費部分が明確に区別できる場合、必要経費部分についてのみ控除が認められる（所令96、所基通45－2）。

最後に、不動産所得、事業所得、山林所得を生ずべき業務を行う居住者または雑所得を生ずべき業務を行う居住者でその前々年分の雑所得を生ずべき業務に係る収入金額が300万円を超えるものについては、仮装隠ぺいの年分又は無申告の年分において、帳簿書類を保存していない場合等には、当該年分の所得金額の計算の基礎とされなかった間接経費の額は、必要経費に算入されない（所法45③）。

(3)　必要経費の特例

(A)　親族が事業から対価を受ける場合

納税者と生計を一にする親族が事業に従事したために対価を受ける場合、納税者の事業所得等の金額の計算上、当該対価相当額は必要経費に算入されず、また当該親族が受領した対価相当額もその親族の所得の計算上収入金額に算入されない（所法56）。これは、事業所得等について親族の間で所得を分割することによる租税軽減の試みを否認する趣旨であるとされている。しかし、親族であっても事業に真実従事したことによる対価まで否認される結果となることには、理論上も現実上も大きな疑問があるといわざるを得ない。このため、所得税法は56条の例外として、青色申告者については、それと生計を一にする親族であってかつ当該事業に専ら従事する青色申告事業者に対する支払給与の必要経費控除を認めているほか（所法57①）、白色申告者であっても、それと生計を一にする親族であってかつ当該事業に専ら従事する事業専従者に対する支払給与については、部分的な必要経費控除を認めている（所法57③）。

なお、所得税法56条は、親族等が納税者とは別の独立した事業を営んでいる場合にもその適用は排除されない（最（三小）判平成16年11月2日判時1883号43頁及び東京高判平成16年6月9日判時1891号18頁）。

最後に、所得税法56条をはじめ、所得税法の多くの規定（所法2①三十一・三十三・三十四・54・57・72・73・74・77・79・83の2等）において、「生計を一にする」という文言が使用されているが、それは「有無相扶けて日常生活の資を共通にしていること」を意味する（最（一小）判昭和51年3月18日訟月22巻6号1659頁及び所基通2－47）。

(B)　社会保険診療報酬に係る概算経費控除

医師又は歯科医師が5,000万円以下の社会保険診療報酬を受ける場合、その事業所得の金額の計算上実額経費控除に代えて、概算経費控除を選択することができる（措法26）。これは、社会保険診療の普及を目的とした租税優遇措置である（もちろんこの概算経費控除の金額が実額経費控除の金額を上回る限り租税優遇であるといえる）。

(C)　家内労働者等の必要経費控除の特例

家内労働者等（家内労働法に規定する家内労働者、外交員、集金人、電力量計の検診人、及び特定の者に対し継続的に人的役務の提供を行うことを業務とする人）については、事業所得または雑所得の金額の計算上、実際にかかった経費額にかかわらず、55万円まで必要経費として計上することが認められる（措法27）。

(4) 取得費・譲渡費用

譲渡所得の基因となった資産の取得費及びその資産の譲渡に要した費用の額（譲渡費用）、すなわち譲渡資産の取得時の交換価値を構成する金額、譲渡資産の価値を増加させるのに要した費用及び資産価値を実現する譲渡に要した費用は、課税対象利益であるキャピタル・ゲインを享受するために不可欠な支出であり、総収入金額のうちこの部分に担税力を見出すことはできないので（東京高判平成17年6月29日税資255号順号10066）、譲渡所得の金額の計算上控除することができる（所法33③）。ここでいう取得費とは、その資産の取得に要した金額並びに設備費及び改良費の額の合計額のことである（所法38①）。

資産の取得に要した金額には、当該資産の客観的価格を構成すべき取得代金の額のほか、それ以外にも、登録免許税、仲介手数料等の当該資産を取得するための付随費用の額も含まれるが、他方、当該資産の維持管理に要する費用等居住者の日常的な生活費ないし家事費に属するものはこれに含まれない（最（三小）判平成4年7月14日民集46巻5号492頁）。したがって、個人がその居住の用に供するために不動産を取得する際その代金に充てるために借り入れた借入金に係る利子のうち、居住のため当該不動産の使用を開始するまでの期間に対応するものは、当該不動産をその取得に係る用途に供する上で必要な準備費用ということができるのであって、当該不動産を取得するための付随費用として資産の取得に要した金額に含まれる（前出最（三小）判平成4年7月14日）。時効取得された土地が譲渡された場合、時効取得時における実際の課税の有無を問わず、当時の一時所得に係る収入金額すなわち時効援用時の当該土地の価額が当該土地の取得に要した費用の額となる（東京地判平成4年3月10日訟月39巻1号139頁）。なお、違法な課税回避をするために支出した費用は、「課税回避行為は公序良俗に反するから」取得費や譲渡費用にならないとする裁判例もみられる（東京高判平成7年9月28日税資213号776頁）。

さらに、ゴルフ会員権を贈与により取得した者が支払った名義書換手数料は、ゴルフ会員権を取得するための付随費用に該当するとされているが（最(三小) 判平成17年2月1日判時1893号17頁)、所得税法38条1項及び60条1項の文言からみて果たしてその結論が導くことができるのか疑問なしとしえない。

また、設備費とは、資産取得後において資産の量的改善に要した費用であり、改良費とは、資産取得後において資産の質的改善に要した費用のことである（長崎地判昭和52年2月25日税資91号246頁)。

譲渡所得の基因となる資産が家屋その他使用又は期間の経過により減価する資産である場合、取得費は、その取得の日から譲渡するまでの間の減価の額を控除した金額である（所法38②)。

一方、譲渡費用は、譲渡を実現するために直接必要な支出であって（最(二小) 判昭和36年10月13日民集15巻9号2332頁)、その譲渡費用該当性は、「一般的、抽象的に当該資産を譲渡するために当該費用が必要であるかどうかによって判断するのではなく、現実に行われた資産の譲渡を前提として、客観的にみてその譲渡を実現するために当該費用が必要であったかどうか」によって判断すべきである（最（一小）判平成18年4月20日判時1933号76頁)。

(5)　資 産 損 失

資産損失とは、時の経過に基因するものでない資産の価値喪失のことであるが、それが業務関連性を有し、所得（収入）獲得にかかわる限り、必要経費性が認められる。わが国の所得税法は、資産損失の取扱いについて詳細な個別規定を置いている。

① 不動産所得、事業所得又は山林所得を生ずべき事業の用に供される固定資産等（事業用固定資産）について取り壊し、除去、滅失等による損失が生じた場合（所法51①)、あるいは、その事業の遂行上生じた債権等の貸倒れにより損失が生じた場合（所法51②)、その損失は、事業との関連性を有すると認められるため、それら所得の金額の計算上必要経費に算入される。

② 山林について災害又は盗難もしくは横領によって生じた損失は、山林経営の事業的性格を考慮して、事業所得の金額又は山林所得の金額の計算上必要経費に算入される（所法51③）。

③ 事業の規模にいたっていない不動産所得もしくは雑所得を生ずべき業務の用に供される資産（業務用資産）について生じた損失の金額は、一部家事費的性格を持っていると解されるため、不動産所得の金額及び雑所得の金額を限度として、必要経費に算入される（所法51④）。

④ 競走馬や別荘など生活に通常必要でない資産（所令178①）について災害又は盗難もしくは横領によって生じた損失は、損失を受けた年度及びその翌年度の譲渡所得の金額の計算上控除されるが（所法62）、当該譲渡所得の金額の計算上生じた損失は、損益通算の制限を受ける（所法69②、所令200）。

なお、ここでいう生活に通常必要でない資産として、①競走馬（事業用のものは除く）その他射こう的行為の手段となる動産、②通常自己及び自己と生計を一にする親族が居住の用に供しない家屋で主として趣味、娯楽又は保養の用に供する目的で所有するものその他主として趣味、娯楽、保養又は鑑賞の目的で所有する不動産、③生活の用に供する動産で所得税法施行令25条に規定する生活に通常必要な動産以外のもの、の３種類が挙げられている（所令178①）。例えば、所得税法施行令178条１号１項の文理上何ら保有する目的による限定は付されておらず、また、動産自体の性質から客観的に生活に通常必要でないものかどうかを判断することが可能であることに鑑みれば、マカオの賭博場のカジノチップは「その他射こう的行為の手段となる動産」に該当するとされている（大阪高判平成８年11月８日行集47巻11・12号1117頁）。また、購入したリゾートホテルのオーナーズルームは、「不動産の性質及び状況、所有者が当該不動産を取得するに至った経緯、当該不動産より所有者が受け又は受けることができた利益及び所有者が負担した支出ないし負担の性質、内容、程度等の諸般の事情を総合的に考慮し、客観的にその主たる所有目的を認定」する限り、通常自己及び自己と生計を一にする親族が居住の用に供しない家屋で主として趣味、娯楽、保養又は鑑賞の目的で所有する不動産に該当する（仙台高判平成13年4月24日税資250号順号8884、東京地判平成10年2月24日判タ1004号112頁）。さらに、大阪高判昭和63年9月27日高裁民集41巻3号117頁（いわゆるサラリーマン・マイカー訴訟）で、当該事件における給与所得者の有する自動車について、その使用の態様に着目すれば、それは生活に通常必要でない資産に該当すると判断されている（最（二小）判平成2年3月23日判時1354号59頁によっても支持。）。

(6)　必要経費の計上時期

売上原価や取得費など特定の収入と直接的な個別対応関係が存在する必要経費については、費用収益対応の原則に基づき、当該収入と同じ年度に計上されなければならない。

一方、一般管理費などのように特定の収入との直接的な個別対応関係が不明確な必要経費の計上時期について、わが国の所得税法37条1項カッコ書に規定する「債務の確定しないものを除く」という文言の反対解釈として、債務が確定した時期に計上する債務確定主義が妥当していると考えられる。この場合、いつ債務が確定したかは、法的債務の発生、給付原因の発生及び具体的金額の確定性のテストにより個別的に判断するほかない（所基通37－2）。

なお、資産損失については、それぞれの資産損失が生じた日の属する年度に計上される（所法51・62）。

11　損益通算（競馬で大損をしたが、この損失は給与と埋め合わせて所得税を軽くすることができるか）

既に述べたように、総合所得税の原則によれば、各種所得の金額の計算上生じた損失について完全な損益通算が認められねばならない。しかし、所得税法69条は、不動産所得の金額、事業所得の金額、山林所得の金額及び譲渡所得の金額の計算上生じた損失についてのみ他の所得との損益通算を認めている。つまり、配当所得の金額、一時所得の金額及び雑所得の金額の計算上生じた損失については他の所得との損益通算ができない（利子所得、給与所得及び退職所得についてはその計算の構造上損失が生じることはない）。この損益通算制限の理由は必ずしも明確なものではないが、その限りにおいて総合所得税の原則に反する租税重課措置である。ちなみに、福岡高判昭和54年7月17日訟月25巻11号2888頁は、「雑所得と他の所得の間には所得の発生する状況に差異があり、雑所得においては、多くは余剰資産の運用によって得られるところのもの」であると述べ、担税力の差を理由に、雑所得に係る損失についての損益通算否定を正当化している。

また、所得税法上完全な損益通算が認められている不動産所得に関しても、土地等を取得するために要した借入金利子について、不動産所得の損失に対応する部分は損益通算が制限されている（措法41の4）。これは、多額の借金をしてアパート等を取得・経営し、借入金利子の必要経費控除を通じて不動産所得の損失を発生させ、もって所得税負担の軽減を図る試みを防止する目的を持つ租税重課措置と解し得る。土地・建物等の譲渡所得に係る損失は、土地・建物等の譲渡所得以外の所得との通算及び翌年以降の繰越しは認められない（措法31①・③二・32①）。さらに税制調査会金融小委員会の平成16年6月15日『金融所得課税の一体化についての基本的考え方』によれば、金融商品間の課税の中立性の確保と簡素化の目的で、金融所得の間での課税方式の均衡化と金融所得の間での損益通算の範囲の拡大が提唱されている。その流れにおいて平成21年分以後の所得税について、上場株式等の譲渡損失と上場株式等の配当所得との間で損益通算が認められた（措法37の12の2）。

さらに、所得税法62条2項によれば、競走馬や別荘など生活に通常必要でない資産に係る所得の金額の計算上生じた損失の金額は、競走馬の譲渡に係る譲渡所得の金額の計算上生じた損失の金額に限り当該競走馬の保有に係る雑所得の金額と損益通算することができるが（所令200）、その競走馬の譲渡に係る譲渡所得の金額の計算上生じた損失について損益通算をしてもなお残存する損失の金額、及び、競走馬の譲渡に係る譲渡所得の金額の計算上生じた損失の金額以外の通常必要でない資産に係る所得の金額の計算上生じた損失の金額は損益通算できない。これは、「生活に通常必要でない資産に係る支出ないし負担は、個人の消費生活上の支出ないし負担としての性格が強く、このような支出ないし負担の結果生じた損失の金額について、損益通算を認めて担税力の減殺要素として取り扱うことは適当でない」という考え方に基づいている（東京地判平成10年2月24日税資230号722頁）。

なお、損失をいかなる所得類型から通算していくかにより、納税者の所得税負担は大きな影響を受けるため、納税者の不利益にならないように、損益通算の順序は法定されている（所法69①、所令198・199）。

12　損失の繰越し・繰戻し（ある暦年の所得金額が赤字の場合、所得税の課税はどうなるか）

(1)　純損失の繰越控除

所得税は期間課税の原則に基づき、課税期間（暦年）を設定し、当該課税期間ごとに納税者の所得を計算し課税する建前になっている。この場合、各課税期間において所得がプラスになることもマイナスになることも当然あり得るのであって、期間課税の原則を厳格に貫けば、ある課税期間について生じたマイナスの所得（これが損失である）を翌課税期間以降の所得金額の計算に関係させないとすることも十分考えられる。

しかし、応能負担原則からは客観的担税力を正確に把握するため納税者の生涯所得に課税することが要請される一方で、期間課税の原則は単に課税技術上の原則にすぎないことを考慮すれば、ある課税期間において生じた損失は、どうしてもそれ以降の課税期間の損益と関係させ、プラスの所得と相殺されることが必要になる。このある課税期間の損失とそれ以降の課税期間におけるプラスの所得と相殺することを、損失の繰越し又は損失の繰越控除という。したがって、損失の繰越控除は応能負担原則に基づくものであり、租税特別措置ではない。わが国の所得税法においては、前述の損益通算をしてもなお控除しきれなかった損失がある場合、当該損失を純損失と呼び（所法2①二十五)、純損失が生じた年の翌年以降３年にわたって繰越控除することを認めている（所法70)。

なお、令和５年度税制改正により、特定非常災害法上の特定非常災害による損失に係る純損失及び雑損失の繰越期間について、損失の程度や記帳水準に応じ、例外的に３年から５年に延長された（所法70の２、71の２)。

(2) 純損失の繰戻しによる還付

所得税法140条によれば、青色申告の場合に限って、ある年に生じた純損失を前年の所得と通算し、結果的に過大納付となった所得税の額を還付することとしている。これを純損失の繰戻しというが、これは、損失を出しているような納税者について、既に納付した所得税額を還付することによってとりあえずその事業等の運転資金を確保させることを目的としている。なお、最（二小）判昭和40年４月９日民集19巻３号582頁によれば、「純損失の繰戻しによる還付の制度は、法がいわゆる純資産増加説によって所得を把握する建前をとるにいたったことに対応して設けられた制度ではあるが、……純資産増加説の当然の帰結ではなくして、期間計算主義から来る徴税の不合理と税負担の不公平をなくすための期間計算主義に対する例外的措置」であるとされる。

純損失について繰越控除を行うか繰戻しによる還付を受けるかは、納税者の選択に委ねられている。

(3) 雑損失の繰越控除

雑損控除をしてもなお控除しきれなかった金額は、雑損失として（所法２

①二十六)、その雑損失が生じた年の翌年から3年にわたって総所得金額、退職所得金額、山林所得金額の計算上控除される（所法72)。

この雑損失の繰越控除は、納税者の財産につき生じる災害等による損失は主観的担税力を大きく減殺するものであり、課税期間を超えてまでこれを納税者の所得から控除しなければ主観的純所得課税の原則を貫徹できないという考慮によるものであると解されよう。したがって、雑損失の繰越控除は、厳密にいえば純損失の繰越控除のような客観的担税力計算の段階に位置するものではなく、主観的担税力計算の段階のものである。

13　所得控除（国民の最低生活費に所得税が課税されることはないか）

(1)　意義と機能

所得控除は、税額控除との対比において、主観的担税力を算出する段階にあり、所得税の課税標準を算出する過程でなされる控除という意味しか持たない。したがって、「納税者及びその扶養家族の健康で文化的な最低生活を維持するため必要かつ不可避的な私的支出は所得控除されなければならない」とする主観的純所得課税の原則に照らして、当該原則に忠実なもの（必要的控除項目）と、当該原則によれば控除する必要のないにもかかわらずあえて所得控除をすることを認めているもの（租税特別措置）とを、峻別しなければならない。

なお、東京高判昭和57年12月6日行集33巻12号2399頁（いわゆる総評サラリーマン税金訴訟控訴審判決）は、傍論ながら「現実の生活条件を無視して右課税最低限を著しく低い額に定める等裁量権の限界を超えた場合又は裁量権を濫用した場合には違憲な行為として司法審査の対象となることを免れない」と判示している。

⑵ 分　　類

大阪高判平成３年５月17日税資183号792頁は、所得控除を分類して、①基礎控除などの一般的な人的控除の制度は、「納税者本人及びその家族の最低限度の生活を維持するに必要な部分については課税しないとの配慮に基づくもので憲法25条に示された国民の生存権保障の理念に裏打ちされたもの」としており、②老年者控除（現在は廃止）などの特別な人的控除（本書での超過生活費控除に相当）や社会保険料控除など特殊な控除（本書での臨時生活費控除に相当）は、「担税力の低下や特別の支出などの納税者の特別な事情を考慮して、課税の公平を図り、ひいては納税者の生活保障に配慮した制度」であると判示している。

(A)　基礎生活費控除

これは、所得税の課税期間（暦年）中、人間が通常の条件のもとにおいて健康で文化的な最低生活を維持するため必要かつ不可避的な衣食住などにかかる費用を概算控除することにより、最低生活費に課税が及ぶのを防止する機能を有している（大阪高判昭和56年６月26日税資117号756頁）。また、人的控除ともいわれ、主観的純所得課税の原則を実現する最も重要な所得控除項目である。もっとも、その金額は、38万円（基礎控除の金額：月額ではない！令和２年４月１日以降48万円）と極めて低く、原則として食費のみ考慮され、最低生活に必要な衣料費や住居費はまったく無視されている。また、医療費控除において納税者が通常の生活上負担すべき医療費の金額が最高10万円までであると想定されていることを考えれば（所法73）、実質的に法律上想定されている納税者の最低生活費が、それだけ削減されていると考えざるを得ず、果たしてこれが「健康で文化的な最低生活」を保障した憲法に適っているのか大いに疑問であろう。ただし、東京地判昭和61年11月27日行集37巻10・11号1382頁では、当該事件における納税者の所得は、生活扶助基準額を大幅に上回っているため、当該事件においては基礎控除は、憲法25条に反しないと判断されている。さらに、将来発生するかもしれない不測の生活リスクに対処するための費用は、一切考慮されていない。この基礎生活費控除の例としては、基礎控除（所法86）、配偶者控除（所法83）、扶養控除（所法84）がある。なお、令和２年以降、居住者の合計所得金額が2,400万円超の場合、基礎控除額が逓減し、そして、2,500万円超である場合、基礎控除は行なわれないことになった（平成30年度税制改正の大綱）。しかし基礎控除が納税者本人の最低生活費に対する課税を排除する趣旨である限り、高額所得者といえども基礎控除は保障されるべきである。殊に税率面での立法者裁量の余地が広範である限り、納税者の最低生活費保障の制度として基礎控除は不可欠であると言わざるを得ない。

なお、配偶者控除における「配偶者」の概念は、法律婚をした配偶者に限られ、内縁関係の者を含まないとされている（札幌高判平成９年10月31日税資229号435頁）ほか、扶養控除における扶養親族の概念も民法上の親族に限定され、未認知の子や内縁関係にある相手方の連れ子は含まれないと判断されている（最（一小）判平成３年10月17日訟月38巻５号911頁）。

(B)　超過生活費控除

これは、障害者などが通常の条件のもとにおいて健康で文化的な最低生活を維持するため、健常者の基礎生活費を超える生活費を概算控除することにより、障害者などが必要とする多額の最低生活費に課税が及ぶのを防止する機能を有している。障害者控除（所法79）、寡婦（寡夫）控除（所法81）などがこの超過生活費控除に当たる。ただし寡婦（寡夫）控除については、それらの者は果たして通常の者の基礎生活費を超える生活費を本当に必要としているのかどうか疑問がないわけではない。もし超過生活費が生じないにもかかわらず控除が認められているとすればその控除は租税優遇措置であろう。

(C)　臨時生活費控除

これは、人が病気や災害という臨時的な原因により健康で文化的な最低生活が脅かされる場合、健康で文化的な最低生活を維持するため負担を余儀なくさせられた臨時的費用を控除することにより主観的純所得課税の原則を実現する機能を有している（京都地判平成８年６月７日税資216号511頁（雑損控除の趣旨）及び大阪高判平成11年１月14日税資240号１頁（医療費控除の趣旨））。この場合、臨時的費用は人によってさまざまであり概算化することは事実上不可能と考えられることから、実額控除とならざるを得ない。雑損控除（所法72）や医療費控除（所法73）がこれに当たる。

(D)　保険料控除

現代社会においては、起こり得る生活上のリスクに対処し、最低生活を維持するため、何らかの形で保険をかけざるを得ない。つまり、保険料の支払いは、納税者及びその扶養家族の最低生活を維持するため必要かつ不可避的な私的支出であり、主観的純所得課税の原則に基づきそれについても所得控除されねばならない。可能性としては、これらの生活リスク対処費用を基礎生活費控除の制度において考慮しておくことも考えられるが、前述のように、現在の日本の基礎生活費控除制度においては、このことはまったく考慮されていない。この点において保険料控除制度の存在意義は、現在なお失われていないといえよう。したがって、保険料控除は主観的純所得課税の原則すなわち応能負担原則に忠実な措置であって、租税優遇措置ではない。

所得税法上、社会保険料控除（所法74）、小規模企業共済等掛金控除（所法75）のみならず、生命保険料控除（所法76）、地震保険料控除（所法77）がこの保険料控除の例である。

(E)　租税特別措置

主観的純所得課税の原則からはその控除が正当化できない所得控除である。特定の政策目標達成のため租税上の優遇を与えている。例えば、公益に資する寄付を奨励するための寄付金控除（所法78）、学校教育を受けることを促進するための勤労学生控除（所法82）、いわゆる「100万円の壁」の問題を解消し、働いて市場所得を得ている配偶者の労働調整をなくすことを企図する配偶者特別控除（所法83の２）などがある。ただし、平成16年分以降の所得税につき、配偶者特別控除のうち控除対象配偶者（合計所得金額38万円以下の配偶者）について配偶者控除に上乗せして適用される部分の控除が廃止された。

14　税率（プロ野球選手が受け取る契約金に係る所得税額は、どのようにして計算されるのか）

(1)　税率表の構造

累進税率は、課税標準が大きくなるにつれてそれに適用される税率も高くなる構造を持つものであるが、課税標準全体に対して単純にそれぞれの税率を適用し税額を算出する単純累進税率と、課税標準をいくつかの課税段階に区分し、それぞれの課税段階に含まれる金額についてそれぞれの段階税率を適用してそれぞれの課税段階に係る金額を算出し、その金額を合計して最終税額を計算する超過累進税率の２種類がある。単純累進税率は税率の境目で大きく租税負担が変化するという大きな欠点を有しており、その欠点がなく課税標準が大きくなるにつれなだらかに租税負担が高くなっていく超過累進税率のほうが優れている。わが国の所得税法も超過累進税率を採用している（所法89）（東京地判昭和57年12月27日税資128号782頁によれば、この累進税率は憲法14条に反しないとされている）。なお、わが国では、課税総所得金額、課税退職所得金額及び課税山林所得金額の三つの課税標準が存在し、そのうち課税山林所得金額については５分５乗課税という特殊な税額計算方式がとられている。

税率表（所得税法89条）

課税標準の金額	段階税率
195万円以下	100分の５
195万円超　330万円以下	100分の10
330万円超　695万円以下	100分の20
695万円超　900万円以下	100分の23
900万円超　1,800万円以下	100分の33
1,800万円超 4,000万円以下	100分の40
4,000万円超	100分の45

なお、令和５年度税制改正により、極めて高い水準の所得に対する負担強化措置が創設された。すなわち、その年分の基準所得金額から３億3,000万円を控除した金額に22.5%の税率を乗じた金額が、その年分の基準所得税額を超える場合には、その超える金額に相当する所得税が課される（措法41の19)。

〈税額の計算例〉

課税総所得金額　1,800万円

課税退職所得金額　1,000万円

課税山林所得金額　1,000万円

課税総所得金額×税率表＝金額a

金額ａ＝195万円×５％＋(330万円－195万円)×10%
＋(695万円－330万円)×20%＋(900万円－695万円)×23%
＋(1,800万円－900万円)×33%＝440万4,000円

課税退職所得金額×税率表＝金額b

金額ｂ＝195万円×5％＋(300万円－195万円)×10%
＋(695万円－330万円)×20%＋(900万円－695万円)×23%
＋(1,000万円－900万円)×33%＝176万4,000円

(課税山林所得金額÷５)×税率表＝金額ｃ

金額ｃ＝(1,000万円÷５)×税率表
＝195万円×５％＋(200万円－195万円)×10%
＝10万2,500円

所得税額＝a＋b＋(c×５)
＝440万4,000円＋176万4,000円＋(10万2,500円×５)
＝668万500円

(2)　課税標準の分割

既に課税単位に関する表をみれば明らかなように、累進税率の下では、課税標準を多人数で分割すればするほど全体的な租税負担は軽減される。このため、特に所得税においては、個人単位主義を前提とする限り、親族間で所得を分割することにより、家族のレベルでは同じ所得金額を享受しつつも所得税負担を軽減する試みがしばしばなされる。

A：片稼ぎ家族　　夫　800万円（課税総所得金額）
妻　0円、子1　0円、子2　0円
（所得者は1人）

B：共稼ぎ夫婦の家族　　夫　400万円（課税総所得金額）
妻　400万円（課税総所得金額）
子1　0円、子2　0円
（所得者は2人）

C：全員共稼ぎ家族　　夫　200万円（課税総所得金額）
妻　200万円（課税総所得金額）
子1　200万円（課税総所得金額）
子2　200万円（課税総所得金額）
（所得者は4人）

Aの家族全員の所得税負担は120万4,000円、Bの家族全員の所得税負担は74万5,000円（37万2,500円＋37万2,500円）、Cの家族の所得税負担は41万円（10万2,500円＋10万2,500円＋10万2,500円＋10万2,500円）となる。

(3)　所得控除の逆進的所得税負担軽減効果

所得控除は課税標準を算出する前段階でなされる控除であるが、所得控除の持つ所得税負担軽減効果は高額所得者と低額所得者とで異なっている。

すなわち、所得税法等の税率表を前提として、50万円の所得控除が存在すると仮定した場合、100分の40の上積税率が適用される納税者（高額所得者）

は、最大限50万円×40％＝20万円の所得税負担軽減効果を享受するのに対し、100分の５の税率が適用される納税者（低額所得者）については、最大限50万円×５％＝２万5,000円の所得税負担軽減効果しか生じない。

つまり、所得控除の所得税負担軽減効果という点では、低額所得者より高額所得者のほうが有利であり、いわゆる逆進的である。このため、所得控除を否定し、すべての納税者について同じ所得税負担軽減効果が生じる税額控除に代えるべきであるとの主張がなされることもある。

しかし、この所得控除の逆進的所得税負担軽減効果はまさに累進税率の裏の効果であり、課税標準を算出する前段階でなされるすべての控除（必要経費控除も含む）について生じるものである。したがって、所得控除が逆進的所得税負担軽減効果を有しているからといって所得控除のみ排撃するのは妥当ではない。この所得控除の逆進的所得税負担軽減効果を否定することは累進税率の否定につながることに留意しておかなければならない。さらに、所得控除の税額控除への転換は、得てして、累進税率構造を全体として下の所得層にも押し下げることを意味しており、隠れたる増税策となることも認識しておくべきであろう。また、医療費控除や扶養控除など一部の納税者に適用される所得控除を税額控除に転換することは、それらの控除が適用されない納税者との関係において、税負担増につながる点も看過してはならない。

(4)　変動所得及び臨時所得の平均課税

変動所得とは、漁獲から生じる所得や著作権の使用料など年々の所得金額の変動が激しい所得であり（所法２①二十三、所令７の２）、臨時所得は、役務の提供を約することにより一時に取得する契約金に係る所得で臨時に発生するものである（所法２①二十四、所令８）。

変動所得は年によってその所得金額が大きく変化するものであり、臨時所得は特定の時期に多額の所得を得るものであるため、毎年ほぼ平均した金額の所得が経常的に発生する場合と比較して、累進税率の効果として所得税負担が過重になりがちである。そこで、この累進税率から生じる苛酷さを調和させるため、変動所得及び臨時所得については平均課税という特別な税額計算方法が定められている。

原則として納税者のその年分の変動所得と臨時所得の合計額が総所得金額の100分の20以上である場合に、変動所得と臨時所得の平均課税がなされるが、その方法は次のとおりである。

① まず、変動所得の金額と臨時所得の金額を合計し、平均課税対象金額を計算する。

② 本来の課税総所得金額に相当する金額から①の平均課税対象金額の5分の4に相当する金額を控除し、調整所得金額を計算する。

③ ②で算出された調整所得金額を課税総所得金額とみなして、所得税法89条の税率表を適用し、税額aを算出する。

④ 本来の課税総所得金額から②の調整所得金額を控除し、特別所得金額を算出する。

⑤ $\text{特別所得金額}\times\frac{\text{税額a}}{\text{調整所得金額}}=\text{金額b}$

⑥ 所得税額＝税額a＋金額b

15　税額控除（住宅を取得したとき所得税額が軽減されるか）

課税標準に対し税率が適用されて所得税の税額が算出されるが、その算出税額からさらに次の金額が控除される。これを税額控除という。

(1) 配 当 控 除

納税者が利益の配当等にかかる配当所得を有している場合、一定の金額が配当控除として税額控除される（所法92）。これは、法人税を所得税の前取りと解することに基づき、法人税と所得税の二重負担を排除する目的の措置である。すなわち、法人がその事業活動により利益をあげた場合、当該法人の利益にはまず法人税が課せられ、その利益から配当がなされたとき、今度はその利益の配当を受領した株主について配当所得として所得税が課される。

この同じ利益に対する法人税と所得税の二重負担は、法人の国際競争力確保の観点や法人擬制説の観点に基づけば排除されなければならない。その排除方法としては、組合方式やインピュテーション方式（法人税株主帰属方式）などいくつかの方法が考えられるが、わが国の配当控除の方法では、この二重負担は完全には解消されない場合が生じる。

(2)　外国税額控除

国内源泉所得のみならず国外源泉所得を有しているわが国の居住者たる納税者は、全世界所得課税主義に基づき、居住地国では国内源泉所得及び国外源泉所得の両方に所得税が課税され、非居住国においても非居住者として属地主義的にその非居住国で発生した国外源泉所得について所得税が課せられる。ここに国際的な二重課税が生じるのであるが、これをそのまま放置していたのであれば、国際的な人的交流及び物的交流が阻害される。国際的二重課税を排除するための手段としては、租税条約を締結し解決する方法、居住地国において国外源泉所得を所得税の課税対象から排除する方法（国外所得免除方式）などが考えられ得るが、わが国では、基本的に、国外源泉所得について課せられた外国の所得税額をわが国の所得税額（国内源泉所得のみならず国外源泉所得も合計した所得について計算した所得税額）から税額控除する方法をとっている（所法95）。これを外国税額控除という。

(3)　住宅借入金等特別税額控除

借入金を使って住宅を取得した納税者について、住宅取得にかかる住宅借入金等の年末残高を基準に、一定の税額控除を行うことが認められている（措法41）。この特別控除は、住宅取得の促進を目的とする租税優遇措置である。

〔参考文献〕

(1)　泉美之松『所得税法の読み方』（東京教育情報センター　昭和63年）
(2)　金子宏他編著『所得課税の研究』（有斐閣　平成３年）
(3)　北野弘久『サラリーマン税金訴訟（増補版）』（税務経理協会　昭和61年）
(4)　吉良実『所得課税法の論点』（中央経済社　昭和57年）
(5)　注解所得税法研究会編『注解所得税法－六訂版－』（大蔵財務協会　平成31年）
(6)　藤田晴『所得税の基礎理論』（中央経済社　平成４年）
(7)　R・グード著／塩崎潤訳『個人所得税』（今日社　昭和51年）
(8)　K・ティプケ著／木村弘之亮他訳『所得税法・法人税・消費税』（木鐸社　昭和63年）
(9)　木村弘之亮『租税法学』（税務経理協会　平成11年）
(10)　岸田貞夫『所得課税法の基礎知識』（税務経理協会　平成12年）
(11)　金子宏編『租税法の基本問題』（有斐閣　平成19年）
(12)　佐藤英明『スタンダード所得税法（第３版）』（弘文堂　令和４年）
(13)　水野忠恒『大系租税法（第４版）』（中央経済社　令和５年）
(14)　増井良啓『租税法入門（第２版）』（有斐閣　平成30年）
(15)　財務省のホームページ（http://www.mof.go.jp）

第3章　法人税法

1　法人税（法人税とはどのような租税か）

(1)　法人税の意義

法人税は、法人の所得に対して課せられる租税であり、広義の所得税の一種である。わが国の法人税法では、各事業年度の所得に対する法人税、退職年金積立金に対する法人税の二種を含むより広い意味で用いられている。この中で中核となるのは、各事業年度の所得に対する法人税である。法人税は、資本主義の発達に伴う法人企業の増加により、個人に対する所得税と同様に総租税収入の中で大きな割合を占めている。

わが国の法人所得に対する課税は、明治32（1899）年の所得税法改正により第一種所得税として実施されたのが最初であり、その後幾たびかの改正を経て昭和15（1940）年には所得税法から分離され、法人税法により法人税として課税されるようになった。

また、法人税は、租税の分類からみれば、国税であり、直接税に属し、収得税のうち所得税の性格を有する租税である。

(2)　法人課税の根拠

法人税は、法人の所得を基準として課する税金である。しかし、法人税がいかなる理由から課税されるのか、という課税の根拠については定説がない。この議論は法人の本質論から論じられることが多く、基本的には二つの考え方が対立している。

その一つは、法人実在説あるいは法人独立納税主体説と呼ばれるものである。これは、法人は法によって擬制されたものではなく自然人と同様に現実の社会に実在するものであって、個人と同等の立場において法的主体たりうるから、個人たる株主から独立した法人自体の担税力に着目して、法人自体に課税しようとする考え方である。他の一つは、法人擬制説あるいは株主集合体説と呼ばれるものである。これは、本来自然人のみが法的主体で法人は法が自然人に擬制して認めたものであるから、法人は株主の集合にすぎず利益は株主に帰属することになり独自の担税力を有せず、法人税は最終的に個人たる株主に課される租税であるという考え方である。

前者の説に立てば、法人税は法人独自の負担として、配当に対し法人段階で課される法人税と個人株主段階で課される所得税との二重課税は、調整する必要はない。しかし後者の立場に立てば、法人税は個人株主の所得税を法人段階で一部前払いしていることになり、配当に対して課される法人税と個人株主段階で課される所得税との二重課税を、なんらかの方法で調整する必要が生じることになる。

わが国の法人税制は、歴史的にみれば基本的に法人独立課税の考え方も採用された時期もあった。しかし、第二次世界大戦後の昭和25（1950）年のシャウプ税制改革以降現在に至るまで、法人税法は、基本的には法人擬制説あるいは株主集合体説に基づき、法人税と所得税の二重課税を一部調整するシステムを採っている。

2　法人税の納税義務者（法人にはどのような種類があるか）

(1)　納税義務の範囲

法人税の納税義務者は、内国法人と外国法人である（法法４）。内国法人とは、国内に本店又は主たる事務所を有する法人をいい、外国法人とは内国法人以外の法人をいう（法法２三・四）。この区分の基準は、法人の登記又は登録された本店の所在地により行うという本店所在地主義によっている。

内国法人は、その所得の源泉地が国内か国外かを問わず、原則としてすべての所得に納税義務を負い（無制限納税義務者）、公益法人等又は人格のない社団等については収益事業を営む場合のみに納税義務を負う（法法４①）。

外国法人は、国内源泉所得を有する場合のみ、その国内源泉所得についてのみ納税義務を負い（制限納税義務者）、人格のない社団等については収益事業を営む場合のみに納税義務を負う（法法４③）。

(2)　納税義務者の種類

内国法人・外国法人については、その性格により、次の５種類に区別してそれぞれ納税義務の範囲を定めている。ただし、外国法人については人格のない社団等と普通法人に区別される。

①　**公共法人**……地方公共団体、沖縄振興開発金融公庫、日本政策金融公庫、土地開発公社、日本年金機構、国立大学法人、日本放送協会等が該当し、納税義務はない。

②　**公益法人等**……学校法人、社会医療法人、社会福祉法人、宗教法人、日本赤十字社、商工会議所、税理士会等が該当し、収益事業を営む場合に限り納税義務を負う。

③　**協同組合等**……農業協同組合、漁業協同組合、消費生活協同組合、信用金庫、労働金庫等が該当し、納税義務を負う。

④　**人格のない社団等**……法人格のない労働組合、政党、PTA、同窓会、町内会、同業者団体等が該当し、収益事業を営む場合に限り納税義務を負う。

⑤　**普通法人**……株式会社、特例有限会社、合資会社、合名会社、合同会社、相互会社、一般医療法人、企業組合等が該当し、納税義務を負う。

3　課税所得等の範囲（法人税にはどのような種類があるか）

(1)　法人税の種類

法人税の課税物件は、次の二つの所得を基本とし、それぞれの所得金額を課税標準として法人税が課される。

① **各事業年度の所得に対する法人税**……法人が各事業年度において獲得した所得を課税対象とする。法人税の中心をなすものである。

② **退職年金等積立金に対する法人税**……退職年金業務を行う信託銀行、生命保険会社、銀行等の法人に積み立てられる各事業年度の退職年金等積立金を課税対象とする（法法７）。なお、平成11（1999）年４月１日から令和８（2026）年３月31日までの間に開始する事業年度の課税が停止されている（措法68の５）。

(2)　法人種類別の課税所得等の範囲

<table>
<tr><th colspan="2">法人の区分</th><th>各事業年度の所得</th><th>退職年金等積立金</th></tr>
<tr><td rowspan="5">内国法人</td><td>公共法人</td><td>非課税（法法４②）</td><td>非課税（法法４②）</td></tr>
<tr><td>公益法人等</td><td>収益事業から生じた所得に対してのみ課税（法法４①・５）</td><td rowspan="4">退職年金業務等を行う法人に課税（法法４①・７）</td></tr>
<tr><td>協同組合等</td><td>課税（法法４①・５）</td></tr>
<tr><td>人格のない社団等</td><td>収益事業から生じた所得に対してのみ課税（法法４①・５）</td></tr>
<tr><td>普通法人</td><td>課税（法法４①・５）</td></tr>
<tr><td rowspan="2">外国法人</td><td>人格のない社団等</td><td>国内源泉所得のうち収益事業から生じた所得のみ課税（法法４③）</td><td rowspan="2">退職年金業務等を行う法人に課税（法法４③・９）</td></tr>
<tr><td>普通法人</td><td>各事業年度の国内源泉所得に課税（法法４③・８）</td></tr>
</table>

4　同族会社（少数の株主に支配されている会社はどのように取り扱われるか）

(1)　同族会社の意義

出資と経営が分離していないような個人的又は家族的色彩の強い法人の傾向に対処し、法人形態での租税負担と個人企業形態での租税負担とのバランスを図るために、これらの法人のうち、一定の形式的基準に該当するものを同族会社と呼び、特別規定を設けて、不当な手段による租税回避行為の防止を図っている。特別規定として、①特定同族会社に対する留保金課税、②同族会社の行為・計算否認規定、③役員の認定・使用人兼務役員の制限という三つを定めている。

(2)　同 族 会 社

同族会社とは、会社の株主等（自己の株式又は出資を有する会社を除く）の３人以下並びにこれらの同族関係者が有する株式又は出資の総数又は総額が、その会社の発行済株式又は出資（自己の株式又は出資を除く）の総数又は総額の50％超に相当する会社をいう（法法２十）。ここに同族関係者となる者には、次のような個人のほかに法人も含まれる（法令４）。

①　同族関係者となる個人

イ　株主等の親族（配偶者、６親等内の血族、３親等内の姻族）

ロ　株主等の内縁の配偶者

ハ　株主等の個人的使用人

ニ　イからハに掲げる者以外の者で株主等から受ける金銭その他の資産によって生計を維持している者

ホ　ロからニに掲げる者と生計を一にするこれらの者の親族

②　同族関係者となる法人

イ　株主等の1人（個人である株主については、その1人及び同族関係者となる個人、以下同じ）。の有する株式又は出資の総数又は総額が当該会社の発行済株式又は出資の総数又は総額の50%超となる会社

ロ　株主等の1人及びイの会社が有する株式又は出資の総数又は総額が当該会社の発行済株式又は出資の総数又は総額の50%超となる会社

ハ　株主等の1人及びイ・ロの会社が有する株式又は出資の総数又は総額が当該会社の発行済株式又は出資の総数又は総額の50%超となる会社

ニ　同一の個人又は法人の同族関係者である2以上の会社が、同族会社であるかどうかを判定しようとする会社の株主である場合には、その2以上の会社は、相互に同族関係者とみなされる。

(3)　特定同族会社

同族会社のうち、被支配会社で、その判定の基礎となった株主等の中に被支配会社でない会社が含まれている場合、その会社を除外しても被支配会社と判定される会社を特定同族会社という（法法67①）。被支配会社とは、会社の1株主グループが会社の発行済株式又は出資の総数又は総額の50%超を有する会社をいう。特定同族会社に対しては、留保金課税が行われる。

なお、留保金課税の規定を適用する場合、特定同族会社であるかどうかの判定は、当該事業年度の終了の時の現況による（法法67⑧）。

(4)　特定同族会社の留保金課税

出資と経営が分離している会社においては株主に対し配当を行うのに対して、個人的色彩の強い同族会社にあっては、法人税率より高い所得税の超過累進税率の適用による追加課税を避けるために、配当を抑制し内部留保を厚くして配当課税を不当に回避又は遷延する傾向がある。そのため、個人企業形態で営む企業の所得税と比較してその税負担に著しくバランスを欠くことになる。そこで、個人企業との税負担のバランスを図るため、同族会社のうち1株主グループにより同族会社と判定された特定同族会社が一定限度を超

えて所得を留保した時は、本来の法人税とは別に、その一定限度を超える部分留保所得金額に対して特別税率で課税することとしている（法法67①）。

なお、平成19（2007）年度税制改正により、中小企業の設備投資・研究開発等を行うための資金の確保や信用力向上等を図るために利益の内部留保が必要不可欠であり、留保金課税が中小企業の発展の阻害要因と考えられることから特定同族会社の留保金課税制度について、適用対象から資本金の額又は出資金の額が1億円以下である会社が除外された。その後、資本金の額等が1億以下である中小法人のうち、平成22（2010）年度改正では資本金の額等が5億円以上等の大法人による完全支配関係がある法人、さらに平成23（2011）年度6月改正では完全支配関係がある複数の大法人によって発行済株式等の全部を保有されている法人が、除外されないこととなり、課税対象とされることになった。

(5) 同族会社の行為・計算否認

同族会社においては、株主・社員構成の特殊性のため、通常の会社ではなし得ないような恣意的な行為により租税負担の回避が行われやすい。これを容認しておけば、租税負担の公平を期することができないから、税務署長は、同族会社の法人税につき更正又は決定をする場合において、その同族会社の行為又は計算で、これを容認した場合には法人税の負担を不当に減少させる結果となると認められるものがあるときは、その行為又は計算にかかわらず、税務署長の認めるところにより、その法人に係る法人税の課税標準もしくは欠損金額又は法人税の額を計算することができるとされている（法法132）。

(6) 同族会社の役員の認定・使用人兼務役員の制限

同族会社の場合には、取締役ないしは監査役等の職制上の地位を有していなくても、会社の経営に従事し、一定割合以上の株式をもっている者は、役員として扱うこととしている（法令7）。また、同族会社の役員のうち一定割合以上の株式を有する者は、使用人兼務役員になれない（法令71）。

5　事業年度（課税所得の計算期間はいつからいつまでか）

(1)　事業年度の意義

事業年度とは、法人の財産及び損益の計算の単位となる期間をいう。通常の場合の事業年度は、法令、定款、寄付行為、規則もしくは規約その他これに準ずるものに定める会計期間をいい、この期間は１年を超えることはできない（法法13①）。

しかし法令又は定款等に会計期間の定めがない場合には、設立等の日から２か月以内までにこれを定めて税務署長に届け出た会計期間を事業年度とする（法法13②）。また、届出をすべき法人でその届出がなかった場合には所轄税務署長が指定した会計期間、及び人格のない社団等については暦年（１月１日から12月31日まで）を事業年度とする（法法13③・④）。

(2)　みなし事業年度

事業年度は、原則としてそれぞれの法人が定めた会計期間によっている。しかし、次のような場合には、法人税の計算の便宜のため、法人の定めた会計期間に代わって法人税法上の一定の期間を１事業年度とみなすこととしている（法法14）。

① 普通法人又は協同組合等が事業年度の中途において解散（合併による解散を除く）した場合、その事業年度開始の日から解散の日までの期間及び解散の日の翌日からその事業年度終了の日までの期間を１事業年度とみなす。

② 法人が事業年度の中途において合併により解散した場合、その事業年度開始の日から合併の日の前日までの期間を１事業年度とみなす。

③　法人が事業年度の中途において当該法人を分割法人とする分割型分割を行った場合、その事業年度開始の日から分割型分割の日の前日までの期間及び分割型分割の日からの事業年度終了の日までの期間を１事業年度とみなす。

④　清算中の法人の残余財産が事業年度の中途において確定した場合、その事業年度開始の日から残余財産の確定の日までの期間を１事業年度とみなす。

⑤　普通法人又は協同組合等で清算中のものが事業年度の中途において継続した場合、その事業年度開始の日から継続の日の前日までの期間及び継続の日からその事業年度終了の日までの期間を１事業年度とみなす。

⑥　公益法人等が事業年度の中途において普通法人等に該当することとなった場合、期首からその該当することとなった日の前日までの期間、その該当することとなった日から期末までの期間をそれぞれ１事業年度とみなす。

⑦　グループ通算子法人となる法人の事業年度の中途において最初のグループ通算親法人の事業年度が開始した場合、期首からその最初のグループ通算親法人事業年度開始の日の前日までの期間を１事業年度とみなす。

(3)　組織変更等があった場合の事業年度

会社が会社法その他の法令の規定により組織又は種類変更した場合には、変更前の会社は解散の登記をし、変更後の法人は設立の登記をすることになる。しかし法人税法では、組織変更等の場合はその解散・設立がなかったものとして取り扱われ、事業年度は区分しないこととされている（法基通1－2－2）。

6　納税地（管轄する税務署はどこか）

(1)　納税地の意義

納税地とは、納税者と国・地方公共団体との間の法律関係についての両者の結付きを決定する基準となる場所をいう。すなわち、納税義務者の申告・申請・請求・届出・納付その他の行為の相手方となるべき税務行政庁、及び承認・更正・決定・徴収その他納税者に対する諸行為の行為主体となる権限を有する税務行政庁を決定する場合の基準となる地域的概念である。

(2)　内国法人の納税地

内国法人の法人税の納税地は、その本店又は主たる事務所の所在地である（法法16）。通常、新たに設立した内国法人である普通法人又は協同組合等は、その設立の日から2か月以内に、納税地・事業目的・設立日等を記載した届出書等を納税地の所轄税務署長に提出しなければならないことになっている（法法148、法規63）。実際、内国法人の納税地は、この届出によって納税地が決まる。

(3)　外国法人の納税地

外国法人の納税地は、原則として恒久的施設の所在地とされるが、不明の場合には麹町税務署の管轄区域内の場所を納税地とする（法法17、法令16）。

(4)　納税地の指定

法人の本店所在地等の納税地が、事業又は資産の状況からみて法人税の納税地として不適当であると認められる場合には、その納税地の所轄国税局長（他の国税局管内へ納税地を指定するときは国税庁長官）は、その法人の法人税の納税地を指定することができる（法法18①）。

7　実質所得者課税の原則（所得は誰に帰属するか）

(1)　実質所得者課税の原則

実質所得者課税の原則とは、一般に税法の解釈・適用に関する実質課税の原則の顕現原則として、一定の課税物件と特定の納税義務者との結付きを判定するための帰属判定原則である。法人税法ではこの原則を、次のように定めている。すなわち、資産又は事業から生ずる収益の法律上帰属するとみられる者が、単なる名義人であって、その収益を享受せず、そのもの以外の法人がその収益を享受する場合には、その収益は、これを享受する法人に帰属するものとして、この法律を適用する、としている（法法11）。これは一般に、所得の帰属について、その名義又は法形式上帰属する者とその経済的実質を実際に享受する者とが異なる場合には、その形式にとらわれることなくその実質に従って課税することを明らかにした規定であると説明されている。

(2)　信託財産に係る資産・負債・収入・支出の帰属

信託財産に属する資産・負債並びに信託財産に帰せられる収益・費用は、私法上は受託者のものである。しかしながら、法人税法上、信託の受益者は、当該信託財産に属する資産・負債を有するとみなし、かつ、当該信託財産に帰せられる収益・費用は受益者の収益・費用とみなして、この法律の規定を適用するとしている（法法12①）。受益者とは、受益者としての権利を現に有するものをいい、信託の変更をする権限を現に有し、かつ、当該信託の信託財産の給付を受けることとされている者をいう。

法人税法上では、信託について、①受益者等課税信託、②集団投資信託、③退職年金等信託、④特定公益信託等、⑤法人課税信託の五つに区分し、課税することとされている。

法人税法上、不動産管理等の一般的信託である①受益者等課税信託については信託収益の発生時に受益者段階課税が行われることになる。

ただし、法人が受託者となる②集団投資信託・③退職年金等信託・④特定公益信託等の信託財産に属する資産・負債並びに信託財産に帰せられる収益・費用は、当該法人の各事業年度の所得金額等の計算上、当該法人の資産・負債並びに信託財産に帰せられる収益・費用ではないものとみなして、この法律を適用する（法法12③）。すなわち、信託収益の発生段階ではどの者に対しても課税は行われず、収益が受益者に分配された段階で受益者に課税されることとなる。

なお、受益者等の存しない信託及び法人が委託者となる一定の信託等の⑤法人課税信託については、受託者段階において受託者を納税義務者として法人税が課される（法法２二十九の二・64の３）。

8　課税所得の基礎的計算構造（企業利益と課税所得はどのような関係か）

(1)　課税所得金額

法人税の課税標準は、各事業年度の所得の金額である。そして、その各事業年度の所得の金額は、当該事業年度の益金の額から当該事業年度の損金の額を控除することにより計算される（法法22①）。

益金の額とは、別段の定めがあるものを除き、資本等取引以外のものに係る当該事業年度の収益の額であり、また損金の額とは、別段の定めがあるものを除き、原価、費用、損失の額で資本等取引以外のものに係るものである（法法22②・③）。したがって、益金・損金の概念は、基本的に益金は収益、損金は原価・費用・損失の概念によって基礎づけられることになり、また収益・原価・費用・損失の計算は、別段の定めがあるものを除き、一般に公正妥当と認められる会計処理の基準に従って行われなければならない（法法22④）。

なお、「収益認識に関する会計基準（企業会計基準29号）」の決定・公表を受けて、平成30（2018）年度税制改正において、法人税法22条第４項の別段の定めとして、法人税法22条の２が創設された。

(2) 益金の概念

法人の課税所得計算上の益金の額に算入すべき金額は、別段の定めがあるものを除き、資産の販売、有償又は無償による資産の譲渡又は役務の提供、無償による資産の譲受けその他の取引で資本等取引以外のものに係る収益の額である（法法22②）。

(A) 資産の販売に係る収益

これは、企業における主要な収益源泉となる棚卸資産たる商品、製品等の販売による収益であって、売上高のことである。

(B) 有償又は無償による資産の譲渡に係る収益

これは、有価証券、固定資産等の譲渡による収益である。この譲渡とは、有償でも無償でも経済的価値の移転があった場合をいう。また、資産の低額譲渡については、一部無償譲渡とする見解もあるが、適正価額と対価との差額である低額とされる部分について収益が発生していると認定される。

(C) 有償又は無償による役務の提供に係る収益

これは、役務提供契約又は金銭の貸付契約等による役務の提供による収益であって、受取手数料、受取利息等である。役務の提供についても資産の譲渡と同様に、有償でも無償でも経済的利益の移転があったものとされる。有償による役務の提供の場合は、その役務提供に対する収入を収益として認識する。無償による役務の提供（例えば、無利息貸付等）の場合は、資産の無償譲渡と同様に、役務の提供したときに適正な価額により収益が生じたものとされる。なお、法人が子会社等に対して業績不振の子会社等の倒産を防止するために緊急に行う資金の貸付けで合理的な再建計画に基づくものである等の場合には、その貸付けは正常な取引条件に従って行われたものとされる（法基通９－４－２）。

(D)　無償による資産の譲受けに係る収益

これは、資産を無償で取得した場合であって、その取得資産の適正な評価額をもって収益（受贈益）が発生したものとされる。

(E)　その他の取引で資本等取引以外のものに係る収益

これには、特別の場合の評価益、債務免除益、税法上認められている引当金等の取崩益等が該当する。

(3)　損金の概念

法人の課税所得計算上の損金の額とは、別段の定めがあるものを除き、次の額とする。

① 当該事業年度の収益に係る売上原価、完成工事原価その他これらに準ずる原価の額

② ①のほか、当該事業年度の販売費、一般管理費その他の費用（償却費以外の費用で当該事業年度終了の日までに債務の確定しないものを除く）の額

③ 当該事業年度の損失の額で資本等取引以外の取引に係るもの

(A)　売上原価等

これは、当該事業年度の収益に対応する売上原価、完成品工事原価その他これらに準ずる原価であって、給付的な費用収益対応の原則を明らかにしたものである。売上原価については、企業会計と基本的に一致している。また完成品工事原価は、建設業における完成工事高に対応するものである。さらにその他これらに準ずる額というのは、例えば譲渡収益に対応する譲渡原価、役務提供収益に対応する役務提供原価等である。

(B)　費　　用

これは、当該事業年度の収益に対応する販売費・一般管理費の費用であって、期間的な費用収益対応の原則を明らかにしたものである。

この場合、特に当該事業年度終了の日までに債務の確定したものに限り損金算入が認められる。これを債務確定主義という。債務の確定とは、次の要

件のすべてに該当するものをいう（法基通２－２－12）。

① 当該事業年度終了の日までに当該費用に係る債務が成立していること。

② 当該事業年度終了の日までに当該債務に基づいて具体的な給付をすべき原因となる事実が発生していること。

③ 当該事業年度終了の日までにその金額を合理的に算定することができるものであること。

したがって、費用の見越計上や引当金の計上は、別段の定めがある場合を除き認められないことになる。

(C) 損　　失

これは、当該事業年度の営業収益と給付的にも期間的にも直接に対応関係のない偶発的な経済的価値の喪失をいう。これには、火災、震災、風水害、盗難、貸倒れ、為替変動等による損失が含まれる。

(4) 資本等取引

資本等取引とは、法人の資本金等の額の増加又は減少を生ずる取引並びに法人が行う利益又は剰余金の分配（中間配当を含む）及び残余財産の分配又は引渡しをいう（法法22⑤・２十六）。すなわち、資本等取引は、次のような二つの源泉からなるものである。

(A) 資本金等の額の増加・減少

資本金等の額とは、法人の株主等から出資を受けた金額をいい（法法２十六）、法人の資本金の額又は出資の額と、下記の過去事業年度の加算項目の金額の合計額から減算項目の金額の合計額を減算した金額に、当該事業年度開始の日以後の加算項目の金額を加算し、同日以後の減算項目の金額を減算した金額との合計額とする（法令８）。増加項目としては、①株式（出資を含む）を発行又は自己の株式を譲渡した場合の払込金銭等の額のうち資本金又は出資金として計上しなかった金額、②新株予約権の行使によりその行使をした者に自己の株式を交付した場合の払込金銭等の額のうち資本金として計上しなかった金額、③資本金又は出資金の額を減少した場合の当該減少金額などがある。また減少項目としては、①準備金又は剰余金の資本組入額、②資本の払戻し等の減資資本金額、③自己の株式の取得の対価相当金額などがある。

(B)　利益又は剰余金の分配

これは、法人が確定した決算において利益又は剰余金の処分により配当等としたものだけでなく、株主等に対しその出資者たる地位に基づいて供与した一切の経済的利益を含むものである。

(C)　残余財産の分配又は引渡し

平成22（2010）年度税制改正により清算所得課税制度が廃止され、清算中の法人にも各事業年度の所得に対して法人税が課されることになり、残余財産の分配又は引渡しからは資本等取引として損益は生じないこととした。

(5)　公正妥当と認められる会計処理の基準

法人の各事業年度の所得金額は、各事業年度の益金の額から当該事業年度の損金の額を控除した金額として計算される。ここに益金は収益を構成要素とし、損金は原価、費用、損失を構成要素とするものである。そしてその益金の額に算入すべき収益及び損金に算入すべき原価、費用、損失は、「一般に公正妥当と認められる会計処理の基準」に従って計算されるものとされている（法法22④）。この規定は、昭和42（1967）年の法人税法の改正において導入されたものである。

これは法人の課税所得の計算が、収益、原価、費用、損失という企業会計の概念を構成要素とするものであるから、それらは企業が継続して適用する健全な会計慣行によって計算する旨の基本規定を設けるとともに、税法においては企業会計に関する計算原理規定は除外して、必要最小限度の税法独自の計算原理を規定することが適当であるという基本的見解を表明したものとされている。このような規定の創設に当たっては、課税所得は本来、税法、通達という一連の別個の体系のみによって構成されるものではなく、税法以前の概念や原理を前提としているものであって、絶えず流動する社会経済事象の反映する課税所得については税法に完結的にこれを規制するよりも、適切に運用されている会計慣行に委ねることのほうが、より適当と思われる部分が相当多いという考え方がその背景にあるといわれている。

(6) 不正行為等に係る費用等の損金不算入制度

従来、ある支出が何らかの法的な判断において「違法」とされる場合、法人税法上、その支出の損金算入は、法人税法の趣旨・目的から許されず、その損金算入制限の根拠を「公正妥当と認められる会計処理の基準」(法法22④) 違反に求めていた (最 (三小) 平成6 (1994) 年年9月16日決定)。しかし平成18 (2006) 年度税制改正により、不正行為等に係る費用等については次のように明示された。

法人が、その所得の金額もしくは欠損金額又は法人税の計算の基礎となるべき事実の全部又は一部を隠ぺいし、又は仮装すること (隠ぺい仮装行為) によりその法人税の負担を減少させ、又は減少させようとする場合には、その隠ぺい仮装行為に要する費用の額又はその隠ぺい仮装行為により生ずる損失の額は損金の額に算入されない (法法55①)。なお、法人が隠ぺい仮装行為によりその納付すべき法人税以外の租税の負担を減少させ、又は減少させようとする場合についても準用される (法法55②)。

また、法人が供与をする刑法198条 (贈賄) に規定する賄賂又は不正競争防止法18条1項 (外国公務員等に対する不正利益の供与等の禁止) に規定する金銭その他の利益に当たるべき金銭の額及び金銭以外の資産の価額並びに経済的な利益の額の合計額に相当する費用又は損失の額 (その供与に要する費用の額又はその供与により生ずる損失の額を含む) は損金の額に算入されない (法法55⑤)。

(7) 確定決算主義の原則

(A) 確定決算主義の意義

法人が各事業年度の所得の金額を計算する場合、法人は、各事業年度終了の日の翌日から２月以内に、税務署長に対し、確定した決算に基づき次に掲げる事項を記載した申告書を提出しなければならないとしている（法法74①）。

一般に、「確定した決算」とは、「確定した会社法上の決算」を指すものとされ、法人においては、株主総会の承認又は社員総会の同意その他これに準ずる機関の承認を受けた決算と理解されている。このことから法人税法では、原則として、株主総会の承認又は社員総会の同意その他これに準ずる機関の承認を受けた決算上の確定決算利益を基礎として、それに税法上の規定により修正（加算・減算）して課税所得を誘導計算しようとする考え方が採用されているとされている。このような会社法依存の課税所得の計算構造を確定決算主義（又は確定決算基準）という。

(B)　損 金 経 理

損金経理とは、法人がその確定した決算において費用又は損失として経理することをいう（法法２二十五）。昭和40（1965）年の法人税法の全文改正の際新設されたもので、確定決算主義を損金経理という表現によって具体的に定めたとされる。法人税法では、別段の定めがない限り、内部取引については、法人の意思決定により決算において客観化された金額のみを唯一の基礎として、それ以外の金額を基礎とすることを認めない。すなわち、原則として、損金経理により確定決算において費用又は損失として経理した金額に限り、かつその金額を限度として損金算入すべき金額の基礎とするのである。

この損金経理を要件として損金算入が認められる内部取引には、減価償却資産及び繰延資産の償却費、資産の評価損、圧縮記帳による圧縮額、引当金繰入額、準備金積立額等がある。

(C)　税 務 調 整

課税所得の計算は、確定した会社法上の決算利益を基礎として、これに税法が規定する事項により修正して行われる。この修正を一般に税務調整と呼んでいる。これには、確定決算主義と関連して次のような決算調整と申告調整の二つの調整の問題がある。

決算調整とは、課税所得計算において損金の額又は益金の額に算入するために、法人が決算の段階で確定した決算において原価、費用、損失あるいは収益として会計処理する手続をいう。

また、申告調整とは、課税所得の計算において損金の額又は益金の額に算入するために、法人が確定決算利益（当期利益）に次のような手続により加算・減算して所得金額を計算する手続をいう。

① **益金算入**……企業会計においては収益に該当しないが、課税所得の計算においては益金の額に算入すること。すなわち、確定決算利益の加算項目である。

② **益金不算入**……企業会計においては収益に該当するが、課税所得の計算においては益金の額に算入しないこと。すなわち、確定決算利益の減額項目である。

③ **損金算入**……企業会計においては原価、費用、損失に該当しないが、課税所得の計算上損金の額に算入すること。すなわち、確定決算利益の減算項目である。

④ **損金不算入**……企業会計においては原価、費用、損失に該当するが、課税所得の計算上損金の額に算入しないこと。すなわち、確定決算利益の加算項目である。

(D) 決算調整

決算調整する事項については、この適用を受けるか否かは法人の自由選択に任されている。しかし、この調整に関連する項目は、申告書上では調整することは認められない。これには次のようなものがある。

① **損金経理を要件として損金算入が認められる事項**

・減価償却資産の償却費の損金算入（法法31）

・繰延資産の償却費の損金算入（法法32）

・特定の事実がある場合の資産の評価損の損金算入（法法33）

・業務執行役員に支給する業績連動給与の損金算入（法法34①三、法令69⑩⑫）

・交換資産の圧縮記帳による圧縮額の損金算入（法法50等）

・引当金繰入額の損金算入（法法52等）

・少額減価償却資産及び少額繰延資産の損金算入（法令133・134）

・貸倒損失（金銭債権切捨てによるものを除く）の損金算入（法基通9－6－2・9－6－3）など

②　損金経理のほか剰余金処分も認められる事項

・国庫補助金等による圧縮記帳に係る圧縮額の損金算入（法法42、法令80、措法64①等）

・圧縮記帳に係る特別勘定への繰入額の損金算入（法法44、法令80、措法64の2等）

・特別償却準備金積立額の損金算入（措法52の3）

・各種準備金積立額の損金算入（措法55等）など

③　所定の経理が要件とされる事項

・リース譲渡に係る延払基準（法法63）

・長期大規模工事以外の工事に係る工事進行基準（法法64）

(E)　申告調整

申告調整する事項については、確定決算では調整する必要はないが、申告書上で調整することが認められる。これには次のようなものがある。

①　必須的申告調整事項

・減価償却の償却限度超過額の損金不算入（法法31）

・過大役員給与の損金不算入（法法34）

・過大使用人給与の損金不算入（法法36）

・寄附金の限度超過額等の損金不算入（法法37）

・法人税額等の損金不算入（法法38）

・引当金繰入限度超過額の損金不算入（法法52等）

・準備金積立限度超過額の損金不算入（措法55等）

・交際費等の損金不算入（措法61の4）など

②　任意的申告調整事項

・受取配当等の益金不算入（法法23）

・所得税額及び外国税額の税額控除（法法68・69）
・試験研究を行った場合の法人税額の特別控除（措法42の４）
・中小企業者等が機械等を取得した場合の法人税額の特別控除（措法42の６）
・収用換地等の所得特別控除（措法65の２）など

9　益金の額の計算（益金の額に算入される収益はどのように計算されるか）

(1)　一般販売収益

棚卸資産の販売による収益の額は、その引渡しがあった日の属する事業年度の益金の額に算入する（法基通２－１－１）。このように税法では、通達及び判例において、原則として、棚卸資産を引き渡した日をもって収益を計上するという引渡基準を採用している。

平成30（2018）年度税制改正において、収益認識に関する会計基準の導入を契機として、法人税法22条の２が創設され、原則として目的物の引渡し又は役務の提供の日の属する事業年度の益金の額に算入することが明確化された（法法22の２①）。なお、公正処理基準に従って、引渡しの日に近接する日を収益計上時期としている場合には、その近接する日において収益計上することも認められている（法法22の２②）。このように、法人税法22条の２が創設されたが、収益認識時期は従来と変更するものではない。

この棚卸資産の引渡しの日がいつであるかについては、例えば出荷した日（出荷基準）、相手方が検収した日（検収基準）、相手方において使用収益ができることとなった日（使用収益開始基準）、検針等により販売数量を確認した日（検針日基準）等当該棚卸資産の種類及び性質、その販売に係る契約の内容等に応じその引渡しの日として合理的であると認められる日のうち法人が継続してその収益計上を行うこととしている日によるものとする（法基通２－１－２・３・４）。

(2)　特殊販売収益

(A)　割賦販売・延払基準・経過措置廃止

割賦販売とは、月賦、年賦その他の賦払の方法により対価の支払を受けることを条件とする商品等の販売又は役務の提供をいう。割賦販売については、通常の販売と異なり、その代金の回収が長期にわたり、かつ、分割払いであることから代金回収上の危険率が高いなど特別の配慮を要することから、企業会計では、賦払金の履行期日の到来の日に収益を計上する割賦基準（履行期日到来基準）や賦払金の入金した日に収益を計上する回収基準が認められている。しかしながら、税法上では、原則として、商品等を引き渡した日をもって収益を計上するという引渡基準によらなければならない。

なお、賦払期間が2年以上であること等所定の要件を満たす長期割賦販売等については、延払基準の適用が認められていたが、平成30（2018）年度税制改正において当該規定は削除された（旧法法63）。また、経過措置として平成30（2018）年3月31日以前に長期割賦販売等に該当する資産の販売等を行い延払基準を採用していた法人は令和5（2023）年までに開始する各事業年度において、延払基準により収益・費用の額を計算できることとしている（平成30年改正法法附則28）。

(B)　リース譲渡

リース譲渡とは、そのリース取引によるリース資産の引渡しのことをいう（法法63①）。法人がリース取引を行った場合には、会計基準の改正に対応して、平成19（2007）年度の税制改正により、平成20（2008）年4月1日以後に締結されるリース取引は、長期割賦販売等に含まれ、そのリース取引の目的となる資産（リース資産）の売買があったものとして課税所得の計算を行うものとされた（法法64の2①）。そして、そのリース譲渡に係る収益・費用の額については、そのリース譲渡の日の属する事業年度以後の各事業年度の確定した決算において延払基準の方法により経理したときは、その各事業年度の所得の金額の計算上、益金・損金の額に算入することができる（法法63

①)。

⒞　委託販売

委託販売とは、他人（受託者）に自己の商品の販売を依頼する販売形態をいう。この委託販売による収益は、受託者が販売した日を基準として計上することを原則とする。ただし、当該委託品についての売上計算書が販売のつど作成され送付されている場合において、継続適用を条件として、その売上計算書が委託者に到達した日の属する事業年度の収益に計上することを認めることとされている（法基通２－１－３）。なお、受託者が週、旬、月を単位として一括して売上計算書を作成している場合においても、それが継続して行われているときには、販売のつど作成され送付されている場合に該当する。

⒟　試用販売

試用販売とは、得意先に試験的に商品を積送し、得意先はこれを試用吟味し、その一部又は全部を一定期間内に自由に購入又は返却することができる特権付販売形態である。このような販売においては、得意先が購入の申し出をした時に売買が成立するのであるから、商品の引渡しをもって収益を計上することはできず、得意先が購入の意思を表示した日の事業年度の収益に計上することになる。

⒠　予約販売

予約販売とは、商品等の販売につき予約をとり、代金の一部又は全部を予約金として受け取る販売形態である。このような販売において授受される予約金は、一種の預り金であって、これは商品等の予約者に引き渡したつど予約金を売上高に計上していくことになる。したがって予約販売における収益は、予約品を得意先に引渡した日の属する事業年度に、その引渡しが完了した部分だけを計上することになる。

⒡　商品引換券等の発行による販売

商品券、ビール券等の商品引換券等を発行した場合に受領した当該対価の額は、その商品の引渡しがあった日の属する事業年度の益金の額に算入することを原則とする（法基通２－１－39)。ただし、その商品引換券等の発行の日から10年が経過した日の属する事業年度終了の時において商品の引渡し等を完了していない商品引換券等がある場合には、当該商品引換券等に係る対価の額（既に益金の額に算入された金額を除く。）を当該事業年度の益金の額に算入することとされている（法基通２－１－39・２－１－39の２)。

(G)　ポイント等付与販売

法人が資産の販売等に伴いいわゆるポイント又はクーポンその他これらに類するもの（ポイント等）で、将来の資産の販売等に際して、相手方からの呈示があった場合には、その呈示のあった単位数等と交換に、その将来の資産の販売等に係る資産又は役務について、値引きして、又は無償により、販売若しくは譲渡又は提供をすることとなるもの（自己発行ポイント等）を相手方に付与する場合（不特定多数の者に付与する場合に限る。）において、一定の要件の全てに該当するときは、継続適用を条件として、当該自己発行ポイント等について当初の資産の販売等（当初資産の販売等）とは別の取引に係る収入の一部又は全部の前受けとすることができる（法基通２―１―１の７)。なお、10年が経過した日の属する事業年度終了の時において行使されずに未計上となっている自己発行ポイント等がある場合には、当該自己発行ポイント等に係る前受けの額を当該事業年度の益金の額に算入することとされている（法基通２―１―39の３)。)

(3)　請 負 収 益

請負とは、当事者の一方（請負人）がある仕事の完成を約し、相手方（注文者）がその仕事の結果に対して報酬を支払うことを約する契約（請負契約）である（民法632)。請負には、建設工事、土木工事、造船等の仕事の目的物の引渡しを要する請負と運送事業、広告、放送、設計管理等の物の引渡しを要しない請負とがあり、その請負人の報酬請求権は、仕事の目的物の引渡しと同時に発生し、物の引渡しを要しない場合は仕事の完了時に発生する（民法633)。

税法上、役務の提供に係る収益の額は、資産の販売又は譲渡と同様、原則として、役務の提供の日の属する事業年度の益金の額に算入することとされており、公正処理基準に従って、役務提供の日に近接する日の属する事業年度の収益として経理することも認められている（法22の2①②）。この請負による収益の計上基準には、次のようなものがある。

(A) 完成基準

請負による収益の額は、物の引渡しを要する請負契約にあってはその目的物の全部を完成して相手方に引き渡した日、物の引渡しを要しない請負契約にあってはその約した役務の全部を完了した日の属する事業年度の益金の額に算入する方法である（法基通２－１－21の２）。これを完成基準と呼ぶ。これは、基本的に民法の報酬請求権の発生時期に関する考え方に準拠したものとされ、一般にはこの方法が採用されている。

なお、請負契約の内容が建設、造船等の工事を行うことを目的とするものであるときは、その建設工事等の引渡しの日がいつであるかについては、例えば、作業結了基準、受入場所搬入基準、検収完了基準、管理権移転基準など当該建設工事等の種類及び性質、契約の内容等に応じその引渡しの日として合理的であると認められる日のうち、法人が継続してその収益計上を行うこととしている日によるものとされている（法基通２－１－21の８）。

(B) 部分完成基準

建売住宅、道路工事、護岸工事等の建設請負等のうちには、建設工事等の目的物の全部が完成しない場合でも、その一部が完成し引き渡すことにより工事代金を受領する旨の特約又は慣習がある場合がある。このような場合は、その建設工事等の全部が完成しないときにおいても、その事業年度において引き渡した建設工事等の量又は完成した部分に対応する工事収入をその事業年度の益金の額に算入することとされている（法基通２－１－１の４・２－１－21の７）。このように個々の部分の完成、引渡しのつど収益を計上する基準を部分完成基準という。

(C)　工事進行基準

請負に係る収益の計上に関しては、原則として完成基準を建前としている。しかし、特に着工から完成までに数年を要するというような長期の請負工事等については、完成基準を適用した場合完成時点で一挙に多額の収益が計上されるなど不合理な結果を招くことになる。

そこで、税法では、特に、工事着手日から目的物の引渡しの期日までの期間（工事期間）が１年以上であり、請負の対価の額が10億円以上である等の要件を満たす長期大規模工事（製造・ソフトウエア開発を含む）については、工事進行基準を適用して各事業年度の収益の額及び費用の額を計上しなければならないとし（法法64①、法令129①②)、またそれ以外の工事の請負については、一定の要件の下で工事進行基準を選択適用することができるとしている（法法64②)。

(D)　運送業における運送収益

運送業における運送収益の額は、原則としてその運送に係る役務の提供を完了した日の属する事業年度の益金の額に算入する（法基通２－１－21の11)。ただし、法人が、運送契約の種類、性質、内容等に応じて、発売日基準、集金日基準、積切出港（出帆）基準、航海完了基準（おおむね４ヶ月以内の航海)、日割・月割発生基準等により継続してその収益を計上している場合には、これも認められる。

(4)　売上収益の修正等

(A)　変動対価・返品

変動対価とは、資産の販売等（収益認識会計基準の適用対象となる取引に限る。）に係る契約の対価について、値引き等の事実（値引き、値増し、割戻しその他の事実をいい、貸倒れ及び買戻しを除く。）により変動する可能性がある部分の金額については、引渡し等事業年度の引渡し時の価額等の算定に反映するものとされている（法基通２－１－１の11)。

また、返品については、その返品がいつの事業年度に販売されたものであるかに関係なく、相手方から返品を受けた日の属する事業年度の返品として取り扱うこととされている。たとえ、その返品の販売年度が明らかとなっていても、販売年度に遡って修正するというようなことは認められない（法基通２－２－16）。なお、ここにいう返品には、当初の販売商品等に物的な瑕疵、例えば、品質不良、破損等があったため返品を受け、これを他の商品等と取り替えたような場合のその返品は含まれない。この場合には、その取り替えによって取得した返品に係る商品の評価減の問題として取り扱われる。

(B) 売上割戻し

売上割戻しとは、一定の期間に多額又は多量の取引をした得意先に対する売上金の返戻額等をいう。平成30年度に公表された「収益認識に関する会計基準」において、顧客と約束した対価に変動対価（売上割戻しなど）が含まれている場合には、その影響額を会計上認識すべき収益から控除されることとされている。このため、平成30（2018）年度税制改正において、原則として、棚卸資産を引渡した事業年度の売上高の控除項目と考えられているが、これを売上控除とするか損金算入とするかは法人の経理を容認する扱いをとっている。しかし税法では計上時期については、次のように定められている（法法22の２④⑤⑦、法基通２－１－１の11、２－１－１の12、２－１－１の13、法令18の２）。

① 売上割戻しの算定基準が明示されている場合には、引渡し等事業年度の引渡し時の価額等の算定に反映することになる（法基通２－１－１の11）。相手方は仕入割戻しとして購入日の属する事業年度に計上することになる（法基通２－５－１(1)）。

② ①の取り扱いを適用しない場合には、その売上割戻しの金額の通知又は支払をした日の属する事業年度に計上（収益の額から減額）する（法基通２－１－１の12））。相手方は仕入割戻しとして通知を受けた日の属する事業年度に計上することになる（法基通２－５－１(2)）。

③ ①②の取り扱いを適用しない場合において、保証金等として預かり一定期間支払わないような場合には、これを現実に支払った日又は実質的

に利益を享受させることとなった日の属する事業年度の売上割戻しとして取り扱う（法基通2―1―1の13）。相手方は仕入割戻しとして支払を受けた日又は実質的に利益を享受した日の属する事業年度に計上することになる（法基通2―5―2）。

(5)　短期売買商品等の譲渡の譲渡益（譲渡損）

法人が市場における短期的な価格の変動又は市場間の価格差を利用して利益を得る目的（短期売買目的）で所有する金・銀・白金等の資産（有価証券を除く。）及び暗号資産（資金決済用）の短期売買商品等については、その譲渡に係る損益は、契約をした日（約定日基準）の属する事業年度の益金の額又は損金の額に算入される（法法61①・法令118の4）。

短期売買商品等の取得価額は、購入の場合は購入代価に引取運賃・荷役費・運送保険料・購入手数料・関税等の購入に要した費用を加算した金額であるが、それ以外の取得についてはその取得の時における通常要する価額とされている（法令118の5）。

短期売買商品等の譲渡益又は譲渡損を計算する場合の譲渡原価の額は、法人が選定した1単位当たりの帳簿価額の算出の方法により算出した金額に譲渡した短期売買商品等の数量を乗じて計算することとされ、この1単位当たりの帳簿価額の算出の方法は、移動平均法（法定算出方法）又は総平均法によることとされている（法令118の6）。

また、内国法人が事業年度終了の時に有する短期売買商品等は、時価法によって評価した時価評価金額とすることとされ、時価評価損益はその事業年度の所得の金額の計算上、益金の額又は損金の額に算入することとされている（法法61②③）。なお、暗号資産信用取引のうち事業年度終了の時において決済されていないものがあるときは、その時においてその暗号資産信用取引を決済したものとみなして算出した利益の額又は損失の額に相当する金額（みなし決済損益額）は、その事業年度の所得の金額の計算上、益金の額又は損金の額に算入し（法法61⑦）、翌事業年度の所得の金額の計算上、損金の額又は益金の額に算入（洗替処理）する（法令118の11①）。

(6) 有価証券等の譲渡益（譲渡損）

有価証券を譲渡した場合、有価証券の譲渡対価の額（みなし配当がある場合にはその金額を控除した金額）と譲渡原価の額（選定した1単位当たりの帳簿価額の算出の方法により算出した金額にその譲渡をした有価証券の数を乗じて計算した金額）との差額としての譲渡利益額又は譲渡損失額は、原則としてその譲渡に係る契約をした日（約定日基準）の属する事業年度の益金の額又は損金の額に算入することとされている（法法61の2①）。なお、譲渡に係る契約をした日は、有価証券の空売りの場合にはその決済に係る買戻しの契約をした日（法法61の2⑳）、信用取引又は発行日取引の場合にはその決済に係る買付又は売付の契約をした日とする（法法61の2㉑）。

また、デリバティブ取引を行った場合において、事業年度にデリバティブ取引のうち決済されていないもの（未決済デリバティブ取引）があるときは、当該事業年度末において当該未決済デリバティブ取引を決済したものとみなして（みなし決済）算出した利益相当額又は損失相当額は、当該事業年度の所得の金額の計算上、益金の額又は損失の額に算入する（法法61の5①）。なお、資産・負債の価格変動等による損失を減少させるために行ったデリバティブ取引のうち、一定の要件を満たすものについては、みなし決済による利益相当額又は損失相当額の計上を繰り延べる等のヘッジ処理を行うことになる（法法61の6）。

(7) 固定資産の譲渡益

固定資産の譲渡による収益の額は、その引渡しがあった日（引渡基準）の属する事業年度の益金の額に算入することとされている。

ただし、その固定資産が土地、建物その他これらに類する資産である場合において、法人が当該固定資産の譲渡に関する契約の効力発生の日の属する事業年度の益金の額に算入しているときは、これを認めることとされている

(法基通2－1－14)。なお、農地の譲渡があった場合には、当該農地の譲渡に関する契約が農地法上の許可を受けなければその効力を生じないため、法人がその譲渡による収益をその許可のあった日の属する事業年度の益金の額に算入しているときは、これを認めることとしている(法基通2－1－15)。

(8) 受取配当等の益金不算入

内国法人が受け取る剰余金・利益の配当又は剰余金の分配等については、企業会計では収益に計上されることとなるが、税法上では、原則として課税所得の計算上で益金の額に算入しないこととされている(法法23)。これを受取配当等の益金不算入制度という。

このような取扱いは、法人税法が法人を株主集合体説（法人擬制説）により理解する立場から、二重課税を排除するために、シャウプ勧告に基づく昭和25（1950）年度の税制改正で創設されたものである。しかしながら、その後、経済活動に占める法人企業の地位は格段に増大し、それに伴い、企業の経営形態や資金調達の態様にも著しい変化が生じてきた。具体的には、法人間での相互株式保有の増大、企業の安定株主志向等による金融機関等による株式保有の拡大、さらに、いわゆる財テクによる投資目的での株式保有の増大等が進み、この結果法人企業による株式の保有割合が著しく高まり、昭和60年代前半には全上場会社株式の約4分の3を法人株主が保有するに至った。

そこで、昭和63（1988）年度の税制改正で、企業支配的な株式に係る受取配当については受取配当等の益金不算入を維持することとするが、法人企業による株式保有の増大や、法人の資産選択行動の態様といった経済実態を踏まえ、益金不算入割合を特定株式等以外の株式等の配当等については段階的に80%まで引き下げることとした。また平成14年度には、課税ベースの見直しから、特定株式等以外の株式等の配当等に係る益金不算入割合を50%まで引き下げることとした。

さらに、平成27（2015）年度税制改正においては、受取配当等の益金不算入割合を完全子法人株式等・関連法人株式等（株式等保有割合３分の１超）については全額（100%）、その他の株式等（株式等保有割合５％超３分の１以下）は50%、非支配目的株式等（株式等保有割合５％以下）は20%とされ、現在に至っている（法法23①）。

ただし、一定の要件を満たす特定目的会社及び投資法人については、支払配当を損金に算入することが認められている。したがって、法人が特定目的会社及び投資法人から受け取る配当は、受取配当等の益金不算入の適用はない。

また、外国法人（外国子会社）から受け取る剰余金の配当等については、内国法人からの剰余金の配当等と異なり、原則として益金として課税されることになる。しかしながら、平成21（2009）年度税制改正により、企業の配当政策の決定に対する中立性の観点に加え、適切な国際的二重課税の排除を維持しつつ、外国子会社からの日本国内への資金還流を促進するため、間接外国税額控除制度を廃止し、内国法人が外国子会社（内国法人の持株割合が25%以上かつ保有期間が６か月以上の外国法人）から受け取る剰余金の配当等の額がある場合には、益金の額に算入されないこととされた（外国子会社配当等益金不算入制度）（法法23の２）。

(A) 受取配当等の範囲

益金不算入の対象となる配当等は、内国法人から受け取る、①剰余金・利益の配当又は剰余金の分配、②投資信託及び投資法人に関する法律に規定する金銭の分配、③資産の流動化に関する法律に規定する金銭の分配とされている（法法23①）。なお、平成27（2015）年度税制改正においては、公社債投資信託以外の証券投資信託の収益の分配の額については、その全額が益金算入とされるが、特定株式投資信託の収益の分配の額については、その受益権を株式等と同様に扱い非支配目的株式としてその収益の分配の額の20%相当額が益金不算入とされることとなった。

ここに剰余金・利益の配当又は剰余金の分配は、株式又は出資に係るものに限定される。したがって剰余金・利益の配当とは、会社法上の剰余金・利益の配当をいい中間配当を含む。なお、自己株式・名義株の配当も含まれる。また剰余金の分配とは、中小企業協同組合法・信用金庫法等の剰余金の分配をいい、生命保険会社などの相互会社の基金利息・契約者配当金、協同組合等の事業分量特別分配金は含まれない。

(B)　みなし配当

通常の剰余金・利益の配当という形式をとらない場合であっても、減資、解散、合併等に際して株主等に金額その他の資産の交付が行われた場合、その金額のうちに利益積立金額部分から構成されている部分があるときは、実質的に剰余金・利益の配当が行われたのと同様の経済的効果をもたらすことになる。税法上これをみなし配当といい、本来の配当と同じように扱い、受取配当等の益金不算入の規定を適用することとされている（法法24）。

みなし配当は、①合併（適格合併を除く）、②分割型分割（適格分割型分割を除く）、③株式分配（適格株式分配を除く）、④資本の払戻し（剰余金の配当（資本剰余金の額の減少に伴うものに限る）のうち、分割型分割によるもの以外のもの）又は解散による残余財産の分配、⑤自己の株式又は出資の取得（金融商品取引所の開設する市場における購入による取得等を除く）、⑥出資の消却（取得した出資について行うものを除く）、出資の払戻し、社員その他法人の出資者の退社又は脱退による持分の払戻しその他株式又は出資をその発行した法人が取得することなく消滅させること、⑦組織変更（当該組織変更に際して当該組織変更をした法人の株式又は出資以外の資産を交付したものに限る）の事由により、出資先法人から金銭その他の資産の交付を受けた場合において、その金銭その他の資産の合計額が当該法人の資本等の金額のうちその交付の基因となった当該株式等に対応する部分の金額を超える部分の金額である（法法24①、法令23）。

(C)　受取配当等の収益計上時期

益金不算入の適用を受ける受取配当等の収益計上時期は、原則として、当該法令に定めるところにより当該配当等の額が確定したとされる日（株主総会の決議の日など）の属する事業年度である（法基通2－1－27）。

(D) 短期保有株式の受取配当等の益金算入

法人が受け取った配当等の額は、原則として、益金不算入の対象となる。しかし、法人が受け取る配当等の額の元本である株式等をその配当等の額の計算の基礎となった期間の末日以前1月以内に取得し、かつ、当該株式等又は当該株式等と銘柄を同じくする株式等を同日後2月以内に譲渡した場合における当該株式等のうち一定の株式等に対応する配当等の金額は、益金の額に算入することとされている（法法23②、法令20）。これは、配当落ちを利用した租税回避行為の防止のために設けられた措置である。

(E) 負債利子の控除

法人が受取配当等の益金不算入額を計算する場合において、当該事業年度において支払う負債利子があるときには、その保有する株式等に係る部分の金額を受取配当等の金額から控除しなければならないこととされている（法法23①）。これは、借入金によってその株式等を取得した場合、これを控除しなければ、その利子が損金となる一方受取配当等は全額益金不算入となり、借入れをしないで取得した法人との負担の公平を欠くことになるからである。

関連法人株式等に係る配当等の額の益金不算入額から控除される負債の利子の額は、原則として、その配当等の額の4％相当額である（法法23①、法令19①）。なお、負債利子の額が少ない法人があることを踏まえ、特例として、①その適用事業年度に係る支払利子等の額の合計額の10％相当額が、②その適用事業年度において受ける関連法人株式等に係る配当等の額の合計額の4％相当額以下である場合には、その事業年度において支払う負債利子の額の10％相当額を負債利子控除額の上限とすることができることとされた（法令19②）。

(9) 受取利息に係る収益

貸付金、預金、貯金又は有価証券から生ずる利子の額は、その利子の計算期間の経過に応じ当該事業年度に係る金額を当該事業年度の益金の額に算入する。ただし、主として金融及び保険業を営む法人以外の法人が、その有する貸付金等から生ずる利子でその支払期日が1年以内の一定の期間ごとに到来するものの額につき、継続してその支払期日の属する事業年度の益金の額に算入している場合には、これを認めることとしている（法基通2－1－24）。

これは、一般事業法人の受取利息の収益計上について厳密な発生主義の適用に代えて、利払期が1年以内のものについて利払期の到来するつど収益を計上する利払期基準を継続適用を条件として認めたものである。

⑽　受贈益・債務免除益

(A)　私財提供による受贈益・債務免除益

法人が、他のものから金銭や物品又は固定資産の贈与を受けたり、債権者から債務を免除されたりした場合の経済的利益の額は、その贈与を受けた日又は免除を受けた日の属する事業年度の益金の額に算入される（法法22②）。ただし、法人が完全支配関係のある他の内国法人から受けた受贈益の額は、益金の額に算入しないこととされている（法法25の2）。

(B)　広告宣伝用資産等の受贈益

販売業者等が製造業者等から資産（広告宣伝用の看板、ネオンサイン、どん張のように専ら広告宣伝のように供されるものを除く）を無償又は製造業者等の当該資産の取得価額に満たない価額により取得した場合には、当該取得価額又は当該取得価額から販売業者等がその取得のために支出した金額を控除した金額を経済的利益の額として、その取得の日の属する事業年度の益金の額に算入する。ただし、その取得した資産が自動車・陳列棚等で広告宣伝用のものである場合には、その経済的利益の額は、製造業者等のその資産の取得価額の3分の2に相当する金額から販売業者等がその取得のために支出した金額を控除した金額とし、当該金額が30万円以下であるときは、経済的利益の額はないものとされる（法基通4－2－1）。

(C)　未払給与の免除益

法人が未払給与（法法34①（役員給与の損金不算入））の規定により損金の額に算入されない給与に限る）につき取締役会等の決議に基づきその全部又は

大部分の金額を支払わないこととした場合、その支払わないことがいわゆる会社の整理、事業の再建及び業況不振のためのものであり、かつ、その支払われないこととなる金額がその支払を受ける金額に応じて計算されている等一定の基準によって決定されたものであるときは、その支払われないこととなった金額（源泉所得税があるときは当該税額を控除した金額）については、その支払わないことが確定した日の属する事業年度の益金の額に算入しないことができるとしている（法基通４－２－３）。

⑾　還付金等の益金不算入

法人が損金不算入の対象となる法人税・法人住民税等の租税公課の還付を受け、又はその還付を受けるべき金額が未納の国税もしくは地方税に充当される場合には、その還付を受け又は充当される金額は、その法人の各事業年度の所得の金額の計算上、益金の額に算入しないこととされている（法法26①）。なお、還付加算金及び利子税の還付金は、益金の額に算入される。

⑿　資産の評価益

(A)　評価益の益金不算入

税法は、会社法等と同じく、資産の評価について取得原価主義を採用し、原則として資産の評価益を益金の額に算入しないこととしている。したがって、法人が確定決算において資産の帳簿価額を増額して評価益を計上した場合であっても、税法では、その金額は各事業年度の所得の金額の計算上益金の額には算入されず、また当該資産の帳簿価額はその後の計算において増額がなかったものとして扱われる（法法25①）。

(B)　評価益の益金算入が認められる場合

税法上は、原則として資産の評価益の計上は認められないが、次に掲げる資産の評価換えにより資産の帳簿価額を増額した場合には、その評価益の金額を益金の額に算入することが認められる（法法25②③・33③④、法令24・24の２・68の２）。

① 会社更生法・金融機関等の更生手続の特例等に関する法律の規定による更生計画認可の決定に伴い、同法の規定に従って行う評価換え

② 保険会社が保険業法第112条（株式の評価の特例）の規定に基づいて行う株式の評価換え

③ 民事再生法の規定による再生計画認可の決定その他これに準ずる事実に基づいて行う評価換え

これらの場合の評価換えであっても、評価後の帳簿価額が時価を超えるときは、その超える部分の金額は益金の額に算入されない（法基通４－１－２）。

(C) 売買目的有価証券の評価益の益金算入

平成12（2000）年度税制改正により、資産の評価益の益金不算入の規定（法法25）にかかわらず、売買目的有価証券（短期的な価格の変動を利用して利益を得る目的で取得したもの）については、時価法（事業年度終了の時において有する有価証券を銘柄の異なるごとに区別し、その銘柄の同じものについて、その時における価額として政令で定めるところにより計算した金額をもって当該有価証券のその時における評価額とする方法）により評価した金額（時価評価金額）が帳簿価額を超える部分の金額（評価益）は、当該事業年度の所得の金額の計算上、益金の額に算入されることとなった（法法61の３）。

この時価法による評価益又は評価損の額は、当該事業年度の翌事業年度の所得の金額の計算上、損金の額又は益金の額に算入（洗替処理）しなければならず、切放処理は認められない（法令119の15）。

10　損金の額の計算（損金の額に算入される売上原価・費用・損失はどのように計算されるか）

(1)　売上原価

(A)　売上原価の意義

課税所得計算において、当該事業年度の損金の額に算入すべき金額は、当該事業年度の収益に係る売上原価、完成工事原価等である（法法22③一）。売上原価は、商品及び製品等の売上収益と給付的な対応関係にある。商品売買業における売上原価は、期首商品棚卸高に当期純仕入高を加え、これから期末商品棚卸高を控除して算定される。したがって、売上原価の算定は、棚卸資産の範囲及び評価と不可分の関係にあるといえる。

(B)　棚卸資産の取得価額

棚卸資産とは、事業に係る商品・製品・半製品・仕掛品・原材料その他の資産（有価証券及び短期売買商品（金・銀・白金等短期売買目的取得）を除く）で棚卸をすべき資産をいう（法法２二十、法令10）。棚卸資産の取得価額は、①購入した場合は当該購入代価、②自己の製造等により取得した場合は当該製造原価（原材料費・労務費・経費）、③合併又は出資により受け入れた場合は当該受入価額、④その他の方法（贈与・交換・代物弁済等）により取得した場合は当該購入に通常要する価額（時価）が基礎となり、それに引取運賃・荷役費・運送保険料・購入手数料・関税等購入のために要した直接的付随費用や買入事務・検収・整理・選別・移管・保管等当該資産を消費し又は販売するために要した間接的付随費用（購入代価のおおむね３％以内のときは取得原価に算入しなくてもよい）を加算した金額である（法令32①・法基通５－１－１）。

(C) 棚卸資産の評価方法

棚卸資産の期末評価方法としては、大きく分けて原価法と低価法とがある（法法29、法令28）。原価法には、①個別法、②先入先出法、③総平均法、④移動平均法、⑤最終仕入原価法、⑥売価還元法がある。なお、届出をしていない場合には、最終仕入原価法によることになる（法令31）。原価法のうち法人が選択した方法による期末評価額と期末の仕入時価（再調達価額）とを比較し、低いほうの価額を期末の評価額とする低価法適用の場合、税法上洗替え方式が原則的方法であるが、一定の要件の下で、低価法による評価額を取得価額とみなす切放し低価法も認められていた。しかし、平成23（2011）年度税制改正法により、平成23年４月１日以後開始する事業年度から切放し低価法は廃止されることとなった。

(2) 有価証券の譲渡原価

国債証券、地方債証券、社債券、株券、証券投資信託の受益証券等の保有する有価証券（法法２二十一、法令11）を譲渡した場合、有価証券の譲渡原価は、有価証券について法人が選定した１単位当たりの帳簿価額の算出方法により算出した金額に譲渡した有価証券の数を乗じて計算した金額である（法法61の２①）。有価証券の取得価額については、①購入した有価証券は当該購入代価（取得費用を加算した金額）、②金銭の払込み等により取得した有価証券は当該払込金額（取得費用を加算した金額）、③株式等無償交付により取得した有価証券は零、④有利発行により取得した有価証券は当該払込みの期日における価額（時価）など、その態様により定められている（法令119①）。

この有価証券の取得価額を基に、移動平均法（法定算出方法）又は総平均法により有価証券の１単位当たりの帳簿価額算出し、譲渡原価の計算が行われる（法令119の７）。また、有価証券は、保有あるいは売却目的別に、売買目的有価証券と売買目的外有価証券に区別され、さらに後者は満期保有目的等有価証券とその他の有価証券に分類され、次のように期末評価等が行われる（法法61の３、法令119の２②）。

売買目的有価証券については、時価法により事業年度末の評価を行い、その評価差額を課税所得に算入する。また、売買目的外有価証券については、満期保有目的等有価証券とその他の有価証券とも原価法により事業年度末の評価を行う。ただし、償還期限及び償還金額の定めのある有価証券（償還有価証券）については、償却原価法を適用し、帳簿金額と償還金額との差額を取得時から償還時までの期間に配分し、その期間配分した差額を益金の額又は損金の額に算入することになる。

未決済のデリバティブ取引については、事業年度末に決済したものとみなして計算した利益相当額又は損失相当額を益金の額又は損金の額に算入する。すなわち、時価評価することになる。なお、資産・負債の価格変動等による損失を減少させるために行ったデリバティブ取引については、一定の要件を満たすものについては、みなし決済による利益相当額又は損失相当額の計上を繰り延べる等のヘッジ処理を行うことになる（法法61の５・６）。

(3) 減価償却費

(A) 減価償却の意義

減価償却とは、原価配分の原則により、固定資産の取得価額を、一定の方法により、利用可能な各事業年度に費用として割り当てる手続をいい、費用として計上された額を減価償却費という。

(B) 減価償却資産の範囲

固定資産のうち減価償却が認められるのは、その使用又は時の経過により、その価値又は効用が漸次減少する資産に限られる。これを減価償却資産といい、①有形固定資産（建物、機械装置、船舶、航空機、車両運搬具、工具、器具、備品等）、②無形固定資産（鉱業権、漁業権、ダム使用権、水利権、特許権、実用新案件、意匠権、営業権、ソフトウエア等），③生物（牛・馬・豚等、かんきつ樹・りんご樹・ぶどう樹・なし樹・桃樹等）に区分される（法令13）。しかし、時の経過によりその価値が減少しない土地・借地権・

電話加入権及び書画骨董等の資産、及び事業の用に供していない遊休設備(常時稼働可能な状態に維持補修されているものを除く)・建設中の資産等の資産については、非減価償却資産として減価償却資産から除かれる。

(C)　少額減価償却資産・一括償却資産

減価償却資産で、その使用可能期間が1年未満又は取得価額が10万円未満である少額減価償却資産については、その事業の用に供した日の属する事業年度において、その取得価額の全額を損金経理により損金の額に算入することができる(法令133)。なお、取得価額が20万円未満の減価償却資産(少額減価償却資産の特例及び国外リース資産の取扱いを受けたものを除く)を事業の用に供した場合には、一括償却資産として3年間で均等償却することができる(法令133の2)。

なお、中小企業の少額減価償却資産の取得価額の損金算入の特例により、中小企業者が、平成18(2006)年4月1日から令和6(2024)年3月31日までの間に、取得価額30万円未満の減価償却資産を取得した場合には、取得価額の全額を損金算入することが認められる(措法67の5)。ただし、当該事業年度に取得した少額減価償却資産の取得価額の合計額が300万円を超える場合には、その超える部分に係る減価償却資産は対象から除かれる。

(D)　減価償却資産の取得価額

減価償却資産の取得価額は、①購入した場合は当該購入代価、②自己が建設等した場合は当該建設等のために要した原材料費・労務費及び経費の額、③自己が育成させた牛馬等の場合は購入等の代価又は種付費・出産費並びに飼料費・労務費及び経費の額、④自己が成熟させた果樹等の場合は当該購入等の代価又は種苗費並びに肥料費・労務費及び経費の額、⑤合併により受け入れた場合は当該資産の償却限度額の計算の基礎とすべき取得価額、⑥出資により受け入れた場合は当該受入価額、⑦その他の方法(贈与・交換・代物弁済等)で取得した場合は当該取得のために通常要する価額が基礎となり、それに引取運賃・運送保険料・関税等購入に要した費用や据付費・試運転費等当該資産を事業の用に供するために直接要した費用とを加算した額である

(法令54①②)。

(E) 減価償却方法

減価償却の原則的な方法として、税法上、定額法、定率法及び生産高比例法があり、特殊な減価償却資産については、取替法や特別な償却率による方法等も認められる。税法上、減価償却資産の区分に応じて、①有形固定資産は定額法（平成10（1998）年４月１日以後取得する建物、平成28（2016）年４月１日以後取得する建物・建物附属設備・構築物）又は定率法（法定償却方法)、②鉱業用減価償却資産（鉱業権を除く）は定額法、定率法（平成28年３月31日以前取得の建物・建物附属設備・構築物）又は生産高比例法（法定償却方法)、③無形減価償却資産（鉱業権を除く）及び牛馬果樹等の生物は定額法、④鉱業権は定額法又は生産高比例法（法定償却方法)、⑤リース資産はリース期間定額法、さらに⑥特別な償却方法として税務署長の承認を得て、算術級数法、作業時間比例法、取替法等の償却方法で行うこともできる（法令48・49・50等)。

しかし、選定した償却方法は、一定の期限（新設法人の場合は最初の確定申告書の提出期限、設立後の場合は当該資産の取得年度の確定申告書の提出期限）までに税務署長に届け出なければならないが（法令51③)、届出をしなかった場合には法定償却方法によることになる（法法31①、法令53)。

(F) 耐用年数・償却率

(a) 法定耐用年数

減価償却計算の基礎となる耐用年数は、当該資産の使用可能年数であり、税法上、課税の公平を図るため法定耐用年数として「減価償却資産の耐用年数等に関する省令」に基本的耐用年数が定められている。

(b) 中古資産の見積耐用年数

中古資産の耐用年数は、法定耐用年数によるか、取得後耐用年数を見積り、これにより償却額を計算することができる。しかし、見積ることが困難な場合には、次の算式によって計算した年数を残存耐用年数とすることができる（耐令３)。

①　法定耐用年数の全部を経過したもの

見積残存耐用年数＝法定耐用年数×20%

②　法定耐用年数の一部を経過したもの

見積残存耐用年数＝(法定耐用年数－経過年数)＋経過年数×20%

計算した年数に1年未満の端数がある場合は端数を切り捨て、またその計算した年数が2年未満の場合には2年とする。

(c)　耐用年数の短縮

法定耐用年数は、合理的な理由がある場合には、国税局長の承認を受け、実際の使用可能期間を法定耐用年数とみなして、その承認を受けた日の属する事業年度以後減価償却することが認められる（法令57、法規16)。これを耐用年数の短縮といい、当該減価償却資産の実際使用可能期間がその法定耐用年数に比しておおむね10%以上短い年数となった場合に承認される（法基通7－3－18)。

(d)　償　却　率

耐用年数に応じた償却率は、具体的には「減価償却資産の耐用年数等に関する省令」の別表第9減価償却資産の償却率表に定められている。

平成19（2007）年度税制改正により残存価額が廃止されたため、定率法の償却率は従来の計算式が使えず「250%定率法」が導入された（法令48の2等)。すなわち、定率法を採用する場合の償却率は、定額法の償却率（1／耐用年数）を2.5倍した数とし、特定事業年度以降は残存年数（耐用年数から経過年数を控除した年数）による均等償却に切り換えて1円まで償却できることとする。この特定事業年度とは、償却中のある事業年度における残存価額について耐用年数経過時点に1円まで均等償却した場合の減価償却費が定率法により計算した減価償却費を上回ることとなった場合の当該事業年度をいう。

なお、平成23（2011）年度税制改正法により、平成24（2012）年4月1日以後に取得する減価償却資産の定率法の償却率は、定額法の償却率（1／耐用年数）を2.0倍した数とされる（「200%定率法」)。

(G) 残存価額・償却可能限度額

(a) 残 存 価 額

残存価額とは、当該資産が使用可能年数を過ぎた後の処分価値のことである。税法では、平成19（2007）年３月31日以前に取得された減価償却資産については、残存価額を適正に見積るという方式はとらず、次のように資産の種類別に画一的に法定している（法令56、耐令６、別表11）。

① 有形減価償却資産については、取得価額の10％

② 無形減価償却資産・鉱業権・坑道については、零

③ 牛馬果樹等の生物については、その細目に応じ取得価額の５～50％（牛馬は最高10万円）

平成19（2007）年度税制改正により、減価償却資産については、残存価額を廃止し、耐用年数経過時点に１円（備忘価額）まで償却できることとされた。

(b) 償却可能限度額

減価償却は、減価償却資産の取得価額から残存価額を控除した金額をその耐用年数に応じて原価配分する方法であるから、償却可能限度額は残存価額である。しかし、税法では、平成19（2007）年３月31日以前に取得された減価償却資産については、償却可能限度額を、無形固定資産・坑道は取得価額、牛馬果樹等の生物については取得価額から残存価額を控除した金額、一般の有形減価償却資産の場合については取得価額の５％と定めている（法令61①一）。すなわち、一般の有形減価償却資産については、事業の用に供している限り償却額の累計額が取得価額の95％に達するまで償却することができる。なお、鉄骨鉄筋コンクリート・れんが造り等の建物については、除却費が大きいため、税務署長の認定を受けて残存価額が１円（備忘価額）に達するまで減価償却が認められる（法令61の２①）。

なお、平成19（2007）年度税制改正により、平成19年４月１日以後に取得する減価償却資産については、償却可能限度額（取得価額の95％相当額）及び残存価額を廃止し、耐用年数経過時点に１円（備忘価額）まで償却できる

こととなった（法令61①二）。また、既存減価償却資産については、償却可能限度額まで償却した事業年度等の翌事業年度以後5年間で1円（備忘価額）まで均等償却できることとされた（法令61②③）。

(H)　償却限度額

各事業年度の課税所得の計算上損金の額に算入される減価償却費は、損金経理された金額のうち、当該減価償却資産について選定した償却方法等に基づいて計算された金額である（法法31①）。この損金算入することのできる償却費の最高限度枠を償却限度額という。事業年度の中途で取得した減価償却資産については、その供した期間分（月数按分）だけ減価償却することを原則とする。また、所有する機械装置（定額法又は定率法によっているものに限る）の使用時間がその事業の通常の経済事情におけるその資産の平均的な使用時間を超える場合には、税務署長に届出て、償却限度額を割増しすることができる（法令60）。これを増加償却という。

(I)　特別償却

特別償却とは、通常の償却限度額（普通償却限度額）を超えて行われる償却をいい、その一定限度を特別償却限度額という。したがって、当該事業年度の償却限度額は、普通償却限度額に特別償却限度額を加えた合計額である。特別償却の制度は、租税の誘因効果に着目し、産業設備等の技術革新対策・資源対策・公害対策・中小企業対策・住宅対策・雇用対策・特定の地域開発対策・産業構造転換対策等の各種の政策課題を達成するために、租税特別措置法により認められるものである。その趣旨は、早期償却により企業の租税負担を軽減し、もって内部留保を促進させるという効果をねらったものである。

特別償却の制度は、主として初年度特別償却と割増償却の二つの形態からなるが、さらにその他の方法として支出額の一定割合を損金算入する方式もある。初年度特別償却（租税特別措置法ではこれを特別償却と呼ぶ）とは、初年度に取得価額の一定割合を普通償却限度額に加算する方式であり、また割増償却とは、普通償却限度額に一定期間普通償却限度額の一定割合を加算する加速償却方式である。この制度は、同一資産について初年度特別償却と割増償却の双方に該当する場合であっても、重複して適用することはできない（措法53）。なお、特別償却の適用には、原則として、青色申告法人であり、かつ、確定申告書に償却限度額の計算に関する明細書の添付があることが要件とされる。

初年度特別償却としては、中小企業者等の機械等の特別償却（措法42の6）・国家戦略特別区域における機械等の特別償却（措法42の10）等、割増償却としては、事業再編計画の認定を受けた場合の事業再編促進機械等の割増償却（措法46）・特定都市再生建築物の割増償却（措法47）等がある。

(4)　修繕費と資本的支出

固定資産については、その使用可能期間にわたって修理・改良等のための支出が行われるのが通常である。その支出が、維持管理等のためのものであれば「修繕費」（収益的支出）として、当該事業年度の損金の額に算入することができる。しかし、修繕には、固定資産の取得価額を増加すべき資本的支出に該当する場合も多くその区別が困難な場合がある。そこで、税法では、法人が、修理、改良その他いずれの名義をもってするかを問わず、固定資産について支出する金額で、①その支出によりその資産の使用可能期間を延長させる部分に対応する金額、②その支出によりその資産の価額を増加させる部分に対応する金額に該当する場合（いずれにも該当する場合には多いほうの金額）には資本的支出とされ、これに該当しない金額は修繕費となる（法令132）。

しかし、資本的支出と修繕費の判定評価は必ずしも容易ではない。そこで、税務執行上、取扱通達において、当該修理・改良等のための要した費用の額が少額（20万円未満）であったり、短期（おおむね3年以内の期間を周期）として行われたりする場合、また当該金額が資本的支出か修繕費かの区別が不明で60万円未満か当該固定資産取得価額のおおむね10%相当額以下の場合には損金経理により修繕費として認める等の具体的・形式的な区分基準を明らかにして取り扱われている（法基通7－8－1～7－8－10等）。

(5)　繰延資産の償却費

(A)　繰延資産の意義・範囲

税法上、法人が支出した費用は、原則的には、その支出すべき費用が発生した事業年度における損金となるのであるが、その支出の効果が支出の日以後1年以上に及ぶと認められるものを繰延資産（法法2二十四）といい、適正な損益計算の観点から、その支出の及ぶ期間を基礎として規則的に償却することとしている。ただし、繰延資産には、資産の取得価額とされるべき費用及び前払費用は含まれない。

税法上、繰延資産には、法人が支出する費用のうち、その支出の効果が1年以上に及ぶもので、①創立費、②開業費、③開発費、④株式交付費、⑤社債等発行費のほか、⑥自己の便益のための公共的施設又は共同的施設の設置又は改良のために支出する費用、資産の賃借又は使用のために支出する権利金・立退料等の費用、役務の提供を受けるための権利金等の費用、製品等の広告宣伝用に資産を贈与した場合の費用、その他自己が便益を受けるために支出する費用でその支出の効果が支出の日以後1年以上に及ぶものが含まれる。

(B)　繰延資産の償却費の計算・償却限度額

繰延資産はその効果の及ぶ期間にわたって償却するのが原則であるが、その期間を具体的に見積もることが困難である。そこで、税法では、繰延資産の償却費として各事業年度の損金の額に算入する金額は、法人がその事業年度においてその償却費として損金経理した金額のうち償却限度額に達するまでの金額である（法法32①）として、次のように定めている。

①　**任意償却が認められる繰延資産**……繰延資産のうち、創立費、開業費、開発費、株式交付費及び社債等発行費については、支出をした日を含む事業年度において、その全額について償却することができるが、その全部について償却しなかった場合又はその一部についてだけ償却をした場合には、その後の事業年度において未償却残額を償却することができ

る。すなわち、法人が当該事業年度において任意に計上した金額が償却限度額となる。

② **均等償却すべき繰延資産**……繰延資産のうち前記以外のもの（税法固有の繰延資産）については、法人が損金経理した金額のうち、支出の効果の及ぶ期間を基礎として毎期均等額を償却限度額として損金の額に算入する。

③ **少額な繰延資産の特例**……均等償却すべき繰延資産であっても、その支出する金額が20万円未満であるものについては、その支出をした事業年度においてその全額を損金経理することができる（法令134）。

(6) 給　　与

法人が使用人及び役員に対して支払う給与は、税法上、給料、賞与、退職給与の三つに区分して規定されている。税法上、これらすべてが損金の額に算入されるとは限らず、使用人に対するものと役員に対するものとではその取扱いが異なり、会計処理の方法によっても扱いを異にする場合がある。

(A) 使用人の給料・賞与・退職金

使用人に対して支払われる給料及び賞与は、雇用契約に基づきその労働の対価として支払われるものであるから、原則として、その支出すべき日（債務確定日）の属する事業年度の損金の額に算入される。

また使用人に支給する退職給与金は、原則として退職の事実があった事業年度の損金の額に算入される。ただし、退職給与を退職年金として支給する場合には、退職時に未払計上することは認められず、退職年金支給時に支給額だけ損金となる。ただし、役員と特殊の関係のある使用人に対する過大な給与・退職給与については、損金の額に算入されない（法法36、法令72の２）。

(B) 役員の給与・退職金

(a) 役員・使用人兼務役員

税法上、役員とは、取締役、執行役、会計参与、監査役、理事、監事及び清算人のほか、その法人の使用人以外の者でその法人の経営に従事している者（相談役・顧問等）、及び同族会社の使用人のうち特定株主に該当する者でその法人の経営に従事している者をいう（法法2十五、法令7）。また、税法上、役員のうち、部長、課長その他法人の使用人としての職制上の地位を有し、かつ、常時使用人としての職務に従事する者を使用人兼務役員として、通常の役員とは区別して取り扱うことにしている。しかし、たとえ使用人としての職制上の地位を有していても、社長、副社長、代表取締役、専務取締役、常務取締役、監査役、同族会社の役員のうち特定株主に該当する者等は、その性格上使用人兼務役員として認められない（法法34⑤、法令71）。

(b)　役員給与

役員に対して支給する給与は、役員に対する給与のうち退職給与等以外のものをいい、①支給時期が1月以下の一定の期間ごとであり、かつ、当該事業年度の各支給時期における支給額が同額であること（定期同額給与）、②役員の職務につき所定の時期に確定した金額又は確定した数の適格株式等を交付する旨の定めに基づいて支給する給与であること（事前確定届出給与）、③会社（同族会社を除く）が業務執行役員に対して利益又は株式の市場価格の状況を示す客観的指標を基礎として算定される給与（金銭の額又は適格株式等の数）で、報酬委員会における決定等の適正な手続がとられており、かつ、当該指標等が有価証券報告書等に開示されていることその他一定の要件を満たすもの（業績連動給与）については損金の額に算入することができるが、それ以外は損金に算入できない（法法34①）。

また、役員に対して支給する給与の額のうち不相当に高額な部分の金額、及び事実を隠ぺいし、又は仮装して経理することにより支給した役員給与は、損金の額に算入されない（法法34②③）。

(c)　役員退職金

役員に対して支給した退職給与の額が、当該役員のその法人の業務に従事した期間、その退職の事情、類似法人（同種の事業を営む法人で事業規模が類似するもの）の役員に対する退職給与の支給状況等に照らし、その退職した役員に対する退職給与として相当であると認められる金額を超える場合におけるその超える部分の金額は損金の額に算入しないこととされている（法法34②、法令70②）。

役員に対して支給する退職給与の損金算入時期は、株主総会等の決議等によりその額が具体的に確定した事業年度とするが、損金経理を要件として支給した事業年度において損金の額に算入することも認められる（法基通９－２－28）。また、使用人兼務役員に対する退職給与については、法人が退職給与を役員職務分と使用人職務分に区分して支給しても、それを区別することなく、その全額につき不相当に高額か否かが判定される（法基通９－２－30）。

(7) 寄　附　金

(A) 寄附金の意義

寄附金とは、税法上、寄附金、拠出金、見舞金、その他いずれの名義をもってするかを問わず、法人が金銭その他の資産又は経済的な利益の贈与又は無償の供与をした場合におけるその金銭の額をいう（法法37⑦）。ただし、広告宣伝費及び見本品の費用その他これらに類する費用並びに交際費、接待費及び福利厚生費とされるべきものは、寄附金には含まれない。

また、法人が時価に比して低い対価をもって資産の譲渡又は経済的な利益の供与をした場合には、その対価の額と時価との差額のうち実質的に贈与又は無償の供与をしたと認められる金額は寄附金の額に含まれる（法法37⑧）。

(B) 寄附金の区分と損金算入限度額

税法上、支出した寄附金は、その内容により次のように区分され、その損金算入限度額が定められている。

① **国又は地方公共団体に対する寄附金**……国又は地方公共団体に対する寄附金は、その全額が損金算入限度額とは別枠で損金の額に算入される（法法37③一）。

② **指定寄附金**……公益を目的とする事業を行う法人又は団体に対する寄附金のうち、広く一般に募集されること、教育又は科学の振興、文化の向上、社会福祉への貢献その他公益の増進に寄与するための支出で緊急

を要するものに充てられることが確実であること、の要件を満たすものとして財務大臣が指定したもの（指定寄附金）については、その全額が損金に算入される（法法37③二、法令75・76）。

③ **特定公益増進法人等に対する寄附金**……理化学研究所、宇宙航空開発研究機構、日本学生支援機構、日本赤十字社など教育又は科学の振興、文化の向上、社会福祉への貢献その他公益の増進に著しく寄与すると認められる法人の目的である業務に対する寄附金の損金算入限度額は、一般寄附金の損金算入限度額と別枠で損金の額に算入することができる（法法37④、法令77）。

④ **一般寄附金**……指定寄附金等及び特定公益増進法人等に対する寄附金以外の一般寄附金については、原則として、次の算式により資本等を基準として計算した金額と所得を基準として計算した金額によりその損金算入限度額が算定され、損金算入が認められる（法法37①、法令73①）。

$$\text{損金算入限度額}=(\text{資本基準額}+\text{所得基準額})\times\frac{1}{4}$$

$$\text{資本基準額}=\text{期末資本金等の額}\times\frac{\text{当該事業年度の月数}}{12}\times\frac{2.5}{1{,}000}$$

$$\text{所得基準額}=\text{当該事業年度の所得金額}\times\frac{2.5}{100}$$

(8) 交際費等

(A) 交際費等の意義

交際費等とは、交際費、接待費、機密費その他の費用で、その得意先、仕入先その他事業関係者等（間接の利用関係者及び当該法人の役員、従業員、株主等も含む）に対する接待、供応、慰安、贈答その他これらに類する行為のため支出するものをいう（措法61の４③）。しかし、従業員の運動会・慰安旅行等の福利厚生費用、広告宣伝のためのカレンダー・タオル等の配布費用、会議などで通常供与される茶菓等の費用等は交際費等には含まれない（措法61の４③、措令37の５）。交際費等は、それが事業活動に関連して支出されたものである限り、企業会計では全額費用として取り扱われるが、昭和29（1954）年に、租税平等主義と租税収入確保の観点から、租税特別措置法において、冗費を節約し、自己資本の充実を図る政策上の目的から原則的に交際費等の全額を損金不算入とし、課税の対象とすることとした。

(B) 交際費等の損金不算入

法人が各事業年度において支出する交際費等については、租税特別措置法において、原則としてその全額が損金不算入とされてきた。ただし、中小法人の租税負担能力等の配慮から、期末資本金が1億円以下の法人については、損金不算入額の計算上年間800万円の定額控除限度額が認められ、支出交際費等の金額のうち定額控除限度額を超える金額が損金不算入とされてきた。

しかし、平成26（2014）年度税制改正において、長引く円高・デフレ状態からの脱却を目指した緊急経済対策の一環として、平成26（2014）年4月1日から令和6（2024）年3月31日までの間に開始する各事業年度の措置として、法人が各事業年度において支出する交際費等の額のうち接待飲食費の額の50％までの金額が損金として控除することが認められ、これを超える部分の金額は損金として控除することが認められないこととされた（措法61の4①）。

なお、資本金の額が1億円以下の中小法人の交際費等の損金不算入額の計算については、接待飲食費の額の50％相当額を超える部分の金額とする方法と800万円（定額控除限度額）を超える部分の金額とする方法との選択制とされた（措法61の4②）。

(9) 租税公課

法人が支払った租税及び罰科金等の租税公課については、企業会計上費用として扱われるが、税法上では損金の額に算入されるものと算入されないものとに区別される。

(A)　損金算入されない租税

損金の額に算入されない租税には、①法人税・地方法人税（退職年金等積立金に対する法人税・地方法人税を除く）（法法38①）、②法人の納付する過少申告加算税・無申告加算税・重加算税・延滞税・過怠税（法法55③一）、③道府県民税・市町村民税（法法38②二）、④地方税法における延滞金・過少申告加算金・不申告加算金・重加算金（法法55③二）、⑤法人税額からの控除を選択した場合の源泉徴収所得税（法法40）・控除対象外国法人税額（法法41）などがある

(B)　損金算入される租税と損金算入時期（法基通９－５－１・９－５－２等）

(a)　申告納税方式による租税

消費税、地方消費税、地価税、酒税、事業所税及び事業税等の申告納税方式による租税は、債務確定基準により当該納税申告書が提出された日の属する事業年度、更正又は決定に係る税額については更正又は決定があった日の属する事業年度の損金の額に算入される。ただし、収入金額又は棚卸資産の評価額に含めた酒税等、又は製造原価、工事原価等に含めた事業に係る申告期限未到来の事業所税もしくは地価税については、未払金として計上し損金経理することが認められる。なお、地価税については、納期限の日又は実際に納付した日の属する事業年度に損金経理することも認められる。

また、消費税は申告納税方式による租税であるが、税込処理している場合には、申告した日の属する事業年度の損金となる。なお、継続適用を要件として申告期限未到来の消費税を未払金に計上し、損金に算入することも認められる。なお、税抜処理している場合には、原則として損益には影響しない。

事業税も申告納税方式による租税であり債務確定基準により損金算入されることになる。しかし、直前の事業年度分の事業税の額については、当該事業年度終了の日までにその全部又は一部につき申告、更正又は決定がされていない場合であっても、当該事業年度の損金の額に算入することができる。

(b) 賦課課税方式による租税

固定資産税、不動産取得税、自動車税、都市計画税等の賦課課税方式による租税は、賦課決定のあった日の属する事業年度の損金となる。ただし、納期開始の日の属する事業年度又は実際に納付した日の属する事業年度に損金とすることも認められる。

(c) 特別徴収方式による租税

軽油引取税、ゴルフ場利用税等の特別徴収方式による租税は、納入申告書に係る税額については当該申告の日の属する事業年度、更正又は決定による不足額については当該更正又は決定のあった日の属する事業年度の損金とする。ただし、申告期限未到来で収入金額に含めている税額については、損金経理により未払金に計上した事業年度の損金とすることも認められる。

(d) 利子税及び納期限延長に係る延滞金

法人税の確定申告期限の延長に係る利子税の額は、原則として納付した日の属する事業年度の損金とする。ただし、当該事業年度の期間に係る未納の金額については、損金経理により未払金に計上した事業年度の損金とすることも認められる。また、道府県民税、市町村民税、事業税の納期限の延長に係る延滞金についても同様である。

(C) 罰科金等

法人が納付する罰金・科料・過料、国民生活安定緊急措置法・私的独占禁止法・金融商品取引法等による課徴金及び延滞金は、社会秩序維持の見地から刑事罰又は行政制裁等として課されるもので、外国又はこれに準ずる者によるものであっても損金の額に算入されない（法法55④）。

(D) 不正行為等に係る費用等

法人が、隠ぺい仮装行為によりその法人税等の租税負担を減少させ、又は減少させようとする場合には、当該隠ぺい仮装行為に要する費用又は損失の額は損金の額に算入されない（法法55①②）。また、法人が供与をする刑法198条（贈賄）に規定する賄賂又は不正競争防止法18条1項（外国公務員等に対する不正利益の供与等の禁止）に規定する金銭その他の利益に当たるべき金銭の額及び金銭以外の資産の価額並びに経済的な利益の額の合計額に相当する費用又は損失の額は損金の額に算入されない（法法55⑤）。

⑽　資産の評価損

(A)　評価損計上の禁止

税法では、資産の評価換えをしてその帳簿価額を減額しても、その減額した部分の金額は、各事業年度の所得の金額の計算上、損金の額に算入しないこととしている（法法33①）。すなわち、税法上資産の評価換えによる評価損の計上を原則として認めないのである。これは、税法が、資産の評価については会社法（会社計算規則５①）等と同様に取得原価主義を原則とするからである。

なお、法人が計上した評価損の全部又は一部の損金算入が認められなかった資産については、その資産の帳簿価額はその損金算入されなかった評価損の金額だけ減額がなかったものとして取り扱われる（法法33⑥）。

(B)　評価損計上の特例

しかし、税法上いかなる場合にも資産の評価損の計上を認めないというのではなく、資産の種類に応じて災害による著しい損傷、著しい陳腐化、会社更生法等による評価換え、上場有価証券（企業支配株式を除く）の回復の見込みのない著しい時価の下落等一定の事実が生じたことによって時価が帳簿価額を下回ることとなった場合に、例外的に評価損の計上が認められる（法法33②、法令68）。その場合評価損の計上は、損金経理により時価に達するまでの金額を損金の額に算入することができる。この場合の時価とは、その資産が使用収益されるものとして期末に譲渡された場合において通常付されるべき価額、すなわち期末における「譲渡可能価額」である（法基通９－１－３）。

(C)　売買目的有価証券の評価損の損金算入

平成12（2000）年度税制改正により、資産の評価損の損金不算入の規定にかかわらず、売買目的有価証券（短期的な価格の変動を利用して利益を得る目的で取得したもの）については、その帳簿価額が時価法（事業年度終了の時において有する有価証券を銘柄の異なるごとに区別し、その銘柄の同じものについて、その時における価額として政令で定めるところにより計算した金額をもって当該有価証券のその時における評価額とする方法）により評価した金額（時価評価金額）を超える部分の金額（評価損）は、資産の評価損の損金不算入規定（法法33）にかかわらず、当該事業年度の所得の金額の計算上、損金の額に算入されることとなった（法法61の３）。

⑾ 貸倒損失

法人の有する売掛金、貸付金その他の債権（以下「金銭債権」という）は、法律的に消滅したり、経済的に事実上回収不能となったり、その資産価値を失うことがある。この回収不能の金銭債権は、貸倒損失として、その事実の発生した日の属する事業年度の損金の額に算入することができる。しかし、その貸倒れの判定は、事実認定の問題であって、きわめて個別的かつ具体的であり困難な面がある。そこで税務上、貸倒れの発生した態様に応じて、次のような事実が発生した場合に貸倒損失として損金の額に算入することができるとしている。

① **金銭債権の全部又は一部の切捨ての場合の貸倒れ**（法基通９－６－１）
……法人の有する金銭債権が法律的に消滅する次の事実が生じた場合には、次に掲げる金額は貸し倒れとして、損金経理にかかわらず、その事実の発生した日の属する事業年度において損金の額に算入することができる

イ　会社更生法・金融機関等の更生手続の特例等に関する法律の規定による更生計画の認可の決定又は民事再生法の規定による再生計画の認可決定による切捨額。

ロ　会社法の規定による特別清算に係る協定の認可・整理計画の決定による切捨額。

ハ　関係者等（債権者集会・行政機関・金融機関等）の協議決定による合理的な切捨額。

ニ　債務者の債務超過の状態が相当期間継続し、弁済を受けることがで

きないと認められる場合に、書面で通知した債務免除額。

② **回収不能の金銭債権の貸倒れ**（法基通9－6－2）……法人の有する金銭債権につき、その債務者の資産状況、支払能力等からみてその全額が回収できないことが明らかになった場合には、その明らかになった事業年度において貸倒れとして損金経理することができる。

③ **一定期間取引停止後弁済がない場合等の売掛債権の貸倒れ**（法基通9－6－3）……債務者に対して有する売掛債権（売掛金、未収請負金その他これらに準ずる債権をいい、貸金その他のこれに準ずる債権を含まない）について、取引停止以後1年以上経過、売掛債権の総額が取立て費用に満たず督促したにもかかわらず弁済がない等の事実が発生した場合には、法人が当該売掛債権の金額から備忘価額（1円）を控除した残額を貸倒れとして損金経理することができる。

⑿ 引当金繰入額・準備金積立額

(A) 引当金の意義

税法においては、課税所得計算上損金に算入すべき費用の金額は、それが発生し債務の確定したものに限り認められるという、債務確定主義を原則としている（法法22③）。したがって、将来発生することが予想されるような費用又は損失の見越計上は認められない。

しかし、会計上では、適正な期間損益計算を行うため、債務の確定した費用又は損失のみならず、未確定であっても当期の収益に対応する費用又は損失を合理的に見積計上することが必要とされる。このような期間収益に対応する費用を見越計上する場合に設定される相手勘定が引当金である。

引当金の計上は、企業会計においては将来の特定の費用又は損失であって、その発生が当期以前の事実に起因し、発生の可能性が高く、かつその金額を合理的に見積もることができる場合に、一般に行われているところである。そこで税法ではこのような企業会計の実情を考慮して、「別段の定め」として引当金を限定列挙し、その引当金の繰入額のみを損金の額に算入することを認めているのである。なお引当金は青色申告法人でも白色申告法人でもその繰入れが認められるが、その繰入れは必ず損金経理による必要がある。

⒝ 引当金の範囲・繰入限度額

法人税法では、貸倒引当金及び返品調整引当金（平成30（2018）年度税制改正において廃止、経過措置あり）の二つについてのみ規定し、その繰入額のうち一定の額に達するまでの金額の損金算入を認めている。従来、貸倒引当金、返品調整引当金、賞与引当金、退職給与引当金、製品保証等引当金、特別修繕引当金の六つについてその設定が認められていたが、平成10（1998）年度税制改正等により大幅な廃止・縮減が行われた。なお、退職給与引当金については、平成14（2002）年度から廃止されたが、廃止前の退職給与引当金勘定については４年間（平成14（2002）年度及び平成15（2003）年度についてはその金額の10分の３、平成16（2004）年度及び平成17（2005）年度については10分の２ずつ）で取り崩すこととされた。また、中小法人及び協同組合等にあっては10年間（その金額の10分の１ずつ）で取り崩すこととされた（平成14年改正法附則8）。

⒜ 貸倒引当金

法人が、その有する売掛金、貸付金等の金銭債権の貸倒れによる損失の見込額として、各事業年度末の貸金の帳簿価額に一定の基準により計算した金額を損金経理により貸倒引当金勘定に繰り入れたときは、その繰入額のうち一定の額に達するまでの金額を損金の額に算入することが認められる（法法52）。なお、貸倒引当金の繰入限度額は、期末金銭債権を個別評価金銭債権（その一部が回収不能となった金銭債権に限る）と、一括評価金銭債権（一般売掛債権等）とに区別し、個別評価金銭債権については、債務者ごとに一定の事実が生じた場合に一定の基準により回収不能見込額を計算し、一括評価金銭債権（一般売掛債権等）については、過去３年間の貸倒実績率を乗じて貸倒見込額を計算し、それぞれ別々に計算することとされた。ただし、一括評価金銭債権については、中小法人等に対しては実績繰入率と法定繰入率の選択適用が認められる。

なお、平成23（2011）年度税制改正法により、適用法人を中小法人等、銀行・保険会社その他これに準ずる法人などに限定された（措法57の９）。

(b)　返品調整引当金

出版業、その他特定の事業を営む法人のうち、常時、その販売するその指定事業に係る棚卸資産の大部分につき、当該販売の際の価額による買戻しに係る一定の特約を結んでいるものが、当該特約に基づく棚卸資産の買戻しによる損失の見込額を、損金経理により返品調整引当金勘定に繰り入れたときは、その繰入額のうち一定の額に達するまでの金額を損金の額に算入できる（旧法法53）。

返品調整引当金は、平成30（2018）年度税制改正において廃止されたが、経過措置として令和３（2021）年３月31日までに開始する各事業年度については現行通りの引当てが認められ、令和３（2021）年４月１日から令和12（2030）年３月31日までに開始する事業年度については、廃止前と同じ繰入限度額に対して10分の１ずつ縮小した額の引当てが認められる（平成30年改正法法附則25）。

(C)　準備金の意義・範囲・積立限度額

引当金は、将来確実に発生し期間収益に対応する支出又は損失の見越計上たる性質を有するものである。これに対して、準備金は、将来において確実に発生するかどうかも、期間収益に対応するかどうかも必ずしも明確ではない支出又は損失の見積計上する際に際して設定される相手勘定である。したがって、準備金は、会計的に利益留保の性格を有するものといえる。

そこで、税法では、準備金については、海外投資等損失準備金（措法55）、中小企業事業再編投資損失準備金（措法56）、保険会社等の異常危険準備金（措法57の５）、探鉱準備金・海外探鉱準備金（措法58）など特定の政策的配慮に基づいて認められたもののみを「租税特別措置法」において限定列挙し、一定の積立額のみを損金の額に算入することを認めているのである。なお、準備金は、青色申告法人でなければその積立てが認められず、その積立方法は損金経理のほか剰余金の処分により積み立てる方法も認められている。

11　圧縮記帳（国庫補助金・保険差益等はどのように課税されるか）

(1)　圧縮記帳の意義

法人税法では、別段の定めがあるものを除き、資産の販売、有償又は無償による資産の譲渡又は役務の提供、無償による資産の譲受けその他の取引で資本等取引以外の取引に係る収益の額はすべて益金を構成することになっている（法法22②）。したがって、国庫補助金又は工事負担金等の受贈益、保険差益及び交換又は収用等による譲渡益等は、課税所得計算上益金の額に算入され課税されることとなる。しかし、このように一時の所得として課税が行われた場合、国庫補助金又は工事負担金等の本来の交付目的が阻害され、保険金による代替資産の取得が困難となるという事態を招くことになる。

そこで、税法上、これを避けるため、別段の定めとして、法人が国庫補助金、工事負担金、保険金又は譲渡代金等で取得した固定資産について、一定の要件の下で、取得した固定資産の帳簿価額を減額することを認め、その減額した金額を損金の額に算入することによって、その受贈益、保険差益又は譲渡益等に係る益金と相殺し、結果的に課税取得が生じないよう調整が行われる措置を採っている。これを圧縮記帳という。

このように圧縮記帳の制度は、減価償却の計算又は譲渡損益の計算を通じて課税されていなかった収益に課税するものであって、免税措置ではなく、課税繰延の技術的方法であるといえる。

(2)　圧縮記帳の方法

圧縮記帳の会計処理は、原則として、圧縮記帳の対象となる固定資産等の取得価額を、圧縮限度額の範囲内で直接減額し、損金経理により相当額を圧縮損として計上する方法（直接減額方式）により行われる（法法42①等）。

しかし、このような圧縮記帳の会計処理方法には、取得原価主義の見地から疑問があるところから、税法では直接減額方式に代えて、圧縮限度額以下の金額を、確定した決算において又は決算の確定の日までに剰余金の処分により積立金として積み立てる方法（積立金方式）も認めている（法法42①、法令80等）。

なお、返還条件付きの国庫補助金等の交付を受けた場合や代替資産の取得は見込まれるがその取得が遅れる場合には、国庫補助金等または譲渡対価等を取得した事業年度において、国庫補助金等の額または譲渡益等以下の金額を確定した決算で特別勘定を設ける方法により経理した時には、その金額相当額を損金の額に算入することができる。

(3)　圧縮記帳の形態と圧縮限度額

圧縮記帳が認められる主な形態には、次のようなものがある。

(A)　国庫補助金等で取得した固定資産等の圧縮記帳

法人が、国又は地方公共団体等から補助金又は助成金等（以下「国庫補助金」等という）の交付を受けて、その国庫補助金等をもってその交付の目的に適合した固定資産の取得又は改良をした場合において、当該事業年度終了の時までに当該補助金等の返還をしないことが確定しているときは、その固定資産につき補助金等の額に相当する金額（圧縮限度額）の範囲内で圧縮記帳をすることが認められる（法法42）。

(B)　工事負担金で取得した固定資産等の圧縮記帳

電気、ガス、水道、熱供給、鉄軌道及び有線放送電話事業等を営む法人が、その事業に必要な施設を設けるためにその受益者から金銭又は資材の交付を受け、当該事業年度においてその金銭又は資材をもってその施設を構成する固定資産を取得した場合において、その固定資産につき、当該事業年度終了の時において、その交付を受けた金銭の額又は資材の価額に相当する金額（圧縮限度額）の範囲内で圧縮記帳をすることが認められる（法法45）。

(C) 非出資組合が賦課金で取得した固定資産等の圧縮記帳

協同組合等のうち出資を有しないものが、その組合員又は会員に対しその事業の用に供する固定資産の取得又は改良に充てるためにその費用を賦課し、当該事業年度においてその納付金をもって当該固定資産の取得又は改良をした場合において、その固定資産につき、当該事業年度において、その取得又は改良に充てた納付金交付に相当する金額（圧縮限度額）の範囲内で圧縮記帳をすることが認められる（法法46）。

(D) 保険金等で取得した固定資産等の圧縮記帳

法人が、その有する固定資産の滅失又は損壊により保険金、共済金又は損害賠償金等（保険金等）の支払を受け、当該事業年度においてその保険金等をもってその滅失した固定資産に代替する同一種類の固定資産（代替資産）の取得をし、又はその損壊した固定資産もしくは代替資産となるべき資産の改良をした場合において、これらの固定資産につき、当該事業年度終了の時において、その取得又は改良に充てた保険金等に係る差益金の額として計算した一定の金額（圧縮限度額）の範囲内で圧縮記帳をすることが認められる（法法47）。

(E) 交換により取得した資産の圧縮記帳

法人が、１年以上保有していた固定資産を他の者が１年以上保有していた同種の固定資産と交換し、その取得資産を譲渡資産の用途と同一の用途に供した場合において、その取得資産につき、当該事業年度終了の時において、その交換により生じた差益金の額として計算した一定の金額（圧縮限度額）の範囲内で圧縮記帳をすることが認められる（法法50）。

(F) 収用等の場合の圧縮記帳

法人の有する土地、建物等の資産（棚卸資産を除く）について土地収用法等の規定により収用等され、対価補償金等を受領し、その対価補償金等の全部又は一部をもって、収用等のあった事業年度において収用等により譲渡した資産と同種の資産（代替資産）を取得した場合に、その代替資産の取得に充てた金額に一定の差益割合を乗じて計算した金額（圧縮限度額）の範囲内で圧縮記帳することができる（措法64）。なお、収容等については圧縮記帳と5,000万円の特別控除との選択適用が認められている（措法65の2）。

(G)　特定資産の買換えの場合の圧縮記帳

法人の有する資産（棚卸資産を除く）で、指定期間内に、一定の地域にある土地・建物等を譲渡して、別の一定の地域に土地又は取得した土地の上で事業の用に供される建物等もしくは機械装置（買換資産）を取得し、その地域において、取得の日から1年以内に事業の用に供したとき又は供する見込みであるときは、その買換資産について、その圧縮基礎取得価額に一定の差益割合を乗じて計算した金額の80%に相当する金額（圧縮限度額）の範囲内で圧縮記帳することができる（措法65の7）。

12　リース取引（機械等のリース料はどのように取り扱われるか）

(1)　リースの意義

リース（lease）とは、一般に、賃貸借契約に基づく動産、不動産についての賃貸借を意味する概念である。賃借人が支払う賃借料は、原則として費用であり、課税所得の計算上損金の額に算入される。

しかし、最近では、賃貸人（リース会社）が賃借人（ユーザー）に代わって賃借人が必要とする特定の機械・設備等を購入して一定期間賃貸するという、いわゆるファイナンス・リースが広く行われている。

このファイナンス・リースは、一般の賃貸借と異なり、企業の設備投資等に「物融」としての機能をもつものといえる。したがって、その経済的実質は機械設備等の売買取引等と同様のものがあり、一般の賃貸借と同様に取り扱うことができない。そこで税法では、課税の公平の観点からリース取引を経済的実質に応じてその取扱いを規定しているのである。

⑵ 税務上のリース取引

(A) リース取引の概念

リース取引は、その形態により、通常、ファイナンス・リース、オペレーティング・リースの二つに区別される。しかし、税務上、リース取引とは、次の要件を満たす資産の賃貸借契約に係るものをいうとしている（法法64の2③、法令131の2①②、法基通12の5－1－1・12の5－1－2）。

① 賃貸借（リース）期間中に当該契約を解除することができないもの、又は、解約禁止条項がない場合でも、中途解約の場合、未経過リース料の合計額のおおむね全部（原則として90％以上）を支払うこととされていること。

② 賃借人が当該資産からもたらされる経済的利益を実質的に享受することができ、かつ、リース会社における賃貸借資産の取得価額及び付随費用の合計額のおおむね全部（原則として90％以上）を負担すべきものであること。

(B) 売買取引とされるリース取引

内国法人がリース取引を行った場合には、そのリース取引の目的となる資産（リース資産）の賃貸人から賃借人への引渡しの時に当該リース資産の売買があったものとして、当該賃貸人又は賃借人である内国法人の各事業年度の所得の金額を計算する（法法64の2①）。

① 賃貸人の処理

法人がリース取引を行った場合には、当該リース資産の賃貸人から賃借人への引渡しの時にそのリース資産の売買があったものとして、賃貸人は各事業年度の所得の金額を計算することとなる（法64の2①）。すなわち、この場合の賃貸人（リース会社）においては、リース資産の引渡しの時に譲渡損益を計上すべきこととなる。ただし、リース取引とされる資産の引渡し（リース譲渡）は、延払基準の方法により収益の額及び費用の額を計算できることとなる（法法63①）。

税務上、賃貸人はリース資産の引渡し時に賃借人に対しリース資産を譲渡したこととされるが、リース取引は法形式上資産の賃貸借であることからリース期間終了時には賃借人はリース資産を賃貸人に返還することとなる。すなわち、リース期間終了に伴い賃貸人が賃借人からそのリース資産の返還を受けた場合には、賃貸人は当該リース期間終了の時に当該資産を取得したものとされ、当該資産の取得価額は原則として返還の時の価額によることとされる。

② 賃借人の処理

法人がリース取引を行った場合には、当該リース資産の賃貸人から賃借人への引渡しの時にそのリース資産の売買があったものとして、賃借人は各事業年度の所得の金額を計算することとなる（法64の２①）。すなわち、この場合の賃借人は、自ら資産の取得をしたものとして、減価償却計算等を行うこととなる。

この場合の減価償却方法については、所有権移転リース取引と所有権移転外リース取引とで大きく異なる。すなわち、所有権移転リース取引については、所有権の移転の時期が異なるのみで、割賦購入と経済的には同様と考えられることから、自己所有資産と同じ減価償却方法となる。一方、所有権移転外リース取引については、最終的に所有権が移転しないことから、リース期間定額法により償却することとされている（法令48の２①）。

(C) 金融取引とされるリース取引

譲受人から譲渡人に対する貸借（リース取引に該当するものに限る）を条件に資産の売買を行った場合、当該資産の種類、当該売買及び賃貸に至るまでの事情その他の状況に照らし、これらの一連の取引が実質的に金銭の貸借であると認められるときは、当該資産の売買はなかったものとし、かつ、当該譲受人から当該譲渡人に対する金銭の貸付け（金融取引）があったものとして取り扱われる（法法64の２②）。例えば、自己所有の中古資産をリース会社にいったん譲渡し、直ちにそれをリース会社からリース契約により貸借（リースバック）した場合、この経済的実質は、譲渡ではなく、貸借人がそのリース物件を担保としてリース会社から融資を受けることと同じである。

したがって、このような中古資産のリースバックの場合は、取引内容等からみて実質的に金融取引と認められるときには、当初からその譲渡はなかったものとして取り扱われることになる。

(D) 平成19（2007）年度税制改正―所有権移転外ファイナンス・リース取引

平成19（2007）年度の税制改正では、リース会計基準の変更に伴い、税制上所要の措置が講じられた。

ファイナンス・リース取引（資産の賃貸借で、賃貸借期間中の契約解除が禁止されており、かつ、賃借人が当該資産の使用に伴って生ずる費用を実質的に負担する等の要件を満たすものをいう）のうち、リース期間の終了時にリース資産の所有権が賃借人に無償で移転するもの等以外のもの（所有権移転外ファイナンス・リース取引）は、売買取引とみなされることになった。

所有権移転外ファイナンス・リース取引の賃借人のリース資産の償却方法は、原則として、リース期間定額法（リース期間を償却期間とし、残存価額をゼロとする定額法をいう）とする。ただし、賃借人が賃借料として経理した場合においてもこれを償却費（損金経理したもの）として取り扱うこととされた。また、所有権移転外ファイナンス・リース取引の賃貸人については、リース料総額から原価を控除した金額（リース利益額）のうち、受取利息と認められる部分の金額（リース利益額の20％相当額）を利息法により収益計上し、それ以外の部分の金額をリース期間にわたって均等額により収益計上することができるとされた。これら措置は、平成20（2008）年４月１日以後に締結する所有権移転外ファイナンス・リース契約について適用される。

なお、平成20（2008）年３月31日以前に締結したリース契約に係る所有権移転外ファイナンス・リース取引の賃貸資産については、同年４月１日以後に終了する事業年度からリース期間定額法により償却できることとされ、リース税額控除制度を廃止する等の所要の整備が行われた。

13　借地権課税（権利金等を収受しないで土地を貸したらどうなるか）

(1)　借地権課税の意義

法人が、借地権（地上権又は土地の賃借権）もしくは地役権の設定により土地を使用させ、又は借地権の転貸その他他人に借地権に係る土地を使用させる行為をした場合、その対価として通常権利金その他の一時金（以下「権利金」という）を収受する取引上の慣行がある場合には、適正な権利金を収受すべきであり、その収受した権利金は益金の額に算入されることになる(法令137)。

しかしながら、当該権利金を収受しなかったとき、収受した権利金が過少な場合には、原則として適正な権利金の額と実際に収受した権利金の額との差額について借地人に贈与があったものとして取り扱われる。したがって、贈与したと認められる金額は、寄附金（その相手方が役員又は使用人である場合には賞与）として所得が計算され、また借地人の側は借地権の贈与を受けたものとして課税される。これが、権利金の認定課税である。

(2)　借地権利金と相当の地代

法人が、権利金を収受する取引上の慣行がある場合、適正な権利金を収受しなかったとき、収受した権利金が過少な場合には、権利金の認定課税が行われる。しかし、当該権利金の収受に代え、当該土地の価額に照らし当該使用の対価として相当の地代を収受しているときは、当該土地の使用に係る取引は正常な取引条件として権利金の認定課税は行われない（法令137)。この場合の「相当の地代」とは、土地の更地価額に対しておおむね年８％程度の地代とされている（法基通13－１－２)。なお、この場合の年８％については、現在「年６％」と読み替えて取り扱うこととされている（平成元年３月30日直法２－２）。

14　外貨建取引（外国通貨で取引を行った場合どうするか）

(1)　外貨建取引の意義・換算

わが国の企業会計は、円貨表示の会計を前提としているため、外貨建取引については、その取引の行った時における外国為替相場に基づく円換算額により記帳される。したがって、その外貨建取引が決済された場合には、外国為替相場の変動により円換算額と帳簿価額との換算差額が生じ、また期末に保有する外貨建資産及び負債（外貨建資産等）を換算する場合にも換算差額が生ずることとなる。これが為替差損益である。この為替差損益の性格については会計上議論があるが、税法では、税法上認められる換算方法等による場合には、その金額は損金の額又は益金の額に算入されることになる。

税法が定める外貨建取引とは、法人が外国通貨で行われる資産の販売及び購入、役務の提供、金銭の貸付け及び借入れ、剰余金の配当その他の取引をいい、当該取引を行った時における外国為替の売買相場に基づく円換算額により記帳される（法法61の８①）。

また、法人が先物外国為替契約等（外貨建取引によって取得し、又は発生する資産又は負債の金額の円換算額を確定させる契約として財務省令で定めるものをいう）により外貨建取引（売買目的有価証券の取得及び譲渡を除く）によって取得し、又は発生する資産又は負債の金額の円換算額を認定させた場合には、当該先物外国為替契約等の締結の日においてその旨を財務省令で定めるところにより帳簿書類に記載したときは、当該資産又は負債については、当該円換算額が外貨建取引の金額の円換算額となる（法法61の８②）。

(2) 外貨建資産等の期末換算

法人が期末において有する外貨建資産及び負債（外貨建資産等）を有する場合には、期末換算が行われることになる。期末換算の方法には、発生時換算法と期末時換算法がある。前者は、当該外貨建資産等の取得又は発生の時の外国為替の売買相場により円換算する方法をいう。この方法では期末において換算換えは行われず為替差損益は決済時点で生ずることになる。また後者は、当該外貨建資産等の当該期末時における外国為替の売買相場により円換算する方法である。この方法で換算した金額と帳簿価額との差額に相当する為替差損益は益金の額又は損金の額に算入する。

外貨建資産等の期末換算は、外貨建債権債務（外国通貨で支払を受けるべき金銭債権及び支払うべき金銭債務）、外貨建有価証券（償還、払戻しその他これらに準ずるものが外国通貨で行われる有価証券として財務省令で定めるもの）、外貨預金及び外国通貨に区分して、次のように行われる（法法61の9①）。

外貨建債権債務については、発生時換算法又は期末時換算法による換算が認められる。また外貨建有価証券については、その保有あるいは売却目的別に、売買目的有価証券は期末時換算法、満期保有目的有価証券は発生時換算法又は期末時換算法、及びその他の有価証券は発生時換算法により行う。さらに外貨預金は発生時換算法又は期末時換算法、外国通貨は期末時換算法により行うことになる。

(3) 為替予約差額の配分

法人が事業年度終了の時において有する外貨建資産等（売買目的有価証券を除く）について、その取得又は発生の基因となった外貨建取引の金額の円換算額への換算に当たって、先物外国為替契約等により円換算額を確定させた外貨建取引の換算の規定（法法61の8②）の適用を受けたときには、当該外貨建資産等に係る先物外国為替契約等の締結の日の属する事業年度から当該外貨建資産等の決済による本邦通貨の受取又は支払をする日の属する事業年度までの各事業年度の所得の金額の計算上、為替予約差額（当該外貨建資産等の金額を先物外国為替契約等により確定させた円換算額と当該金額を当該外貨建資産等の取得又は発生の基因となった外貨建取引を行ったときにおける外国為替の売買相場により換算した金額との差額）のうち当該各事業年度に配分すべき金額として政令で定めるところにより計算した金額は、益金の額又は損金の額に算入する（法法61の10①）。

なお、外貨建資産等が短期外貨建資産等（当該外貨建資産等のうち、その決済による本邦通貨の受取又は支払の時期が当該事業年度の終了の日の翌日から１年を経過した日の前日までに到来するもの）である場合には、為替予約差額は、当該事業年度の所得の金額の計算上、益金の額又は損金の額に算入することができる（法法61の10③）。

15　欠損金の繰越控除・繰戻還付（欠損金が生じた場合どうするか）

(1)　課税所得計算と欠損金

法人税は期間税であり、その課税標準たる課税所得の計算は期間計算の前提に立っている。すなわち、各事業年度の所得の計算は、当該事業年度の益金の額から当該事業年度の損金の額を控除することによって行われ、他の事業年度には影響させないことを原則（事業年度独立の原則）としている。したがって、前期からの繰越利益又は欠損金は当期の課税所得に反映させてはならない。

しかし、欠損金を他の事業年度の所得との通算を全く認めないとした場合には、租税負担の公平という観点から問題が生ずる。そこで、税法上、一定の要件を満たす欠損金について、租税負担を合理化しようとする趣旨から、損益の通算を行うこととしている。その態様は、次のとおりである。

(2) 欠損金の繰越控除

確定申告書を提出する法人の各事業年度開始の日前10年以内に開始した事業年度において生じた欠損金額については、当該事業年度の所得の金額の計算上、損金の額に算入することが認められる（法法57①）。ただし、損金の額に算入される繰越欠損金の額は、中小法人等（資本金額の額が1億円以下の法人・公益法人等・協同組合等・人格のない社団等）の場合は100％であるが、それ以外の法人の場合は控除前所得金額の50％に制限された（法法57⑪）。

平成28（2016）年度改正では、繰越控除期間は平成30（2018）年４月１日以後開始事業年度から10年に延長されることになり、中小法人等以外の法人の場合の繰越控除限度額は、平成28（2016）年度60％、平成29（2017）年度55％、平成30（2018）年４月１日以後開始する繰越控除する事業年度から50％に制限されることになった（平成27（2015）年改正法附則27）。

この適用を受けるには、欠損金額の生じた事業年度において青色申告書である確定申告書を提出し、かつ、その後において連続して確定申告書を提出することが必要である（法法57⑩）。

(3) 欠損金の繰戻還付

青色申告書である確定申告書を提出する事業年度において生じた欠損金額がある場合には、当該欠損金額に係る事業年度開始の日前１年以内に開始した事業年度（還付所得事業年度）の所得にその欠損金額を繰り戻して、還付所得事業年度の所得に対する法人税額の全部又は一部の還付を受けることができる（法法80①）。ただし、平成４（1992）年４月１日から令和６（2024）年３月31日までの間に終了する事業年度において生じた欠損金額については適用されない（措法66の12）。

なお、平成21（2009）年度税制改正により、資本金等の額が１億円以下の中小企業者等の平成21（2009）年２月１日以後に終了する事業年度に生じた欠損金については適用することができることとなった（措法66の12①）。

(4) 災害損失金の繰越控除

確定申告書を提出する法人については、青色申告書を提出していない場合であっても、各事業年度開始の日前10年以内に開始した事業年度において生じた欠損金額のうち、棚卸資産、固定資産又は固定資産に準ずる繰延資産について震災、風水害、火災等により生じた損失（災害損失金額：保険金、損害賠償金により補填された金額を除く）を超える部分の金額は欠損金の繰越控除（法法57①）の適用はない（法法58①）。すなわち、欠損金額のうち災害損失金額に達するまでの金額は、繰越控除の対象とされ、所得の金額の計算上損金の額に算入されるということである。

(5) 会社更生等による債務免除等があった場合の欠損金の損金算入

法人について、会社更生法等の規定による更生手続開始の決定があった場合において、特定の債権者から債務の免除を受けたとき、役員又は株主等から金銭その他の資産の贈与を受けたとき、資産の評価替えをして評価益を計上したときには、その該当することとなった日の属する事業年度（適用年度）前の各事業年度において生じた欠損金額のうち、債務免除益等に達するまでの金額は、一定の要件の下に当該適用年度の所得金額の計算上損金の額に算入することができる（法法59①）。

また、法人について、民事再生法の規定による再生手続開始の決定、会社法の規定による特別清算開始の命令、破産法の規定による破産手続開始の決定等一定の事実が生じた場合において、特定の債権者から債務の免除を受けたとき、役員又は株主等から金銭その他の資産の贈与を受けたとき、資産の評価替えをして評価益を計上したときには、その該当することとなった日の属する事業年度（適用年度）前の各事業年度において生じた欠損金額のうち、債務免除益等に達するまでの金額は、一定の要件の下に当該適用年度の所得金額の計算上損金の額に算入することができる（法法59②）。

なお、債務免除益等の額が、欠損金の繰越控除期間内に生じた欠損金額等を超える場合には、その超える部分の金額については、法人税、住民税等が課されるため、債務免除等の目的である企業の再生等は、所期の計画どおり行えないことも生ずる。これに対処して、平成17（2005）年度税制改正において、会社更生による債務免除があった場合、民事再生法等の法的整理又は一定の私的整理による債務免除があった場合（法59②）、平成22（2010）年度税制改正において、解散法人の残余財産がないと見込まれる場合について、いわゆる期限切れ欠損金の損金算入制度が設けられた（法59③）。平成27（2015）年度税制改正において、民事再生等による債務免除等があった場合（一定の評定を行わない場合）の期限切れ欠損金の損金算入における損金算入限度額の調整等が廃止された。

16　税額の計算（法人の種類により税額の計算は異なるか）

(1)　法人税額の計算システム

各事業年度の所得に対する法人税は、各事業年度の益金の額から損金の額を控除して計算される所得の金額を課税標準とし、これに、法人の種類及び資本金、所得金額に応じて定められている法人税率を適用して算出された金額から、利子・配当等について源泉徴収された所得税額又は外国で納付した外国税額等がある場合にはこれらを控除し、さらに各種の特別税額控除等がある場合には、その控除後の金額が最終の法人税額となる。また中間納税額があれば、これを控除した金額が納税額となる。なお、同族会社が当該事業年度の所得金額のうち一定金額以上を社内に留保した場合の特別税額、当期の所得のうちに土地等の譲渡による利益がある場合の特別税額、当期に使途秘匿金の損金不算入金額がある場合の特別税額が加算される。

(2) 法人税の税率

法人の各事業年度の所得に対する法人税率は、次の表のとおりである（法法66①②③，措法42の３の２，措法68等）。

<table>
<tr><td colspan="3" rowspan="2">法人・所得金額の区分</td><td>税率（※）</td></tr>
<tr><td>令和４（2022）年度～</td></tr>
<tr><td rowspan="3">普通法人</td><td colspan="2">期末資本金額等が１億円超の法人・相互会社</td><td>23.2%</td></tr>
<tr><td rowspan="2">期末資本金額等が１億円以下の法人（中小法人）</td><td>年800万円以下の金額</td><td>19%（※15%）</td></tr>
<tr><td>年800万円超の金額</td><td>23.2%</td></tr>
<tr><td colspan="2" rowspan="2">協同組合等</td><td>年800万円以下の金額</td><td>19%（※15%）</td></tr>
<tr><td>年800万円超の金額</td><td>19%</td></tr>
<tr><td></td><td>特定の協同組合等</td><td>年10億円超の金額</td><td>22%</td></tr>
<tr><td colspan="2" rowspan="2">特定医療法人</td><td>年800万円以下の金額</td><td>19%（※15%）</td></tr>
<tr><td>年800万円超の金額</td><td>19%</td></tr>
</table>

（※）（　）内の税率は、平成24（2012）年４月１日から令和７（2025）年３月31日までの間に開始する各事業年度について適用される。

(3) 地方法人特別税

平成20（2008）年度の税制改正において、地方分権の推進とその基盤となる地方税財源の充実を図る目的で、地方消費税の充実と地方法人課税のあり方が抜本的に見直され、法人事業税（所得割・収入割）の一部を分離し、地方法人特別税及び地方法人特別譲与税の仕組みを創設した。平成26（2014）年度税制改正には、地方法人特別税を３分の２に縮小し、法人事業税に復元し、平成26（2014）年10月１日以降に開始する事業年度から適用することとされた。

また、平成28（2016）年度の税制改正では、地方法人特別税を平成29（2017）年４月１日以降開始する事業年度から廃止することとし、地方法人特別譲与税についても平成30（2018）年８月譲与分をもって廃止することとされた。

しかし、消費税率の引き上げが延期されたことに伴い、地方法人特別税の廃止についても、令和元（2019）年10月1日以降開始する事業年度からに延期され、地方法人特別譲与税の廃止についても令和2（2020）年2月譲与分をもって廃止された。

(4)　特定同族会社の特別課税

同族会社のうち1株主グループにより同族会社と判定される特定同族会社については、留保金額が一定の留保控除額を超えているときは、その超える額（課税留保金額）に次の特別税率を乗じて計算された金額を通常の法人税額に加算する（法法67①）。留保金額とは、当該事業年度の所得等の金額から、当該事業年度の所得に対する法人税額・住民税額、損金不算入役員給与、配当金等で社外流出した金額を控除した金額である（法法67③）。

留保控除額とは、①当期の所得等の金額の40％相当額（所得基準額）、②年2,000万円（定額基準額）、③期末の資本金額の25％相当額から期末の利益積立金額（当該事業年度の所得等の金額に係る部分の金額を除く）を控除した金額（積立金基準額）、のうち、最も多い金額である（法法67⑤）。

なお、平成19年度税制改正により、中小企業の設備投資・研究開発等を行うための資金の確保や信用力向上等を図るために利益の内部留保が必要不可欠であり、留保金課税が中小企業の発展の阻害要因と考えられることから特定同族会社の留保金課税制度について、適用対象から資本金の額又は出資金の額が1億円以下である会社等が除外された（法法67①）。しかし、その後、資本金の額等が1億以下である中小法人のうち、平成22（2010）年度改正では資本金の額等が5億円以上等の大法人による完全支配関係がある法人、さらに平成23（2011）年度6月改正では完全支配関係がある複数の大法人によって発行済株式等の全部を保有されている法人が追加された。

1 年 間 の 課 税 留 保 金 額	税率
年3,000万円以下の金額	10%
年3,000万円を超え、1億円以下の金額	15%
年1億円を超える金額	20%

(5) 土地譲渡利益金の特別課税

法人が、その所有する土地等につき譲渡、借地権の設定その他一定の行為（土地の譲渡等）をした場合には、その譲渡等による譲渡利益金額について、長期所有土地等（所有期間が５年超のもの）については５％、短期所有土地等（所有期間が５年以下のもの）については10％の特別税率による税額が法人税に加算される（措法62の3・63)。これを法人の土地重課制度というが、土地の譲渡所得に対する税負担の適正化を図るとともに、法人の土地投機を抑制して地価を安定させるという地価対策の一環として設けられた特別措置である。なお、この特別措置は、原則として、平成10（1998）年１月１日から令和７（2025）年12月31日までの間の土地等の譲渡については適用されない（措法62の３・63)。

(6) 使途秘匿金の特別課税

使途秘匿金とは、法人が支出した金銭のうち、相当の理由がなくその相手方の氏名又は名称及び住所又は所在地並びにその事由を当該法人の帳簿書類に記載していないものをいう。法人の支出する使途秘匿金についてはその法人が納税義務を負い、平成６（1994）年４月１日以後に支出した使途秘匿金は損金の額に算入されないほか、その使途秘匿金額の40％の税額が法人税額に加算される（措法62①・②)。これを使途秘匿金の重課制度というが、使途秘匿金の存在は違法ないし不当な支出につながりやすく企業の公正な取引を阻害することにもなるため、公正な税制をめざす一環として、時限的に追加的な税負担を課すことにしたものである。

(7) 税 額 控 除

法人税額から控除する税額控除には、①二重課税を排除するための税額控除としての所得税額の控除と外国税額の控除、②仮装経理に基づく過大申告の更正に伴う法人税額の控除、③政策減税の手段としての特別税額控除がある。控除の順序は、控除不足の場合の還付の有無により、まず政策減税の手段としての特別控除を行い、次に仮装経理に基づく過大申告の更正に伴う法人税額の控除をした後、最後に二重課税を排除するための税額控除を行う。

(A) 二重課税を排除するための税額控除

(a) 所得税額の控除

法人が各事業年度において所得税法に規定する利子等、配当等、給付補填金、利息、利益、差益、利益の分配、又は賞金（利子及び配当等）の支払を受ける場合、所得税法の規定により源泉徴収された所得税額は、当該事業年度の所得に対する法人税額から控除することができ、控除しきれない金額があるときは還付されることになる（法法68・78①）。

(b) 外国税額の控除

わが国の法人税法は、内国法人の所得については国外で生じたもの（国外所得金額）であってもすべて法人税の課税対象となる。したがって、外国で生じた所得について外国で法人税（外国法人税）が課されている場合には、国際的な二重課税が生ずることになる。そこで、この二重課税を排除するため、一定の控除限度額の範囲内で、その外国法人税額を法人税額から控除し、控除しきれない金額があるときには還付されることになる（法法69①・78①）。

(B) 仮装経理に基づく過大申告の場合の法人税額の控除

法人が仮装経理により法人税の過大申告をした場合について、税務署長が減額更正したことにより生ずる仮装経理に係る減額部分の税額は、当該更正の日の属する事業年度開始の日前1年以内に開始した各事業年度の法人税相当額だけ還付し、残額はその後5年以内に開始する事業年度の法人税額から順次控除することとされている（法法70・135）。

(C) 政策減税の手段としての特別税額控除

一定の産業・貿易等の政策目的を実現するために、租税特別措置として法人税額からの特別控除が認められているものには、①試験研究を行った場合の法人税額の特別控除（措法42の４）、②中小企業者等が機械等を取得した場合の法人税額の特別控除（措法42の６）、③地方活力向上地域等において雇用者の数が増加した場合の法人税額の特別控除（措法42の12）などがある。

17 企業組織再編成税制

経済の国際化が進展するなど、わが国企業をとりまく経営環境が大きく変化する中で、企業の競争力を確保し、企業活力が十分発揮できるような柔軟な企業組織再編成を行うことを可能にする法的整備が求められている。その一環として、平成12（2000）年５月の商法改正において会社分割法制が創設され、平成13（2001）年４月１日から施行されることとなった。そのための税法の措置として、会社分割のみならず従前の合併、現物出資、事後設立及びみなし配当等に係る税制の検討・見直しが図られ、平成13（2001）年度税制改正において新しい企業組織再編成税制が創設されるに至った。

企業組織再編成においては、原則として、組織再編成により移転する資産等の譲渡損益を適正な時価により認識し課税関係が生ずることになる。しかし、組織再編成により資産等を移転する前後で経済実態に実質的な変更がないと考えられる場合には、課税関係を継続させることが適当であると考えられる。そこで、この企業組織再編成に係る課税は、資産等を移転した法人については移転した資産等に対する支配の継続等、株主の旧株の譲渡についてはその投資の継続等一定の要件を満たすもの、すなわち税制適格な再編に対しては、譲渡損益の計上を繰り延べる措置が講じられることになった。

また、組織再編成は、税法上の一定の要件を満たす適格組織再編成とそれ以外の非適格組織再編成とに区別される。組織再編成税制の対象となる適格組織再編成には、①一定の要件に該当する合併で被合併法人の株主等に合併法人の株式及び出資以外の資産（配当等を除く）が交付されない適格合併（法法2十二の八）、②一定の要件に該当する分割で分割法人の株主等（分割型分割の場合）又は分割法人（分社型分割の場合）に分割承継法人の株式以外の資産が交付されない適格分割（法法2十二の十一）、③一定の要件に該当する現物出資で現物出資法人に被現物出資法人の株式のみが交付される適格現物出資（法法2十二の十四）、④内国法人を現物分配法人とする現物分配のうち、その現物分配により資産の移転を受ける者がその現物分配の直前においてその内国法人との間に完全支配関係がある内国法人のみである適格現物分配（法法2十二の十五）、⑤一定の要件に該当する株式交換等で株式交換完全子法人の株主に株式交換完全親法人の株式又は株式交換完全支配親法人株式のいずれか一方の株式以外の資産が交付されない適格株式交換等（法法2十二の十七）、⑥一定の要件に該当する株式移転で株式移転完全子法人の株主に株式移転完全親法人の株式以外の資産が交付されない適格株式移転（法法2十二の十八）等がある。

法人税法上、適格組織再編成においては、資産等の移転については、その時価にかかわらず、一定の条件の下で、その移転直前の帳簿価額をもってその移転が行われたものとして、その譲渡損益の計上を繰り延べるほか、原則として、各種の引当金の引継ぎが認められるとともに、適格合併・適格分割型分割における利益積立金の引継ぎ、適格合併における被合併法人等の青色欠損金額の引継ぎ等も認められる。

なお、組織再編成に係る行為又は計算で税負担を不当に減少させる結果となると認められるものがある場合には、その行為又は計算にかかわらず、税務署長の認めるところによりその課税標準ないし法人税額等を計算することができる（法法132の2）。

平成29（2017）年度税制改正において、適格分割の範囲に、一の法人のみが分割法人となる分割型分割で、分割法人のその分割前に行う事業をその分割により新たに設立する分割承継法人において独立して行うための分割として一定の要件に該当するもの（スピンオフ）が加えられた。令和元（2019）年度税制改正では、株式交換等の後に株式交換等完全親法人を被合併法人とし、株式交換等完全子法人を合併法人とする合併（逆さ合併）が行われる場合については、平成18（2006）年度税制改正において非適格とされていたが、逆さ合併が「組織再編成の前後で経済実態に実質的な変化がない」との適格要件の考え方に合致していないとはいえないことから、株式交換等の後に逆さ合併が行われることが見込まれている場合にも適格要件に該当しうることとされた。

18　グループ通算制度

(1)　結納税制度からグループ通算制度

平成９（1997）年独占禁止法改正における持株会社解禁、同９年商法の合併手続の簡素化、同11（1999）年商法の株式移転・株式交換制度の導入、平成12（2004）年５月会社分割制度の創設に係る商法の改正が行われ、法人税制においても累次にわたる税負担の軽減と平成13（2001）年度税制改正で企業組織再編税制が導入されたことにより、企業活力の向上と経営のしやすい組織の再編、統合を行うことができる環境作りが進められてきた。こうした中、企業の国際競争力を維持、強化し、持株会社を中心とした企業合併や分割による機動的な組織再編を促していくために不可欠な手段として連結納税制度の導入は積年の課題であった。さらに、連結納税制度の導入は、企業の一体的経営が進んでいる経済実態に対応する税制を構築するものであり、一連の法人税改革の集大成でもあった。

しかし、連結納税制度は、企業グループ内の損益通算等のメリットがある反面、税額計算の煩雑さ、税務調査後の修正・更正等に時間がかかりすぎるといったデメリットもあり、本制度を選択していない企業グループが多く存在する状況となっていた。そこで、事務負担の軽減等の観点から、令和２

(2022) 年度税制改正において、連結納税制度のメリットである企業グループ内における損益通算を可能とする基本的な枠組みを維持しつつ、親会社、完全子会社のそれぞれが申告・納税を行う個別申告方式へ移行した。

(2) 適用法人・適用方法

適用対象となる法人は、親法人及びその親法人との間にその親法人による完全支配関係がある子法人に限られる。また、グループ通算制度の適用を受けようとする場合には、原則として、その親法人のグループ通算制度の適用を受けようとする最初の事業年度開始の日の3カ月前の日までに、その親法人及び子法人の全ての連名で、承認申請書を親法人の納税地の所轄税務署長を経由して、国税庁長官に提出する必要がある（法法64の9①)。なお、グループ通算制度においては、その適用を受ける通算グループ内の各通算法人を納税単位として、その各通算法人が個別に申告及び納付を行う。

(3) 所得金額及び法人税額の計算

(A) 損益通算

通算法人の通算前所得金額の生ずる事業年度（所得事業年度）終了の日（基準日）において、①その通算法人との間に通算完全支配関係がある他の通算法人の基準日に終了する事業年度において通算前欠損金額が生ずる場合には、通算前欠損金額の合計額を各通算法人の通算前所得金額の比で按分した金額（通算対象欠損金額）をその通算法人のその所得事業年度の損金の額に算入し、②通算法人の通算前欠損金額の生ずる事業年度（欠損事業年度）終了の日（基準日）において通算完全支配関係がある他の通算法人の同日（基準日）に終了する事業年度において通算前所得金額が生ずる場合には、通算前所得金額の合計額を各通算法人の通算前欠損金額の比で按分した金額（通算対象所得金額）をその通算法人のその欠損事業年度の益金の額に算入する（法法64の5①－④)。

すなわち、通算前所得金額が生ずる通算法人は、他の通算法人で通算前欠損金額が生ずる場合には通算対象欠損金額が損金の額に算入され、また通算前欠損金額が生ずる通算法人は、他の通算法人で通算前所得金額が生ずる場合には、通算対象所得金額が損金の額に算入されるということである。

(B) 損益通算の遮断措置

通算事業年度の通算前所得金額又は通算前欠損金額がその通算事業年度の期限内申告書に添付された書類に通算前所得金額又は通算前欠損金額として記載された金額（当初申告通算前所得金額又は当初申告通算前欠損金額）と異なるときは、それぞれの当初申告通算前所得金額を通算前所得金額と、当初申告通算前欠損金額を通算前欠損金額とみなされる（法法64の5⑤）。

すなわち、通算グループ内の法人について、修正・更正等の事由が生じた場合においても、損益通算の計算においては、原則として、それぞれの期限内申告した通算前所得金額を通算前所得金額と、期限内申告した通算前欠損金額を通算前欠損金額とみなすということである。したがって、一部の法人について事後的に所得が異動した場合であっても、損益通算する金額を当初の申告額に固定することにより、修正・申告等の事由が生じた法人以外の法人が影響を受けないように遮断し、その事由が生じた法人の申告のみが是正されることになる。

(C) 欠損金の通算

通算法人の欠損金の繰越控除（法法57①）の適用を受ける事業年度開始の日前10年以内に開始した事業年度において生じた欠損金額はその通算法人の特定欠損金額と各通算法人の欠損金額のうち特定欠損金額以外の金額（非特定欠損金額）の合計額を各通算法人の特定欠損金の繰越控除後の損金算入限度額の比で配分した金額との合計額とする。なお、繰越控除は、特定欠損金額の場合は、各通算法人の損金算入限度額の合計額を各通算法人の特定欠損金額のうち欠損金の繰越控除前の所得の金額に達するまでの金額の比で配分した金額、非特定欠損金額は、各通算法人の特定欠損金の繰越控除後の損金算入限度額の合計額を各通算法人の配分後の非特定欠損金額の比で配分した金額を限度とする（法法64の7①）。

(D) 税　率

通算法人の各事業年度の所得の金額に対する法人税の税率は、各通算法人の区分に応じた税率が適用される。したがって、原則として、普通法人である通算法人は23.2%、協同組合等である通算法人は19%の税率が適用される。

なお、中小通算法人の各事業年度の所得の金額のうち軽減対象所得金額（各中小通算法人等の軽減対象所得金額は、一定の場合を除き、年800万円を通算グループ内の法人の所得の金額の比で配分した金額）以下の金額については、19%（軽減税率15%）の税率が適用される。さらに、中小通算法人および協同組合等の令和7（2025）年3月31日までの間に開始する事業年度については、所得の金額のうち軽減対象所得金額以下の金額について適用される税率は15%とされている（措法42の3の2①）。

(E) 中小通算法人向け特別措置

通算法人である普通法人又はその普通法人の各事業年度終了の日においてその普通法人との間に通算完全支配関係がある他の通算法人のうち、いずれかの法人が大法人（資本金の額又は出資金の額が1億円を超える法人等）に該当する場合におけるその普通法人（大通算法人）については、貸倒引当金（法52①一）、欠損金の繰越控除（法57⑪一）、各事業年度の所得に対する法人税の税率（法66⑥）、特定同族会社の特別税率（留保金課税）（法67①）、租税特別措置法における軽減税率（措法42の3の2ほか）などの中小企業向け措置を適用しないこととされている

(F) その他個別制度

グループ通算制度の適用開始、通算グループへの加入及び通算グループからの離脱時においては、資産の時価評価課税や欠損金の切捨て等がある。また、研究開発税制及び外国税額控除については、企業経営の実態を踏まえ、連結納税制度と同様、グループ全体で税額控除額を計算する。なお、受取配当等の益金不算入・寄附金の損金不算入・所得税額控除・特定同族会社の特

別税率については各個別法人で計算することを原則とする。

(4) 行為又は計算の否認

税務署長は、通算法人の各事業年度の所得に対する法人税につき更正又は決定をする場合において、その通算法人又は他の通算法人の行為又は計算で、これを容認した場合には、その各事業年度の所得の金額から控除する金額の増加、法人税の額から控除する金額の増加、他の通算法人に対する資産の譲渡に係る利益の額の減少又は損失の額の増加その他の事由により法人税の負担を不当に減少させる結果となると認められるものがあるときは、その行為又は計算にかかわらず、税務署長の認めるところにより、その通算法人に係る法人税の課税標準もしくは欠損金額又は法人税の額を計算することができることとされる（法法132の33）。

(5) 連帯納付の責任

通算法人は、他の通算法人の各事業年度の所得に対する法人税でその通算法人と他の通算法人との間に通算完全支配関係がある期間内に納税義務が成立したものについて、連帯納付の責任を負う（法法152①）。
この場合に、上記の通算法人からのその連帯納付の責任に係る法人税の徴収は、その徴収に係る処分の際におけるその法人税の納税地又はその通算法人の法人税の納税地の所轄税務署長が行うこととされている（法152②、通法43①）。

(6) 罰　則

グループ通算制度は各通算法人の申告はその通算法人を含むグループ全体を一体と捉えて損益通算等を行う制度であること等から、通算法人の法人税の逋脱犯・不正受還付犯については、他の通算法人の代表者、代理人、使用人その他の従業者が上記の違反行為を行った場合のこれらの者も、逋脱犯・不正受還付犯とすることとされる（法法159①）。両罰規定について、他の通算法人の代表者等が違反行為を行った場合にも、脱税額の生じた通算法人が両罰規定の対象とされる（法法163）。

19 グループ法人単体課税制度

平成22（2010）年度税制改正において、連結納税制度とは別に、企業グループの一体的経営の実態に即し、完全支配関係にある企業グループに対して、グループ法人課税制度が創設された。

このグループ法人課税制度は、基本的に100％株式保有による支配関係にある企業グループに強制的に適用される。対象となる法人の範囲には、個人や外国法人に支配される法人も含まれ、発行株式の全部を直接又は間接に保有する関係（完全支配関係）にある法人が該当することになる（法法２一二の七の六）。

この制度の下では、連結法人間取引の損益について、100％グループ内の内国法人間で一定の資産の移転を行ったことにより生ずる譲渡損益は、その資産のそのグループ外への移転等の時に、その移転を行った法人において計上することとなる（法法61の11、法令122の12）。また、100％グループ内の内国法人間の完全支配関係のある法人からの受取配当については、負債利子控除は不要とし、全額益金不算入（法法23）となり、寄附金についても、支出法人において全額損金不算入（法法37）になり、受領法人側は、全額益金不算入となる（法法25の２）。なお、資本金の額又は出資金の額が１億円以下の法人に係る①中小法人等の軽減税率（法法66）、②特定同族会社の特別税率の不適用（法法67）、③中小法人等の貸倒引当金の繰入及び法定繰入率（法法52、措法57の９）、④交際費等の損金不算入制度における定額控除制度（措法61の４）、⑤欠損金の控除限度額の50％制限の不適用（法法57･58）、⑥欠損金の繰戻しによる還付制度（措法66の12）等については、資本金の額もしくは出資金の額が５億円以上の法人又は相互会社等の100％子法人には適用しないこととなる。また、平成23（2011）年度改正において、複数の完全支配関係がある大法人に発行済株式等の全部を保有されている法人にも適用されないこととした。

なお、グループ法人税制の適用から逃れるために意図的に完全支配関係を崩すような行為については、グループ法人課税税制に租税回避行為の個別規定が設けられていないことから、同族会社の行為・計算否認規定（法法132）や組織再編に係る包括否認規定（法法132の２）の適用対象と考える。

〔参考文献〕

⑴　井上久彌・柳裕治・矢内一好『法人税の計算と理論』（税務研究会出版局　平成15（2003）年）

⑵　金子宏『租税法（第24版）』（弘文堂　平成31（2019）年）

⑶　武田昌輔『立法趣旨法人税法の解釈』（財経詳報社　平成５（1993）年）

⑷　武田昌輔編著『コンメンタール法人税法Degital』（第一法規　令和５（2023）年）

⑸　武田隆二『法人税法精説』（森山書店　平成17（2005）年）

⑹　中村利雄『法人税法要論』（税務研究会出版局　平成13（2001）年）

⑺　成道秀雄『税務会計―法人税の理論と応用―』（第一法規　平成27（2015）年）

⑻　矢内一好『連結納税制度』（中央経済社　平成15（2003）年）

⑼　矢内一好・柳裕治『連結納税申告―わが国の導入に向けて』（ぎょうせい　平成12（2000）年）

⑽　柳裕治『税法会計制度の研究―税務財務諸表独立性の論理－』（森山書店　平成17（2005）年）

⑾　柳裕治編著・秋山高善・北口りえ・柳綾子『税務会計論』（創成社　令和５（2023）年）

⑿　吉牟田勲『法人税法詳説』（中央経済社　平成７（1995）年）

⒀　渡辺淑夫『法人税法』（中央経済社　令和３（2021）年）

第4章　相続（贈与）税法

1　相続税・贈与税の意義と機能（なぜ相続税・贈与税は課されるのか）

相続税は、被相続人（死亡した人）の財産が移転する際に課される租税である。

贈与税は、贈与によって財産が個人から個人に移転する際に課される租税である。贈与税がなければ、生前に財産を贈与することにより相続税の課税を回避することが可能となる。このような税負担の軽減を防止する目的を有する贈与税は、相続税を補完する役割を有している（補完税）。相続税・贈与税は、共通の課税目的を有することから、贈与税は相続税法に規定が置かれている。

相続税の機能は、富の再分配、所得課税の補完にあるといわれている。贈与税は相続税を補完する機能と相続税と同様に富の偏在を是正する機能を有する。高齢者から若年世代に資産を移転させ、消費を促すことを目的とする贈与税の緩和措置も導入されている。

2　相続税の類型（相続税の課税方式は世界共通か）

相続税には二つの類型がある。一つには、人の死亡により財産を取得した者に対して、その取得した財産を課税物件として課税する類型である。もう一つには、被相続人の遺産を課税物件として課税する類型である。前者は遺産取得税、後者は遺産税といわれる。

遺産取得税は、おもに欧州の大陸諸国において採用されている。また、遺産取得税は、財産を取得した者に対してその財産に課税するため、財産を相続する者の所得税の補完税として機能し、担税力に即した課税がなされる。

一方で、遺産税は、イギリスやアメリカなど英米系諸国で採用されている。遺産税は、人の一生を通じて租税負担を清算するという考え方によるもので、被相続人の所得税の補完税の性質を有する。

わが国の相続税の現行制度は、遺産税と遺産取得税の折衷方式である。担税力に即した課税ができる遺産取得税方式に、相続税の総額の計算等において一部に遺産税方式の考え方を取り入れている（法定相続分による税額の総額計算）。

3　相続税の納税義務者と課税財産の範囲（日本に住んでいなければ相続税は課されないか）

(1)　無制限納税義務者の範囲拡大に関する税制改正の変遷

① 平成12年度税制改正の直前

相続人等が日本に住所を有していれば、取得したすべての財産に対して相続税が課され（無制限納税義務）、相続人等が日本に住所を有していなければ、日本国内にある財産のみ相続税が課される（制限納税義務）。

② 平成12年度改正（租税特別措置法改正）※平成15年度改正で相続税法に取り込まれた

相続人等が日本に住所を有していなくても、日本国籍を有し、かつ、相続人等又は被相続人が相続開始前５年以内に日本に住所を有していた場合にも、取得したすべての財産に対して課税される。

③　平成25年度改正

相続人等が日本に住所を有しておらず、かつ、日本国籍も有していない場合においても、被相続人が日本に住所を有していれば、取得したすべての財産に対して課税される。

④　平成29年度改正

⑤　相続人等が日本に住所を有していなくても、日本国籍を有し、かつ、相続人等又は被相続人が相続開始前10年以内に日本に住所を有していた場合にも、取得したすべての財産に対して課税される。これは、上記②の改正における５年が10年に延長されたものである。

⑥　平成30年度改正

非居住被相続人（外国人）から「相続開始前15年以内において日本国内に住所を有していた期間の合計が10年以下である」という要件が撤廃された。

⑦　令和３年度改正

高度外国人材等の日本での就労を促進する観点から、就労等のために日本に居住する外国人が死亡した際、その居住期間にかかわらず、外国に居住する家族等が相続により取得する国外財産を相続税の課税対象としないこととした。

(2)　現行制度

①　相続税の納税義務者は、原則として、相続または遺贈（贈与をした者の死亡により効力を生ずる贈与「死因贈与」を含む。）により財産を取得した個人である。また、被相続人からの贈与について相続時精算課税制度の適用を受けた個人も、相続税の納税義務者となる。（相法１の３①五）

②　居住無制限納税義務者：相続または遺贈により財産を取得した次に掲げる者であって、当該財産を取得した時において日本に住所を有するもの（相法１の３①一、相法２①）

イ　一時居住者でない個人…取得したすべての財産に課税

ロ　一時居住者である個人（当該相続又は遺贈に係る被相続人（遺贈をした者を含む。以下同じ。）が外国人被相続人又は非居住被相続人である場合を除く。）…取得したすべての財産に課税

③　非居住無制限納税義務者：相続または遺贈により財産を取得した次に掲げる者であって、当該財産を取得した時において日本に住所を有しないもの（相法１の３①二、相法２①）

イ　日本国籍を有する個人であって次に掲げるもの

一　相続または遺贈に係る相続の開始前10年以内のいずれかの時において日本に住所を有していたことがあるもの…取得したすべての財産に課税

二　相続または遺贈に係る相続の開始前10年以内のいずれの時においても日本に住所を有していたことがないもの（相続または遺贈に係る被相続人が外国人被相続人または非居住被相続人である場合を除く。）…取得したすべての財産に課税

ロ　日本国籍を有しない個人（当該相続又は遺贈に係る被相続人が外国人被相続人又は非居住被相続人である場合を除く。）…取得したすべての財産に課税

④　居住制限納税義務者：相続または遺贈により日本にある財産を取得した個人で当該財産を取得した時において日本に住所を有するもの（上記②に掲げる者を除く。）（相法１の３①三、相法２②）…日本国内にある財産のみ課税

⑤　非居住制限納税義務者：相続または遺贈により日本にある財産を取得した個人で当該財産を取得した時において日本に住所を有しないもの（上記③に掲げる者を除く。）（相法１の３①四、相法２②）…日本国内にある財産のみ課税

⑥　相続または遺贈により財産を取得しなかった個人で、贈与（贈与をした者の死亡により効力を生ずる贈与を除く。）により相続時精算課税の規定の適用を受ける財産を取得した個人（相法１の３①五）

⑦　一時居住者とは、贈与の時において在留資格を有する者であって当該贈与前15年以内において日本に住所を有していた期間の合計が10年以下であるものをいう（相法１の３③一）。

4　相続人の範囲（被相続人の孫は相続人なるか）

相続税法は、相続人の範囲について、原則として民法に則っている。被相続人の配偶者は、常に相続人となる（民法890）。配偶者以外の相続人については、次に掲げる順序の順位に従って相続人となる（民法727，887，889）。

①　子、養子、非嫡出子、被相続人の子が相続の開始以前に死亡したときの代襲相続人（孫など直系卑属）

②　被相続人の直系尊属。ただし、親等の異なる者の間では、その近い者を先にする。

③　被相続人の兄弟姉妹

なお、相続税法上では、基礎控除額の算定および生命保険金、退職手当金等の非課税額算定における法定相続人の数および相続税総額算定の際の法定相続分について、養子の数を制限している。すなわち、実子がある場合または実子がなく養子が１人である場合は１人、実子がなくまたは養子の数が２人以上である場合は２人である（相法15②）。また、相続の放棄があった場合には、その放棄がなかったものとした場合における相続人の数とする（相法15②）。なお、養子であっても、特別養子縁組による養子となった者、被相続人の配偶者の実子で被相続人の養子となった者等および代襲相続によって相続人となった養子で被相続人の直系卑属であるものは、実子とみなされる（相法15③）。

5　相続分（相続する財産の範囲はどのように決められるか）

被相続人の財産を相続人がどのように分割するかは、被相続人が遺言で禁じた場合を除き、いつでも、その協議で、遺産の全部又は一部の分割をすることができる（民法907）。その財産を相続する権利の範囲（相続分）は3種類ある。①相続人の被相続人との関係から民法が定める相続分を法定相続分（民法900，901）という。②被相続人が遺言によって指定する相続分を指定相続分（民法902）という。③上述の①②を前提として、特別受益分（民法903，904）や寄与分（民法904の2）の要素を考慮して修正された相続分を具体的相続分という。

6　法定相続分（取得できる相続財産の割合は、民法に従って計算するのか）

相続税の総額の計算は、法定相続分（民法900）および代襲相続人の相続分（民法901）に基づいて計算される（相法16）。したがって、法定相続分を正しく理解することが重要である。同順位の相続人があるときは、相続分は次のとおりである。

①　配偶者と子…それぞれ2分の1

②　配偶者と直系尊属…配偶者3分の2、直系尊属3分の1

③　配偶者と兄弟姉妹…配偶者4分の3、兄弟姉妹4分の1

配偶者のみの場合、すべての財産が配偶者の法定相続分となる。子、直系尊属または兄弟姉妹が複数人いる場合は、その人数で法定相続分を均等割する。例えば、配偶者と子供2人が相続人の場合、配偶者の相続分2分の1、子供1人の相続分4分の1、もう一人の子供の相続分4分の1となる。

7　指定相続分（遺留分に反する遺言か無効か）

遺言により指定相続分がある場合、指定相続分にしたがって財産を分割することができる（民法902）。遺留分を侵害した遺言は、その遺言は有効であるが、遺留分権利者が減殺請求を行った場合に、その範囲で遺言により遺産を受け取る相続人や受遺者のその遺産割合が減額される（民法1042）。遺留分とは、兄弟姉妹以外の相続人に、相続において法律上取得することが保障されている相続分のことをいう。

8　相続税がかかる財産（母が残した宝石にも相続税が課されるか）

原則として、相続税は、被相続人の財産を相続・遺贈によって取得した場合に、その取得した財産（相続財産）にかかる。相続財産には、現金、預貯金、有価証券、宝石などの動産、土地、家屋などの不動産のほか特許権、著作権等の無体財産権、貸付金などの債権など、金銭に見積もることができる経済的価値のあるものすべてが含まれる。ただし、公益または政策的な理由から一定のものは非課税財産とされる（相法12）。

相続税は、これらの相続財産以外に次の９で述べるみなし相続財産を含めて相続税の課税財産としている。

9　みなし相続財産

みなし相続財産とは、法的には相続または遺贈により取得した財産とはいえないが、被相続人または遺贈者の死亡によって生ずる保険金、退職手当金、生命保険契約に関する権利等をいう。みなし相続財産は、相続または遺贈により取得したものとみなされて相続税が課される（相法３）。

以下、みなし相続財産である保険金、退職手当金および生命保険契約に関する権利について説明する。

(1)　保　険　金

被相続人の死亡により相続人その他の者が生命保険契約の保険金（共済金を含む。）又は損害保険契約の保険金（偶然な事故に基因する死亡に伴い支払われるものに限る。）を取得した場合においては、保険金受取人（共済金受取人を含む）について、当該保険金のうち被相続人が負担した保険料（共済掛金を含む。）の金額に対応する部分は、相続または遺贈により取得したものとみなされる（相法３①一）。ただし、この保険金について、一定の金額は非課税とされている（相法12①五）。

(2)　退職手当金

被相続人の死亡により相続人その他の者が被相続人に支給されるべきであった退職手当金、功労金その他これらに準ずる給与で被相続人の死亡後３年以内に支給が確定したものの支給を受けた場合においては、当該給与の支給を受けた者について、給与は相続または遺贈により取得したものとみなされる（相法３①二）。ただし、一定の金額までは非課税とされている（相法12①六）。

(3)　生命保険契約に関する権利

相続開始の時において、まだ保険事故（共済事故を含む。）が発生していない生命保険契約で、被相続人が保険料の全部又は一部を負担し、かつ、被相続人以外の者が生命保険契約の契約者であるものがある場合においては、生命保険契約の契約者について、契約に関する権利のうち被相続人が負担した保険料の金額に対応する部分は、その保険契約の契約者が相続または遺贈により取得したものとみなされる（相法３①三）。

10　相続税の非課税財産（お墓も課税されるのか）

相続税は、金銭で見積もることができる経済的価値のあるすべてのものを課税財産としているが、公益、社会政策などもろもろの理由により、非課税とする財産を定めている。

相続税法12条に定める非課税財産は以下のとおりである。

①　皇室経済法の規定により皇位とともに皇嗣が受けた物

②　墓所、霊びようおよび祭具並びにこれらに準ずるもの

③　公益事業者が、相続または遺贈により取得した財産をその公益事業の用に供することが確実なもの

④　心身障害者の共済制度に基づいて給付金を受ける権利

⑤　保険金の非課税控除

すべての相続人の取得した保険金の合計額が、非課税限度額（500万円×所定の法定相続人の数）以下である場合は、取得した保険金の金額が非課税となる。また、すべての相続人の取得した保険金の合計額が、非課税限度額を超える場合は、非課税限度額を、すべての相続人の取得した保険金の合計額に対する各相続人の取得した保険金の額で按分して、非課税金額を算定する。

⑥　退職手当金の非課税控除

保険金の非課税控除と同様の取扱いであり、非課税限度額（500万円×法定相続人の数）も同様である。

租税特別措置法70条に、国等に対して相続財産を贈与した場合等の相続税の非課税等の規定もある。

11　債務控除（ローンが残っている不動産を相続した場合において、ローンはどのように取り扱われるか）

相続人は、相続が開始した場合、以下の3つのうちいずれかを選択することができる。

① 被相続人の権利義務をすべて受け継ぐ単純承認

② 被相続人の権利義務を一切受け継がない相続放棄

③ 相続人が相続によって得た財産を限度として被相続人の債務の負担を受け継ぐ限定承認

相続人が、被相続人の債務を受け継いだ場合、この債務は、相続税の課税財産の価格（課税価格）を計算する際に、マイナスの財産として控除される（債務控除）。未納の租税（準確定申告による所得税等を含む）も債務控除の対象となる。

また、相続開始時に被相続人の債務ではない葬式費用は、必然的に生じる債務として、課税価格から控除される（相法13）。

12　相続税の課税標準と税額

(1)　課税価格の計算

① 令和5年度税制改正前

相続、遺贈および相続時精算課税の適用を受ける贈与によって財産を取得した人ごとに、課税価格を計算する。その算式は次のとおりである。

各人の課税価格（千円未満切捨）＝相続財産＋みなし相続財産－非課税財産－債務・葬式費用＋相続開始前3年以内の贈与財産

相続開始前3年以内の贈与財産の加算（相法19）については、贈与により被相続人の財産はすでに相続人等に移転しているが、被相続人の財産に課税する趣旨から、相続開始の日から3年さかのぼって生前贈与の財産を加算することが規定されている。なお、この場合、加算される財産の価額は、原則として、贈与時の価格であり、すでに贈与税がかされているときはその贈与税額は相続税から控除される。

② 令和5年度税制改正

相続開始前の贈与の加算期間が3年から7年に延長された。延長された4年間に受けた贈与については、延長期間中の総額100万円までの金額は相続財産に加算されない。本改正は、令和6年1月1日以降に行われる贈与から適用される。加算期間は順次延長され、令和13年（2031年）1月1日以降に開始される相続から贈与加算期間は7年となる。

(2) 相続税額の計算

相続税額は、①相続税の総額の計算、②各人の相続税額の計算、③各人の納付税額の計算の順に計算する。

① 相続税の総額の計算（相法16）

A 上記(1)で計算した各人の課税価格を合計し、課税価格の合計額を計算する。

B 課税価格の合計額から基礎控除額を差し引いて、課税される遺産額（課税遺産総額）を計算する。

課税価格の合計額－基礎控除額＝課税遺産総額

基礎控除額＝3,000万円＋600万円×法定相続人の数

法定相続人の数は、相続を放棄した人がいる場合においては、その相続放棄はなかったものとする。法定相続人の中に養子がいる場合は、一定の制限が加わる（上記4参照）。

C 課税遺産総額を各法定相続人が民法に定める法定相続分にしたがい取得したものとして、各法定相続人の取得金額を計算する。

課税遺産総額×各法定相続人の法定相続分

＝各法定相続人の取得金額（千円未満切捨）

D　各法定相続人の取得金額に税率を乗じて、税額を算出する。

各法定相続人の取得金額×税率＝算出税額

E　各法定相続人の算出税額を合計して、相続税の総額を計算する。

②　各人の相続税額の計算（相法17）

相続税の総額を、財産を取得した人の課税価格に応じて按分し、各人の税額を計算する。

相続税の総額×各人の課税価格÷課税価格の合計額＝各人の税額

③　各人の納付税額の計算

各人の税額に各種の税額調整が行われる。

A　相続税額の2割加算（相法18）…相続または遺贈により財産を取得した者が相続または遺贈に係る被相続人の一親等の血族（当該被相続人の直系卑属が相続開始以前に死亡し、又は相続権を失ったため、代襲して相続人となった当該被相続人の直系卑属を含む。）および配偶者以外の者である場合においては、その者に係る相続税額は、算出した金額にその2割に相当する金額を加算した金額とする。一親等の血族には、被相続人の直系卑属が当該被相続人の養子となっている場合を含まないものとする。ただし、当該被相続人の直系卑属が相続開始以前に死亡し、または相続権を失った場合の代襲相続人は除く。

B　暦年課税された贈与税額の控除（相法19）…相続または遺贈により財産を取得した者が相続の開始前7年以内の贈与財産の加算にかかる贈与税額は控除される。贈与加算期間については、前項に相続税の課税標準と税額⑴②に詳しい。

C　配偶者に対する税額軽減（相法19の2）…配偶者が財産を取得した場合、配偶者の寄与分、今後の生活保障等の意味から、相続税額が軽減される。配偶者の取得した財産が、法定相続分以下の場合、あるいは、法定相続分を超える場合でも、相続した財産の価格が1億6千万円までは、相続税の納付税額は生じないことになる。なお、この適用は、未分割財産には適用されないが、原則として申告期限から原則として３年以内に分割される場合、この適用を受けることができる。また、配偶者の取得する財産に仮装、隠ぺいされた事案があった場合、その財産に相当する税額部分は配偶者の税額控除の対象とならない。配偶者が仮装、隠ぺい等により故意に申告をしなかった財産を配偶者以外の相続人等が取得した場合、配偶者の税額軽減の規定が適用されたことから、配偶者が取得しなかった仮装、隠ぺいされた財産の相続税を負担することとなっている。

D　未成年者控除（相法19の３）…相続または遺贈により財産を取得した者が相続人（相続の放棄があった場合には、その放棄がなかったものとした場合における相続人）に該当し、かつ、18歳未満の者である場合においては、その者の相続税額から、第15条から前条までの規定により算出した金額から10万円にその者が18歳に達するまでの年数（当該年数が１年未満であるとき、またはこれに１年未満の端数があるときは、これを１年とする。）を乗じて算出した金額を控除する。

E　障害者控除（相法19の４）…相続または遺贈により財産を取得した者が相続人（相続の放棄があった場合には、その放棄がなかったものとした場合における相続人）に該当し、かつ、障害者である場合においては、その者の相続税額から、第15条から前条までの規定により算出した金額から10万円（その者が特別障害者である場合には20万円）にその者が85歳に達するまでの年数（当該年数が１年未満であるとき、またはこれに１年未満の端数があるときは、これを１年とする。）を乗じて算出した金額を控除する。

F　相次相続控除（相法20）…今回の相続開始前10年以内に被相続人が、相続または遺贈、相続時精算課税による贈与によって財産を取得し相続税が課されていた場合、当該被相続人から相続または遺贈、相続時精算課税に係る贈与により財産を取得した人の相続税額から、一定の金額を控除する。

上記の他に、外国税額控除（相法20の２）もある。

13　相続時精算課税制度（この制度のメリットは何か）

⑴　制度の概要（相法21の9）

原則として、60歳以上の父母または祖父母などから、18歳以上の子または孫などに対し、財産を贈与した場合において選択できる贈与税の制度である。なお、18歳とあるのは、令和4年3月31日以前の贈与については20歳と読み替える（以下、この項目において同じ）。この制度を選択すると、その選択に係る贈与者から贈与を受ける財産については、その選択をした年分以降すべてこの制度が適用され、暦年課税へ変更することはできない。

⑵　適用対象者

贈与者は贈与をした年の1月1日において60歳以上の父母または祖父母など、受贈者は贈与を受けた年の1月1日において18歳以上の者のうち、贈与者の直系卑属（子や孫など）である推定相続人または孫である。

⑶　適 用 手 続

相続時精算課税を選択しようとする受贈者（子または孫など）は、その選択に係る最初の贈与を受けた年の翌年2月1日から3月15日までの間（贈与税の申告書の提出期間）に納税地の所轄税務署長に対して「相続時精算課税選択届出書」を受贈者の戸籍の謄本などの一定の書類とともに贈与税の申告書に添付して提出する。相続時精算課税は、受贈者（子または孫など）が贈与者（父母または祖父母など）ごとに選択できるが、いったん選択すると選択した年以後贈与者が亡くなる時まで継続して適用され、暦年課税に変更することはできない。

⑷　適用対象財産等

贈与財産の種類、金額、贈与回数に制限はない。贈与財産は、金融資産だけでなく、住宅等の資産も含む。

(5) 贈与税額の計算

相続時精算課税の適用を受ける贈与財産については、その選択をした年以後、相続時精算課税に係る贈与者以外の者からの贈与財産と区分して、贈与税額を計算する。

① 令和５年度税制改正前

１年間に贈与を受けた財産の価額（贈与財産の価額）の合計額から、複数年にわたり利用できる特別控除額（限度額2,500万円）を控除した金額に一律20％の税率を乗じて算出する。

算出は次のとおりである。

（贈与財産の価額－特別控除額2,500万円※）×20％

※前年以前に控除している場合には、その残額

② 令和５年度税制改正

相続時精算課税制度に毎年110万円を上限とする基礎控除が新たに設けられた（暦年課税における基礎控除とは別途設けられた）。

複数の贈与者から贈与を受け相続時精算課税制度を選択している場合は、基礎控除額110万円を按分する。

本改正は、令和６年１月１日以降に行われる贈与により取得する財産に係る相続税または贈与税について適用される。

算式は次のとおりである。

（贈与財産の価額－基礎控除110万円－特別控除額2,500万円※）×20％

※前年以前に控除している場合には、その残額

(6) 相続税額の計算

相続時精算課税を選択した者に係る相続税額は、相続時精算課税に係る贈与者が亡くなった時に、それまでに贈与を受けた相続時精算課税の適用を受

ける贈与財産の価額（贈与時の価額）と相続や遺贈により取得した財産の価額とを合計した金額を基に計算した相続税額から、既に納めた相続時精算課税に係る贈与税相当額を控除して算出する。令和５年度税制改正により、相続時精算課税の適用を受ける贈与財産のうち、一定の土地・建物が贈与日から贈与者の死亡にかかる相続税の申告書の提出期限までの間に災害によって被害を受けた場合には、相続税の課税価格に加算される金額は被害を受けた部分に相当する金額を控除した残額とされた。

なお、本改正は、令和６年１月１日以降により生ずる災害により被害を受けた場合から適用される。

相続税額から控除しきれない相続時精算課税に係る贈与税相当額がある場合には、相続税の申告をすることにより還付される。

14　相続税の税率

法定相続分に応ずる取得金額	税率
1,000万円以下の金額	10%
1,000万円超3,000万円以下の金額	15%
3,000万円超5,000万円以下の金額	20%
5,000万円超1億円以下の金額	30%
1億円超2億円以下の金額	40%
2億円超3億円以下の金額	45%
3億円超6億円以下の金額	50%
6億円超の金額	55%

15　相続税回避に対する制度

相続税法は、その租税回避に対する対策として、養子の数の制限（相法63）、同族会社の行為計算否認（相法64）、公益法人等へ財産を遺贈することにより特別の利益を受ける個人の課税（相法65）、人格のない社団あるいは公益法人等に対する遺贈の場合のこれらに対する課税（相法66）等、各種の規定がある。昭和63年末の税制の抜本改革の際に創設された課税価格の計算の特例である、相続開始前３年以内に取得等をした土地又は建物等についての相続税の課税価格の計算の特例も、この租税回避を防止する規定の一つである。この規定は、不動産の相続税評価額が、通常、時価を下回ることから、相続開始前３年以内に取得等をした不動産の評価額は、取得価額とされていたが、地価の下落等の経済状況の変化に伴い、この方法による租税回避行為も減少したことから、原則として、平成８年１月１日以後に開始する相続に係る相続税から適用されないこととなった。また、上記「３　相続税の納税義務者と課税財産の範囲」で述べたとおり、租税負担回避行為の防止を理由として、納税義務者の範囲の改正を続けている。

16　相続税の申告および納付（相続税の納付のための現金がないときはどうするか）

相続税の課税価格が遺産に係る基礎控除額を超える場合において、各種税額控除を控除した後に、相続税額があるときは、相続の開始があったことを知った日の翌日から10月以内に課税価格、相続税額などの事項を記載した申告書を納税地の所轄税務署長に提出しなければならない（相法27）。なお、配偶者に対する税額の軽減および小規模宅地等の課税価格計算の特例の適用は、申告を要件としていることから、納税額のない場合でも申告は必要となる。

租税の納付は、原則として金銭納付であるが、相続税では、納付の期間を延長して分割で納付する延納と財産で納付する物納の特例を認めている。

17　事業承継税制

わが国における事業承継税制は、「中小企業における経営の承継の円滑化に関する法律（平成20年法律第33号）」（以下「円滑化法」という。）」に基づく認定により、法人や個人事業の後継者が取得した一定の資産について相続税や贈与税の納税を猶予する制度である。

18　贈与税の納税義務者と課税財産の範囲

贈与税納税義務者と課税財産の範囲は、上記「３　相続税の納税義務者と課税財産の範囲」と同様に改正されてきた。納税義務者の区分は、相続税の場合と概ね同じである。贈与税の納税義務者は、贈与により財産を取得した個人であり、その納税義務は、贈与により財産を取得した時に成立する（相法１の４、２の２）。

19　贈与税の課税財産

贈与税は、贈与により取得した財産に課される。この場合の財産は、経済的価値のあるものすべてを含み、相続税と同じである。

20　みなし贈与財産

贈与により取得した財産と実質的に同じことから、贈与があったものとしてみなして贈与税の課税の対象となるものには、生命保険金（相法５）、定期金に係る権利（相法６）、財産の低額譲受（相法７）、債務免除益等（相法８）、その他の経済的利益（相法９）、信託財産（相法９の２）がある。

21　贈与税の非課税財産

贈与税の非課税財産は以下のとおりである（相法21の３）。

①　法人からの贈与により取得した財産

② 扶養義務者相互間において生活費又は教育費に充てるためにした贈与により取得した財産のうち通常必要と認められるもの

③ 宗教、慈善、学術その他公益を目的とする事業を行う者が贈与により取得した財産で当該公益を目的とする事業の用に供することが確実なもの

④ 特定公益信託で学術に関する顕著な貢献を表彰するものとして、もしくは顕著な価値がある学術に関する研究を奨励するものとして財務大臣の指定するものから交付される金品で財務大臣の指定するものまたは学生もしくは生徒に対する学資の支給を行うことを目的とする特定公益信託から交付される金品

⑤ 条例の規定により地方公共団体が精神又は身体に障害のある者に関して実施する共済制度に基づいて支給される給付金を受ける権利

⑥ 公職選挙法の適用を受ける選挙における公職の候補者が選挙運動に関し贈与により取得した金銭、物品その他の財産上の利益で選挙運動に関する収入及び支出の報告書の提出の規定による報告がなされたもの

22 贈与税の課税標準と税額

贈与税の課税価格は、その年中に贈与により取得した財産の価額の合計額から非課税財産の額を控除した金額である。なお、相続開始前３年以内に贈与があった場合の相続税額の規定が適用され、相続開始の年に、贈与により取得した財産が相続税の課税価格に加算されるときは、これを贈与税の課税価格から除くことになる（相法21の２④）。

次に、課税価格から、贈与税の基礎控除（相法21の５）として、平成13年度改正（平成13年１月１日以後に贈与により取得した財産に係る贈与税に適用）により、年間110万円が控除される（措法70の２）。この基礎控除後の課税価格に税率を適用して贈与税額が算定される。なお、贈与税に係る国際的二重課税について、外国税額控除が認められている（相法21の８）。

23　贈与税の税率

平成27年以降、贈与税の税率は一般贈与財産に適用される税率（一般税率）（相法21の７）と特例贈与財産に適用される税率（特例税率）（措法70の２の５）に区分される。

(1)　一般税率…特例税率が適用されない場合に用いられる。

基礎控除後の課税価格	税率
200万円以下の金額	10%
200万円超300万円以下の金額	15%
300万円超400万円以下の金額	20%
400万円超600万円以下の金額	30%
600万円超1,000万円以下の金額	40%
1,000万円超1,500万円以下の金額	45%
1,500万円超3,000万円以下の金額	50%
3,000万円超	55%

(2)　特例税率…平成27年１月１日以後に、直系尊属からの贈与により財産を取得した者（贈与を受けた年の１月１日において18歳以上の者）の贈与税の計算に用いられる。

基礎控除後の課税価格	税率
200万円以下の金額	10%
200万円超400万円以下の金額	15%
400万円超600万円以下の金額	20%
600万円超1,000万円以下の金額	30%
1,000万円超1,500万円以下の金額	40%
1,500万円超3,000万円以下の金額	45%
3,000万円超4,500万円以下の金額	50%
4,500万円超	55%

24　直系尊属から住宅等資金の贈与を受けた場合の贈与税の非課税制度

(1)　制度の概要

令和４年１月１日から令和５年12月31日までの間に、父母や祖父母など直系尊属からの贈与により、自己の居住の用に供する住宅用の家屋の新築、取得または増改築等（「新築等」）の対価に充てるための金銭（「住宅取得等資金」）を取得した場合において、一定の要件を満たすときは、次の非課税限度額までの金額について、贈与税が非課税となる。

(2)　非課税限度額

贈与を受けた者ごとに省エネ等住宅の場合には1,000万円まで、それ以外の住宅の場合には500万円までの住宅取得等資金の贈与が非課税となる。

(3)　受贈者の要件

次の要件のすべてを満たす受贈者が非課税の特例の対象となります。

①　贈与を受けた時に贈与者の直系卑属（贈与者は受贈者の直系尊属）であること。

②　贈与を受けた年の１月１日において、18歳（令和４年３月31日以前の贈与については20歳）以上であること。

③　贈与を受けた年の年分の所得税に係る合計所得金額が2,000万円以下（新築等をする住宅用の家屋の床面積が40平方メートル以上50平方メートル未満の場合は、1,000万円以下）であること。

④　平成21年分から令和３年分までの贈与税の申告で「住宅取得等資金の非課税」の適用を受けたことがないこと。

⑤　自己の配偶者、親族などの一定の特別の関係がある人から住宅用の家屋の取得をしたものではないこと、またはこれらの方との請負契約等に

より新築もしくは増改築等をしたものではないこと。

⑥　贈与を受けた年の翌年３月15日までに住宅取得等資金の全額を充てて住宅用の家屋の新築等をすること。

⑦　贈与を受けた時に日本国内に住所を有していること（受贈者が一時居住者であり、かつ、贈与者が外国人贈与者または非居住贈与者である場合を除く。）。

⑧　贈与を受けた年の翌年３月15日までにその家屋に居住することまたは同日後遅滞なくその家屋に居住することが確実であると見込まれること。

⑷　住宅用家屋の新築、取得または増改築の要件

住宅用の家屋の新築には、その新築とともにするその敷地の用に供される土地等または住宅の新築に先行してするその敷地の用に供されることとなる土地等の取得を含む。対象となる住宅用の家屋は、登記簿上の床面積（マンションなどの区分所有建物の場合はその専有部分の床面積）が40平方メートル以上240平方メートル以下で、かつ、その家屋の床面積の２分の１以上に相当する部分が受贈者の居住の用に供されるものであること等、一定の要件を満たす日本国内にある住宅に限られる。

25　直系尊属から教育資金の一括贈与を受けた場合の贈与税の非課税制度

平成25年４月１日から令和５年３月31日までの間に、教育資金管理契約を締結する日において30歳未満の方（「受贈者」）が、教育資金に充てるため、金融機関等とのその教育資金管理契約に基づき、受贈者の直系尊属（「贈与者」）から信託受益権を取得した場合、書面による贈与により取得した金銭を銀行等に預入をした場合または書面による贈与により取得した金銭等で証券会社等で有価証券を購入した場合には、その信託受益権または金銭等の価

額のうち1,500万円までの金額に相当する部分の価額については、取扱金融機関の営業所等を経由して教育資金非課税申告書を提出することにより、受贈者の贈与税が非課税となる。

契約期間中に贈与者が死亡した場合には、原則として、その死亡日における非課税とされた金額から教育資金として支出した金額を控除した残額のうち、一定の計算をした金額（「管理残額」）を、その贈与者から相続等により取得したものとみなされる。ただし、贈与者の死亡日（相続開始日）において受贈者が、23歳未満である場合、学校等に在学している場合、または教育訓練給付金の支給対象となる教育訓練を受けている場合には、相続等により取得したものとみなされない。

また、教育資金口座にかかる契約が終了した場合には、非課税とされた金額から教育資金として支出した金額を控除した残額があるときは、その残額はその契約終了時に贈与があったこととする。この場合において、暦年課税の贈与税が課されるときは特例税率が適用される。

令和５年度税制改正により、適用期間が３年間延長され、令和８年（2026年）３月31日となった。あわせて、次の２つの改正が行われた。１つは、契約期間中に贈与者が死亡した場合において、その贈与者の死亡に係る相続税の課税価格の合計額が５億円を超えるときは、受贈者が23歳未満であっても、その贈与者の死亡の日における管理残額を、その受贈者がその贈与者から相続等によって取得したものとみなされる。もう１つは、教育資金口座に係る契約が終了した場合において、非課税とされた金額から教育資金として支出した金額を控除した残額について暦年課税の贈与税が課されるときは一般税率が適用される。教育資金には、学校等に対して支払われる入学金、授業料、施設設備費、入学試験検定料、修学旅行費などに加え、学校等以外の者に対して直接支払われる金銭で教育を受けるために支払われるものとして社会通念上相当と認められるものも含まれる。

26　直系尊属から結婚、子育て資金の一括贈与を受けた場合の贈与税の非課税制度

平成27年4月1日から令和5年3月31日までの間に、結婚・子育て資金管理契約を締結する日において18歳（令和4年3月31日以前の信託受益権または金銭等の取得については20歳）以上50歳未満の方（「受贈者」）が、結婚・子育て資金に充てるため、金融機関等とのその結婚・子育て資金管理契約に基づき、受贈者の直系尊属（「贈与者」）から信託受益権を付与された場合、書面による贈与により取得した金銭を銀行等に預入をした場合または書面による贈与により取得した金銭等で証券会社等で有価証券を購入した場合には、信託受益権または金銭等の価額のうち1,000万円までの金額に相当する部分の価額については、取扱金融機関の営業所等を経由して結婚・子育て資金非課税申告書を提出することにより贈与税が非課税となる。

契約期間中に贈与者が死亡した場合には、その死亡日における非課税とされた金額から結婚・子育て資金として支出した金額を控除した残額のうち、一定の計算した金額（「管理残額」）を、その贈与者から相続等により取得したものとみなされる。また、契約が終了した場合には、非課税とされた金額から結婚・子育て資金として支出した金額を控除した残額があるときは、その残額はその契約終了時に贈与があったこととする。この場合において、暦年課税の贈与税が課されるときは、特例税率が適用される。

令和5年度税制改正により、適用期間が2年間延長され、令和7年（2025年）3月31日となった。あわせて、契約が終了した場合において、非課税とされた金額から結婚・子育て資金として支出した金額を控除した残額について暦年課税の贈与税が課されるときは一般税率が適用される。

結婚・子育て資金には、結婚に際して支払う挙式費用、衣装代等の婚礼（結婚披露）費用、家賃、敷金等の新居費用、転居費用（限度額：300万円）、ならびに妊娠、出産および育児に要する不妊治療・妊婦健診に要する費用、

分べん費等・産後ケアに要する費用、子の医療費、幼稚園・保育所等の保育料（ベビーシッター代を含む）が含まれる。

27　贈与税の申告と納付

贈与により財産を取得した者は、暦年単位で、基礎控除額を超え、納付される贈与税がある場合は、申告が必要となる（相法28①）。申告書は、贈与を受けた年の翌年の２月１日から３月15日までに、贈与を受けた者の住所地の所轄税務署長に提出する。

28　財産評価

相続税法では、財産の価額は、別段の定めのあるものを除き、当該財産取得のときにおける時価により評価することとしている。財産評価通達において、評価額の算定を容易かつ的確に行えるように、財産の種類ごとに評価方法を定めている。

(1)　土　　　地

土地の評価は、市街地の宅地に適用される路線価方式と、それ以外の宅地に使用される倍率方式がある。

路線価方式では、宅地に面する路線の価額に地積（m^2）を乗じて評価額を算定する。なお、その宅地の形状、道路との位置関係により価額は調整されることになる。また、倍率方式では、宅地の固定資産税評価額に一定の倍率を乗じて評価額を算定する。さらに、上記の算定は、いずれも自用地であることが前提であり、貸宅地、借地権等については、この自用地価額を調整してそれぞれに評価額を算定する。また、農地、山林等の評価は、それぞれの区分に応じて評価方法が定められている。なお、家屋の相続税評価額は、固定資産税評価額である。

(2) 株　　式

株式は、３つに分けてその評価方法が定められている。

①　上場株式…金融商品取引所に上場されている株式

②　気配相場等のある株式…登録銘柄および店頭管理銘柄、公開途上にある株式

③　取引相場のない株式…上記以外の株式

(A) 上場株式の評価

上場株式の価額は、次のうち最も低い価格とされている。

①　課税時期の最終価格

②　課税時期の属する月の毎日の最終価格の月平均額

③　課税時期の属する月の前月の毎日の最終価格の月平均額

④　課税時期の属する月の前々月の毎日の最終価格の月平均額

(B) 気配相場等のある株式

気配相場等のある株式には、登録銘柄、店頭管理銘柄、公開途上にある株式が含まれる。例えば、登録銘柄は、日本証券業協会に登録されている株式であり、その評価は、

①　課税時期の取引価格（高値と安値のある場合は平均の額）

②　課税時期の月の毎日の取引価格の平均額

③　課税時期の月の前月の毎日の取引価格の平均額

④　課税時期の月の前々月の毎日の取引価格の平均額

以上のうち、最も低い価格である。

(c) 取引相場のない株式

取引相場のない株式は、非公開の会社の株式がこの区分に属することになる。そのほとんどは中小規模の同族会社であるが、非公開の大規模法人もこれに含まれている。この株式は取引相場がないことから、その評価方法は、一般の評価会社の株式と特定の評価会社の株式により異なるが、前者については、次のような方法のいずれかで評価されることになる。

① 類似業種比準方式

② 純資産価額方式

③ 類似業種比準方式と純資産価額方式の併用

④ 配当還元方式

この株式の評価をする場合、最初に、株式を取得した者およびその親族の持株の割合により、同族株主か非同族株主を判定する。非同族株主は、同族株主以外の株主で、持株数の少ない（たとえば、従業員株主等）場合は、すべて、配当還元方式が適用されて評価される。

同族株主とは、課税時期における強化会社の株主のうち、株主の１人および同族関係者の所有する株式の合計数が、その会社の発行済株式数の30%以上（50%超のグループがいる場合は50%超）である場合の、その株主および同族関係者をいう。評価会社は、特定の評価会社である場合を除いて、規模別区分の判定が行われ、従業員数100人以上等の会社は、大会社となり、従業員数100人未満の会社は、中会社、小会社となり、卸売業、小売・サービス業およびそれ以外の業種に区分され、それぞれに定められた総資産額および従業員数の基準に応じて分けられる。

それぞれに次の方式が適用される。

大会社…原則として、類似業種比準方式

中会社…類似業種比準方式と純資産価額方式の併用

小会社…原則として、純資産価額方式

なお、特定の評価会社には、株式保有特定会社、土地保有特定会社、開業後３年未満の会社等が含まれ、これらの会社の株式は、原則として、純資産価額方式により評価される。取引相場のない株式は、原則として、前出の方式により評価するが、同族株主以外の株主等が取得した株式については、その株式の発行会社の規模にかかわらず原則的な評価方式に代えて特例的な評価方式の配当還元方式が適用される。配当還元方式は、その株式に係る１年間の受取配当金額を一定の税率（10%）で還元して元本である株式の価額を評価する方法である。

第5章　消費税法

1　消費税の概要（日本の消費税の特徴は何か）

消費税法は、昭和63年12月30日に公布され、平成元年４月１日から適用された。消費税法は、それまでの個別消費税とは異なり、特定の物品あるいはサービスに課税するものではなく、金融、資本取引及び医療、福祉、教育等に係る取引の一部を除いて、広くほとんどの国内取引及び輸入取引を課税対象として課税する間接税である。

消費税は、生産あるいは流通の各段階で、売上に係る消費税額から仕入に係る消費税額を控除する、いわゆる累積を排除する方式であり、納税は、各段階における事業者が納税義務者として行うが、税額は、取引価格に上乗せされて転嫁され、最終的には、消費者がこれを負担することになる。

わが国の消費税は、EU諸国を中心に普及している付加価値税と基本的に同じものであるが、その特徴を掲げると次の諸点である。

①　令和元年10月１日から軽減税率制度が導入された。また、令和５年10月１日から適格請求書等保存方式（インボイス方式）が導入される。

②　小規模事業者の納税義務を免除している。ただし、EU諸国の付加価値税においても、同様に小規模事業者の免税あるいは負担の軽減を行っている国もあることから、これは、わが国独自のものとはいえない。

③　基準期間の課税売上高が5,000万円以下（平成16年４月１日以後開始する課税期間に適用）の事業者に対して、課税売上高から納付税額を計算できる簡易課税制度が定められている。

④　平成9年4月1日以後、国内において事業者が行う資産の譲渡等及び保税地域から引き取られる外国貨物について、5%（国税4%、地方税1%）が適用され、平成26年4月1日から8%（国税6.3%、地方税1.7%）となっており、令和元年10月1日から標準税率10%（国税7.8%、地方税2.2%）、軽減税率8%（国税6.24%、地方税1.76%）となった。

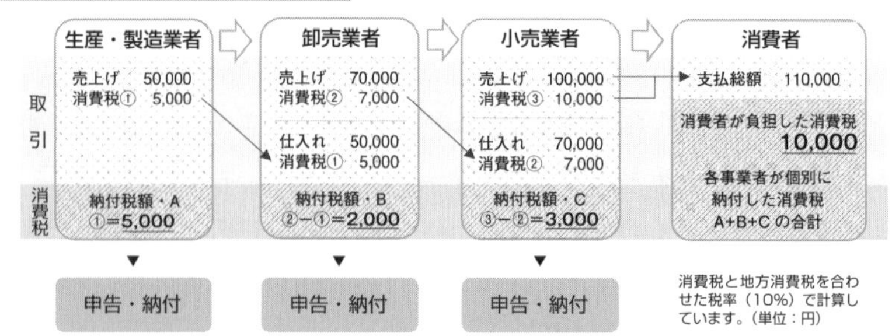

（出典：国税庁「適格請求書等保存方式の概要—インボイス制度の理解のために—」）

2　課税の対象（不課税取引、非課税取引、免税取引のそれぞれの特徴とは何か）

消費税は、国内において事業者が事業として対価を得て行う資産の譲渡等（資産の譲渡、資産の貸付け、役務の提供）及び特定仕入れと、保税地域から引き取られる外国貨物に課される（消法4①・②）。前者は、国内取引であり、後者は、輸入取引である。

消費税の課税対象となる取引以外の取引は、課税対象外の取引、すなわち、不課税取引となる。したがって、国外で行われた取引、対価のない取引、事業として行われない取引は、消費税課税の範囲外である課税対象外の取引となる。また、消費税の課税対象となる取引には、その取引が消費になじまないものあるいは政策的配慮に基づいて、医療、福祉、教育の一部について非課税取引とされている。さらに、消費税は、国内において消費される資産あるいはサービスについて負担を求めるものであることから、課税取引のうち、国外で消費されるものについては、免税としている。この、免税取引は、輸出取引等の場合等がこれに該当するが、０％の税率で課税したと考えていることから、免税取引に要する仕入税額は、控除することができる。

以上の各取引の関連を図示すると、次のとおりである。

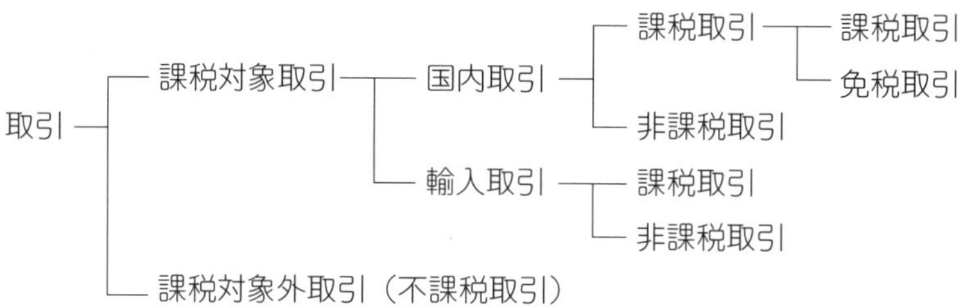

3　国内取引が課税対象となる要件

国内取引の対象取引の判定については、その取引が、以下に掲げる要件のすべてを充足することが必要となる。

(1)　国内取引である要件（内国法人が国内で製造し、外国親会社にその対価を請求した商品を同社の日本子会社へ搬入する取引は国内取引か）

資産の譲渡あるいは貸付けの場合、国内取引の判定は、原則として、その資産が国内にあれば、国内取引となる（消法４③一、消令６①）。したがって、事業者が国外で購入した資産を国内に搬入することなく、他に譲渡した場合は、その経理のいかんにかかわらず、その譲渡は課税の対象とはならない。なお、副題の場合、国内に資産があることから、国内取引となる。

役務の提供の場合、原則として、その役務の提供された場所が国内であれば、国内取引となる（消法４③二）。また、役務の提供が運輸、通信その他国内及び国内以外の地域にわたって行われるものである場合、その判定は政令に定める場所により行われることになる（消令6②）。例えば、情報の提供の場合、その情報提供者の事務所等の所在地が国内であれば国内取引となり、非居住者に対して対価を得て行う情報提供は輸出免税となる。

(2)　事業者の事業である要件（知人に中古バイクを売った大学生は課税されるのか）

消費税では、事業者は、事業を行う個人である個人事業者及び法人をいう（消法2①四）。また、事業とは、対価を得て行われる資産の譲渡等が反復、継続、独立して行われることをいう。したがって、個人事業者が、自らが使用している生活用資産を譲渡したとしても、課税対象とはならない。

なお、副題の場合、大学生が自ら使用していた中古バイクを売った場合は、通常、その学生は事業者に該当しないことから、この取引は課税対象とならない。

☞給与と消費税の関係……給与所得者の得る給与は、事業者の事業に該当しないことから、課税対象外となる。給与を支払った事業者は、課税仕入の定義において給与等を対価とする役務提供を除いていることから（消法2①十二、消基通11－1－2）、課税仕入にならない。なお、旅費、通勤手当等は課税仕入となる（消基通11－2－1、11－2－2）。

(3)　有償取引の要件（寄附金、祝金、見舞金は課税されるのか）

課税対象は、原則として、対価を得た取引である。したがって、対価性のない取引は、課税対象外取引となる。この例外として、個人事業者が、棚卸資産又はそれ以外の資産で事業の用に供していたものを家事のために消費し又は使用した場合と、法人が資産をその役員に対して贈与した場合、これらは、いずれも対価を得たものではないが、事業として対価を得て行われた資産の譲渡とみなされる（消法4⑤）。

また、寄附金、祝金、見舞金等は、何らかの見返りを得るために支払ったものではないことから原則として資産の譲渡等に係る対価に該当しない。保険金等も同様である。また、株主配当金は、株主又は出資者たる地位に基づき受けるものであることから、資産の譲渡等に係る対価に該当しない。したがって、これらの取引は、いずれも課税対象外取引となる。

(4) 資産の譲渡等の要件（百貨店による商品券の発行は、資産の譲渡等に該当するのか）

資産の譲渡等は、事業として対価を得て行われる資産の譲渡及び貸付けならびに役務の提供をいうと定義されている（消法2①八）。資産の譲渡については、その原因を問わず、資産が他人に移転することを意味することから、保証債務の履行のための資産の譲渡その他の譲渡も、これに該当することになる。資産の貸付けは、資産に係る権利の設定その他の者に資産を使用させる一切の行為を含むものとされている（消法2②）。役務の提供は、各種のサービスの提供をいい、弁護士、税理士等の専門的知識、技術等に基づく役務の提供等がこれに含まれる。なお、副題の百貨店による商品券の発行の場合、お客から受け取る金銭は、資産の譲渡対価ではなく、預り金であることから、不課税取引となる。

4 国境を越えた役務の提供に係る取扱い（特定仕入れ）

消費税の課税対象となる「特定仕入れ」が国境を越えた役務の提供に係る取引である。平成27年度の税制改正により、電子書籍・音楽・広告の配信などの電気通信回線（インターネット等）を介して行われる役務の提供を「電気通信利用役務の提供」と位置付け、原則として、その役務の提供が消費税の課税対象となる国内取引に該当するかどうかの判定基準（内外判定基準）が、役務の提供を行う者の役務の提供に係る事務所等の所在地から「役務の提供を受ける者の住所等」に改正された。

(1) 「特定仕入れ」の意義

「特定仕入れ」とは、事業として他の者から受けた特定資産の譲渡等をいう（消法4①）。ここでいう特定資産の譲渡等とは、「事業者向け電気通信利用役務の提供」と「特定役務の提供」である（消法2①八の二）。特定資産の譲渡等があった場合、その仕入れ側が「特定仕入れ」となる。

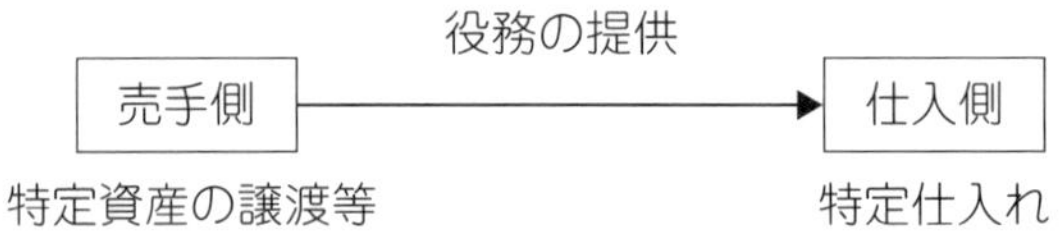

また、「特定課税仕入れ」とは、課税仕入れのうち国内において行った「特定仕入れ」に該当するものをいう。「特定課税仕入れ」は、リバースチャージ方式により、「特定課税仕入れ」を行った事業者に消費税の納税義務が課される（消法5①・28②・45①一）。

(2) 電気通信利用役務の提供の意義

電気通信利用役務の提供とは、資産の譲渡等のうち、電気通信回線を介して行われる著作物（著作権法に規定する著作物をいう。）の提供（当該著作物の利用の許諾に係る取引を含む。）その他の電気通信回線を介して行われる役務の提供（電話、電信その他の通信設備を用いて他人の通信を媒介する役務の提供を除く。）であって、他の資産の譲渡等の結果の通知その他の他の資産の譲渡等に付随して行われる役務の提供以外のものをいう（消法2①八の三）。

この電気通信利用役務の提供のうち、さらに、事業者向け電気通信利用役務の提供と消費者向け電気通信利用役務の提供とに分かれる。

事業者向け電気通信利用役務の提供とは、国外事業者が行う電気通信利用役務の提供のうち、当該電気通信利用役務の提供に係る役務の性質又は当該役務の提供に係る取引条件等から当該役務の提供を受ける者が通常事業者に限られるものをいう（消法２①八の四）。

(3) 内外判定

「電気通信利用役務の提供」について、国内取引か否かについては、原則として、役務の提供を受ける者の住所等が国内であれば、国内取引とする（消法４③三）。

(4) リバースチャージ方式

リバースチャージ方式とは、特定資産の譲渡等（事業者向け電気通信利用役務の提供及び特定役務の提供）が行われた場合に、役務の提供を受けた事業者、すなわち、仕入れを行った側である事業者に、その「事業者向け電気通信利用役務の提供」に係る支払対価の額を課税標準として、消費税の申告・納税義務を課す方式である（消法５①・28②・45①一）。すなわち、一般的には、売手側に消費税の申告・納税義務が生じるが、リバースチャージ方式ではそれを買手側に申告・納税義務を負わせるというものである。

なお、このリバースチャージ方式は、簡易課税を選択せずに申告する場合で、課税売上割合が95％未満である事業者のみが適用される（平成27年改正法附則42・44②）。

(5) 消費者向け電気通信利用役務の提供の取扱い

消費者向け電気通信利用役務の提供とは、国外事業者が行う電気通信利用役務の提供のうち、「事業者向け電気通信利用役務の提供」以外のものについては、当該役務の提供を行った国外事業者が申告・納税を行うこととなる。国内事業者が国外事業者から「消費者向け電気通信利用役務の提供」を受けた場合、当分の間、「登録国外事業者」から受けた「消費者向け電気通信利用役務の提供」のみ、仕入税額控除を行うことができる（平成27年改正法附則38①）。

なお、「登録国外事業者」とは、「消費者向け電気通信利用役務の提供」を行う国外事業者の申請に基づき、国税庁長官の登録を受けた国外事業者をいう（平成27年改正法附則38①）。

(6)　特定役務の提供の意義

特定役務の提供とは、国外事業者が行う、映画若しくは演劇の俳優、音楽家その他の芸能人又は職業運動家の役務の提供を主たる内容とする事業として行う役務の提供のうち、当該国外事業者が他の事業者に対して行うもの（不特定かつ多数の者に対して行う役務の提供を除く。）をいう（消法2①八の五、消令2の2、消基通5－8－5）。

この特定役務の提供についても、リバースチャージ方式による申告・納税義務が課される。

5　輸入取引

国内取引の消費税の課税は、資産等を譲渡する側の問題であるが、輸入取引については、外国貨物を引き取る側が焦点となる。この輸入取引に対する消費税の課税は、輸出取引等に係る免税と表裏の関係になる。すなわち、消費税は、国内において消費される物品あるいはサービスについて課税をするものであることから、国外で消費される輸出取引については、免税とする一方、輸入された外国貨物には課税することとしている。

(1)　課税対象となる外国貨物（無償の外国貨物は課税になるのか）

保税地域から引き取られた外国貨物は、消費税の課税対象となる（消法4②）。ここで注意すべきことは、国内取引における課税対象の要件と輸入取引の課税対象の要件が異なることである。すなわち、事業者の事業の要件及び有償取引の要件が、輸入取引の課税対象の要件にはないことである。したがって、保税地域から引き取られた外国貨物は、無償であっても課税対象となり、すべての輸入者が納税義務を負うことになる。これは、仕入に当たる輸入に課税をしないと、その購入価格にすでに消費税が含まれている国産品との間で税負担のバランスがとれなくなるからである。

また、保税地域以外の場所からの引取り、あるいは保税地域内の外国貨物の消費、使用は、原則として、保税地域からの引取りとみなされて、課税対象となる。

(2) 非課税となる外国貨物等（海外旅行のおみやげは課税になるのか）

非課税となる外国貨物等は、①有価証券等、②郵便切手類、③印紙、④証紙、⑤物品切手等、⑥身体障害者用物品、⑦教科用図書、である（消法別表第二）。また、外国貨物に係る消費税の免税措置は、関税定率法第14条（無条件免税）の規定により関税が免税とされるものは、原則として、消費税が免税となる。さらに、課税価格の合計額が１万円以下の外国貨物等について、原則として免税となる。したがって、海外旅行者の携帯品（おみやげ等）は、関税の免税範囲が定められているが、その関税の免税の範囲内であれば、消費税も免税となり、それを超える場合、関税と内国消費税を統合した簡易税率により課税が行われることになる。

6　非課税取引（駐車場の貸付けは、土地の貸付けとして非課税か）

消費税法は、消費に負担を求めて課税するという消費税の性格から、課税の対象とならないものを、課税から除いている。また、同法は、本来は課税であるが、政策的配慮により、非課税とするものを限定的に定めている（消法6・別表第一・別表第二）。この非課税取引は、課税対象外取引（不課税取引）ではなく、課税対象取引のうち、消費という概念になじまないもの、あるいは、政策的に非課税とされているものを意味する。また、非課税となるのは、その者の売上に係る消費税であり、仕入に係る消費税は、その者の負担となる。すなわち、非課税取引の仕入に係る消費税は、売上に係る消費税から控除することはできないことになる。非課税取引の例としては、消費になじまないとして除外されたものには、土地の譲渡、貸付け、利子、保険料、商品券等の譲渡等があり、政策として除かれたものには、社会保険医療、学校の授業料、入学金等、住宅家賃等がある。なお、仮想通貨に係る取引については、平成29年7月1日以降非課税取引となっている。

副題の場合、土地の貸付けであっても、土地が、施設の利用を伴って使用される駐車場、競技場、野球場等については、消費税の課税対象となる。したがって、駐車場として地面の整備又はフェンス、区画、建物の設置等をしていないときは、土地の貸付けに含まれる（消基通6－1－5（注））。

7　輸出免税（外国に所在する法人への国内情報の提供の対価は免税されるのか）

消費税は、国内で消費される物品あるいはサービスに負担を求めるものであることから、国外で消費される輸出取引については免税とする、消費地課税主義（仕向地主義）によっている（消法7）。言い換えれば、輸出までに課された消費税を、輸出のときに還付することで、消費税を除いた価格で輸出が行われるとする考え方に基づいている。したがって、この輸出免税は、非課税とは異なり、免税取引の仕入に係る消費税額は控除することができ、また、課税売上高に含まれる。輸出免税の要件は、次のとおりである。

① 課税事業者により行われたものであり、小規模事業者の納税義務の免除を受けている者はこの適用はない。

② 国内取引である資産の譲渡等であること。すなわち、国内にある資産

の譲渡として消費税の課税対象となるものが、輸出されることで免税を受けるという考え方である。

③　課税資産の譲渡であること。なお、非課税資産の輸出等の場合、輸出免税とは別に、仕入に係る消費税額の控除が特例として認められている（消法31）。

④　輸出及び輸出類似取引であり、これらの証明がなされていること。

副題の場合、国内情報の提供は国内取引に該当するが、外国に所在する事業者に対する情報提供の対価は、輸出免税となる。

8　納税義務者

(1)　国内取引の納税義務者（非居住者あるいは外国法人は納税義務者になるのか）

国内取引における納税義務者は、資産の譲渡等を行った事業者（個人事業者及び法人）である（消法５①）。さらに、人格のない社団等、法人ではない社団又は財団で代表者又は管理人の定めがあるものについては、法人とみなして消費税が課税される（消法３）。したがって、消費税法は、所得税法あるいは法人税法のように、納税者を居住者（内国法人）あるいは非居住者（外国法人）という区別をしていないことから、国内において課税資産の譲渡等を行った事業者は、非居住者あるいは外国法人であっても納税義務者となる。

ただし、小規模事業者の事務負担の軽減及び納税者が増加することに対する税務執行に配慮して、事業者免税点制度が設けられている。すなわち、その課税期間に係る基準期間における課税売上高が1,000万円以下（平成15年度改正、法人の場合は平成16年４月１日以後の開始する課税期間に適用、個人事業者の場合は平成17年分以降の適用）である事業者については、その課税期間中の国内において行った課税資産の譲渡等について、納税義務が免除されている（消法9）。

(2)　輸入取引の納税義務者（個人輸入は課税になるのか）

輸入貨物については、その課税貨物を保税地域から引き取る輸入者が納税義務者となる（消法5②）。この場合、納税義務者は、国内取引の場合のように事業者であることが要件とされていないことから、消費者であっても、納税義務者となる。また、小規模事業者の免税措置は、輸入取引には適用がないことから、すべての輸入者が、課税貨物について納税義務を負うことになる。副題の場合、保税地域から引き取る外国貨物が非課税でないかぎり、引き取る者が事業者でなくても、原則として、納税義務は生じることになる。

9　納税義務の免除

消費税法は、その課税期間に係る基準期間における課税売上高が1,000万円以下である事業者については、その課税期間中の国内において行った課税資産の譲渡等について、納税義務を免除している（消法9）。

(1)　課 税 期 間

原則として、個人事業者は暦年、法人はその事業年度が、課税期間となる（消法19）。

(2)　基準期間（新設法人の納税義務はどうなるのか）

小規模事業者の納税義務の免除は、基準期間における課税売上高が1,000万円以下であることを基準に判定しているが、この基準期間は、個人事業者の場合は、前々年、法人の場合、事業年度が1年である法人の場合は、前々事業年度、事業年度が1年未満の法人の場合は、その事業年度開始の日の2年前の日の前日から1年を経過する日までに開始した各事業年度をいう（消法2①十四）。このように判定する期間を2年前にした理由は、事業者が、課税期間と１年の間隔があることで、納税義務者になるための時間的余裕を与えるためである。新規に開業した個人事業者あるいは新設法人は、基準期間の課税売上高がないことから、原則として、納税義務がない。また、基準期間の中途に開業した個人事業者は、その開業の日から年末までの課税売上高により判定され、前々事業年度の途中で設立された法人は、前々事業年度の課税売上高を年換算した金額で判定をすることになる。

【3月決算法人の場合の課税期間と基準期間の関係】

(3) 特定期間

特定期間とは、①個人事業者がその年の前年の１月１日から６月30日までの期間、②法人のその事業年度の前事業年度（７月以下であるものを除く）開始の日から６月間、③法人のその事業年度の前事業年度が７月以下の場合で、その事業年度の前１年内の開始した前々事業年度があるときは、その前々事業年度の開始の日から６月間、のいずれかの期間をいう（消法９の２④）。

個人事業者のその年または法人のその事業年度の基準期間における課税売上高が1,000万円以下である場合であっても、その個人事業者又は法人（後述の課税事業者を選択しているものを除く）のうち、その個人事業者のその年または法人のその事業年度に係る特定期間における課税売上高が1,000万円を超えるときは、その個人事業者のその年または法人のその事業年度については、(1)にかかわらず、納税義務は免除されない（消法９の２①）。

なお、特定期間における課税売上高に代えて、個人事業者又は法人が特定期間中に支払った所得税法に規定する給与等の金額を用いることができる

（消法9の2③）。

(4)　課税売上高の算定（返品等がある場合の課税売上高の算定はどうなるのか）

課税売上高は、税抜きの課税資産の譲渡の対価の額の合計額から、税抜きの返品、売上値引、割戻しの合計額を控除した金額である。なお、免税とされた輸出取引等による売上高等は、課税売上高に含まれる。

(5)　課税事業者の選択（小規模事業者は免税になり有利なのか）

この制度は、納税義務が免除される事業者であっても、輸出専門の事業者等、仕入税額控除により還付が生じる場合、選択により課税事業者となることを認めたものである（消法9④）。

この選択を行う事業者は、「消費税課税事業者選択届出書」を納税地の所轄税務署長に提出しなければならない。この届出書を提出した事業者は、提出した日の属する課税期間の翌課税期間から納税義務者となる。また、課税事業者を選択した者は、事業を廃止した場合を除いて、2課税期間について当該選択の適用をやめることはできない（消法9⑥）。なお、事業を開始した等の場合は、届出書を提出した課税期間から納税義務者になれる。

また、事業者が、課税期間開始前に「課税事業者選択届出書」を提出できなかったことについて、災害等のやむを得ない事情がある場合、税務署長の承認を受けることを条件として、当該適用を受けようとする課税期間の開始の日の前日に当該届出書が提出されたものとみなす特例がある（消令20の2①）。

10　資産の譲渡等の時期（商品販売の手付金を受け取った場合の課税はどうなるのか）

資産の譲渡等の時期は、基本的に、所得税あるいは法人税の課税所得の計算における総収入金額あるいは益金の額に算入すべき時期と同じであり、具体的には、引渡基準を原則としている。なお、平成10年度の所得税・法人税の改正により、割賦販売及び長期工事等について収益計上基準の見直しが行われ、消費税についても所要の改正が行われた（消法16・17）。

なお、副題の場合、手付金は前受金として受け取ったことになり、実際に商品の引渡しの段階まで課税はない。

11　課税標準と税率

(1)　国内取引に係る消費税の課税標準（代物弁済における対価の額とは何か）

課税資産の譲渡等に係る消費税の課税標準（消法28①）は、消費税抜きの課税資産の譲渡等の対価の額である。また、課税標準は、個人事業者の自家消費及び法人が資産を役員に贈与した、みなし譲渡等の対価の額を含む。また、売上について、返品、値引、割戻し等の売上に係る対価の返還がある場合、原則として、当該対価の返還に係る消費税額を売上に係る消費税から控除するが、継続適用を条件として、対価の返還の額を売上額から控除して、その控除後の金額を課税資産の譲渡等の対価の額とする経理が認められる。同様に、貸倒債権に係る消費税額についても、その税額の控除が認められている（消法39）。

なお、副題の場合、代物弁済により消滅する債務の額（当該資産の価額が債務の額を超える額に相当する金額につき支払を受ける場合はその支払を受ける金額を加算した金額）が対価の額となる。

(2)　輸入取引に係る消費税の課税標準（輸入貨物の課税となる金額に含まれるものは何か）

輸入取引における課税貨物の課税標準（消法28③）は、関税課税価格（通常はCIF価格）、関税額及び消費税以外の個別間接税額の合計額である。

(3)　軽減税率制度導入前の税率

消費税の税率は、同法創設以来３％であったが、平成９年４月１日以降、消費税の税率は４％に引き上げられ（消法29）、別途創設された地方消費税の税率は消費税率の25％（消費税率１％相当）であることから、地方消費税と併せての消費税率は５％となる。その後、平成26年４月１日から３%引き上げられ消費税率８％（うち地方消費税分1.7%）となっていた。

(4)　軽減税率制度の導入

消費税率が令和元年10月1日から10%（うち地方消費税分2.2%）に引き上げられたことに伴い、消費税の逆進性を緩和する等の観点から軽減税率制度が導入された。この軽減税率制度では、酒類等を除いた一定の飲食料品と定期購読する新聞に対して8%（うち地方消費税分1.76%）の軽減税率を適用するというものである。

飲食料品とは、食品表示法に規定する食品（酒類を除く）をいい、一定の要件を満たす一体資産を含む。外食やケータリング等は、軽減税率の対象品目には含まれない。なお、食品表示法に規定する「食品」とは、全ての飲食物をいい、人の飲用又は食用に供されるものである。また、「食品」には、「医薬品」、「医薬部外品」及び「再生医療等製品」が含まれず、食品衛生法に規定する「添加物」が含まれる。

他方、軽減税率の対象となる新聞とは、一定の題号を用い、政治、経済、社会、文化等に関する一般社会的事実を掲載する週２回以上発行されるもので、定期購読契約に基づくものをいう。

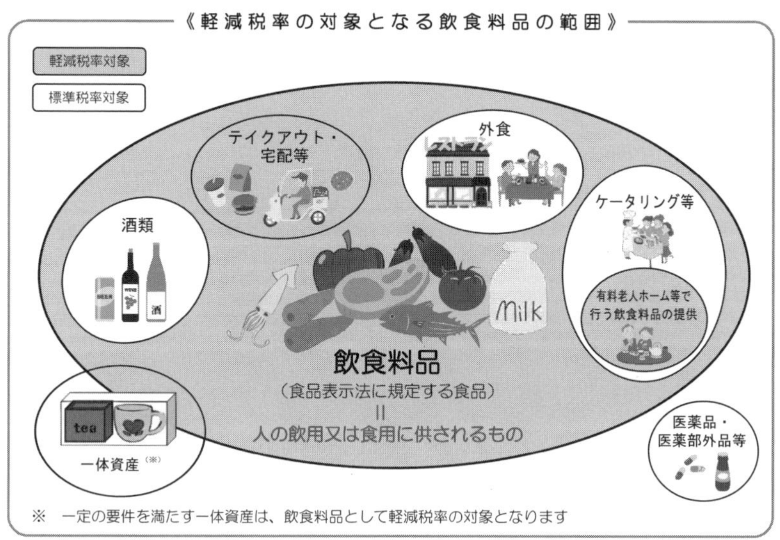

（出典：国税庁「よくわかる消費税軽減税率制度」）

12　仕入に係る消費税額の控除

(1)　適用となる事業者（免税事業者はこの適用が受けられるのか）

この仕入税額控除の適用を受けることのできるのは納税義務のある事業者であり、納税義務を免除された事業者はこの適用を受けることはできない。

(2)　控除対象となる課税仕入（免税事業者からの仕入の処理はどうなるのか）

課税仕入とは、事業者が、事業として他の者から資産を譲り受け、もしくは借り受け、又は役務の提供を受けることをいう。そして、給与等を対価とする役務提供、非課税の資産の譲渡等及び免税となる課税資産の譲渡等は、課税仕入にならない（消法2①十二）。また、課税仕入は、事業として行うことを要件としていることから、個人事業者が、家事消費等のために行うものは、課税仕入に該当しないことになる。なお、仕入先が免税事業者あるいは消費者である場合、これらの者から課税資産の譲渡を受けたときは、課税仕入に該当する。

控除の時期は、課税仕入を行った日又は課税貨物を引き取った日の属する課税期間において行われ、控除の対象となる消費税額は、課税仕入に係る支払対価の額に110分の7.8を乗じた金額となる（標準税額を前提）。

(3) 控除税額の計算（外国公館等への売上がある場合の課税売上割合の計算はどうなるのか）

消費税は、売上に係る消費税額から仕入に係る消費税額を控除して計算するが、売上において、非課税売上がある場合、これに対応する仕入については、その負担した消費税を控除しないことを基本としている。そこで、課税期間における課税売上の割合95％を基準として、95％以上、かつ、課税期間の課税売上高が5億円以下であれば、その課税期間中の課税仕入等の税額の全額を控除し、課税売上割合が95％未満の場合は、非課税売上に対応する仕入税額を控除しないという視点から、事業者の選択により、個別対応方式あるいは一括比例配分方式のいずれかの方法により控除税額を計算する（消法30①・②）。なお、課税売上割合の算式は、次のとおりである。

$$\text{課税売上割合}=\frac{\text{その課税期間中の課税売上高（税抜）}}{\text{その課税期間中の課税売上高（税抜）}+\text{その課税期間中の非課税売上高}}$$

個別対応方式とは、その課税期間中において行った課税仕入れ等の税額を、用途に応じて、①課税売上のみに係る仕入れ税額、②非課税売上のみに係る仕入れ税額、③課税、非課税売上に共通して係る仕入れ税額、の３つの用途に区分し、次の算式で計算した金額を仕入控除税額とする方式である（消法30②一）。

控除税額＝［課税売上に係る課税仕入の税額］＋［課税、非課税売上に共通する課税仕入の税額］×課税売上割合

この方式では、非課税売上に対応する仕入等に係る消費税が控除されないことになる。

一括比例配分方式とは、課税仕入れ等の税額について、個別対応方式の場合における用途区分が明らかにされていない場合やその区分が明らかにされていても納税者が選択した場合に適用でき、次の算式で計算した金額を仕入控除税額とする方式である（消法30②二）。

控除税額＝［課税仕入の税額］×課税売上割合

この方式は、個別対応方式に比較して簡便な方式といえるが、この方式を選択した事業者は、２年間継続適用することとされている（消法30⑦）。

副題の場合、外国公館等との取引は、所定の手続により免税となるが、免税取引であることから、この取引の金額は、課税売上の額に算入される。

13　適格請求書等保存方式（インボイス制度）の導入

(1) 概　　要

令和５年10月１日より、軽減税率制度の導入に伴って複数税率に対応した仕入税額控除の方式として適格請求書等保存方式（インボイス制度）が開始される。適格請求書とは、売手が買手に対し正確な適用税率や消費税額等を伝えるための手段であり、一定の事項が記載された請求書や納品書等をいう。

この方式のもとでは、買手は、仕入税額控除の要件として、適格請求書発行事業者（インボイス発行事業者）から交付を受けた適格請求書（インボイ

ス）等の保存が必要になる。

売手である適格請求書発行事業者は、販売等する際に、買手から適格請求書の交付を求められたときは、原則として、適格請求書を交付する義務がある。

他方、買手側では、原則として、一定の事項を記載した帳簿及び適格請求書等の保存が仕入税額控除の要件となる。なお、自動販売機での購入や駅で切符を購入した場合など、請求書等の交付を受けることが困難な一定の取引については、一定の事項を記載した帳簿のみの保存で仕入税額控除が認められる。

(2)　適格請求書等保存方式（インボイス制度）導入後の税額計算

令和5年10月1日以降も、売上税額から仕入税額を控除して消費税額を計算するという方法は変わらない。

①　売上税額の計算

原則 （割戻し計算）	税率ごとに区分した課税期間中の課税売上（税込）の合計額に、110分の100（軽減税率の場合は108分の100）を乗じて税率ごとの課税標準額を算出し、それぞれの税率（7.8%又は6.24%）を乗じて売上税額を計算する。 ①軽減税率分の売上税額＝軽減税率分の課税売上（税込）×100/108×6.24/100 ②標準税率分の売上税額＝標準税率分の課税売上（税込）×100/110×7.8/100 ③売上税額の合計額＝①＋②
特例 （積上げ計算）	相手方に交付した適格請求書等を保存している場合には、課税期間中のそれらの書類に記載した消費税額等の合計額に100分の78を乗じて算出した金額を売上税額とすることができる。 この方法が選択できるのは、適格請求書発行事業者に限られる。 売上税額の合計額＝適格請求書記載の消費税額の合計額×78/100

② 仕入税額の計算

原則 （積上げ計算）	相手方から交付を受けた適格請求書等に記載されている消費税額等のうち課税仕入れに係る部分の金額の合計額に、100分の78を乗じて仕入税額を算出する。 仕入税額の合計額＝適格請求書記載の消費税額のうち課税仕入れに係る部分の合計額×78/100
特例 （割戻し計算）	課税期間中の課税仕入れに係る支払対価の額を税率ごとに合計した金額に、110分の7.8（軽減税率の場合は108分の6.24）を乗じて仕入税額を計算する。 ①軽減税率分の仕入税額＝軽減税率分の課税仕入（税込）×6.24/108 ②標準税率分の仕入税額＝標準税率分の課税仕入（税込）×7.8/110 ③仕入税額の合計額＝①＋②

③ 税額計算の組合せ

売上税額と仕入税額の計算方法の組合せについては、以下の組合せが可能である。

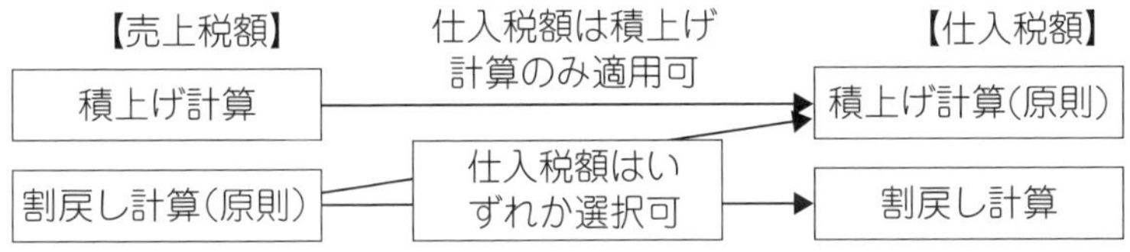

(3) 免税事業者からの仕入れに係る経過措置

本来、免税事業者や消費者から仕入れた場合、その取引には消費税が含まれていないはずであるから、仕入税額控除をすることはできないが、インボイス制度導入までは仕入税額控除が認められている。

ただし、インボイス制度への円滑な移行のため、免税事業者や消費者などからの課税仕入れについて、令和５年10月１日から令和８年９月末までの３

年間は仕入税額相当額の80％を、その後令和11年９月末までの３年間は仕入税額相当額の50％を控除できるが、令和11年10月１日からは仕入税額控除はできなくなる。

(4)　小規模事業者に対する納税額に係る負担軽減措置

免税事業者が適格請求書発行事業者を選択した場合の負担軽減を図るため、納税額を売上税額の２割に軽減する激変緩和措置を令和５年10月１日から令和８年９月30日までの日の属する課税期間の３年間だけ適用する（28年改正法附則51の２①②)。これにより、業種にかかわらず、売上を把握するだけで消費税の申告が可能となることから、簡易課税に比べて事務負担も大幅に軽減されることとなる。

14　簡易課税制度（設備投資を行う中小事業者にとってこの制度は有利か）

この簡易課税制度（消法37）は、中小事業者の事務負担の軽減のために、売上に係る消費税額から、その一定割合を仕入に係る消費税額とみなして控除することを認めたもので、売上金額がわかれば、納付税額が計算できる仕組みになっている、仕入税額控除の計算の特例である。

【簡易課税制度の場合の仕入控除税額の計算式】

仕入控除税額＝課税売上高（税抜）×みなし仕入れ率＋特定課税仕入れに係る消費税額

この制度の適用を受けるための要件は、免税事業者を除く事業者のうち、その基準期間における課税売上高が5,000万円以下である課税期間について、この制度の適用を受ける旨の届出書を提出した場合、その届出書を提出した日の属する課税期間の翌課税期間以後の課税期間からこの制度が適用される。なお、事業者が課税期間開始前に届出書を提出できなかったことについて、やむを得ない事情がある場合の特例がある。また、この制度の適用を受ける旨の届出書を提出した場合は２年間の継続適用が必要となる。

この制度におけるみなし仕入率は、第一種事業（卸売業）90%、第二種事業（小売業）80%、第三種事業（農林水産業、製造業等）70%、第四種事業（飲食店等その他の事業）60%、第五種事業（運輸通信業、サービス業、金融業及び保険業）50%、第六種事業（不動産業）40%である。なお、２種類以上の業種を兼業している場合は、原則として、それぞれの事業ごとにみなし仕入率を適用することになる。

副題の場合、課税仕入に係る消費税額が多額となることから、簡易課税制度が納税者にとって不利になる場合も生じる。

15　帳簿等の保存・記載事項

仕入税額控除を行うためには、帳簿等の保存が要件とされている。

(1)　帳簿等の保存

事業者（免税事業者を除く）は、仕入税額控除をするためには、原則として、課税仕入れ等の事実を記載した帳簿及び請求書等を７年間保存しなければならない（消法30⑦、消令50①）。

(2)　帳簿及び請求書等の記載事項

軽減税率制度導入後は、軽減税率分と標準税率分とが区分して記載された帳簿及び請求書の保存が必要となる区分記載請求書等保存方式となっている。

(3)　適格請求書等保存方式における帳簿等の要件

令和５年10月１日からは、適格請求書等保存方式（インボイス制度）が導入され、税務署長の登録を受けた適格請求書発行事業者から交付を受けた適格請求書及び帳簿の保存が仕入税額控除の要件となる。

16　申告と納付

(1)　国内取引

事業者は、課税期間終了後2か月以内に、所轄税務署長に確定申告書を提出するとともに、その申告に係る消費税を納付しなければならない（消法45①・49）。なお、個人事業者の申告期限及び納付期限は翌年の3月31日である（措法86の4）。また、事業者は、確定申告の義務のない場合であっても、還付を受けるための申告をすることができる（消法46）。なお、平成23年度税制改正によると、消費税の還付申告書（仕入控除税額の控除不足額の記載のあるものに限る）を提出する事業者に対して、「仕入税額控除に関する明細書」の添付が義務付けられた。

(2)　輸入取引

課税貨物を保税地域から引き取る際に、申告、納付を行う（消法47・50）。

(3)　中間申告

大規模事業者が、消費税の運用益を享受することに対して批判があったことから、平成3年度改正により、中間申告と納付の方法が改められ、平成8年度改正により中間申告に係る金額が引き下げられている。さらに、平成15年度改正により、その内容が次のように改正された（消法42）。

① 直前の課税期間の年税額が4,800万円を超える場合の中間申告は毎月行う。

② 直前の課税期間の年税額が400万円を超え4,800万円以下の場合の中間申告は年3回である。

③ 直前の課税期間の年税額が48万円を超え400万円以下の場合の中間申告は年1回である。

〔参考文献〕

(1)　金子宏『租税法（第24版）』（弘文堂　令和３年）

(2)　木村剛志・大島隆夫『消費税法の考え方・読み方（五訂ＯD版）』（税務経理協会　平成27年）

(3)　藤曲武美・秋山高善『Ｑ＆Ａ　国境を越える電子商取引等に関する消費税の実務』（日本加除出版　平成27年）

(4)　上杉秀文『国際取引の消費税QA』（税務研究会出版局　平成27年）

第６章　国際租税法

1　国際租税法総論

(1)　国際租税法の概要（国際租税法という法は存在するのか）

国際的に活動する企業は、その事業・投資活動から生じる所得に対して２以上の国から課税を受けることになる。このような課税関係は、国際税務（international taxation）といわれ、この国際税務に関する法は、国際租税法といわれている。

例えば、日本企業が外国に投資をする場合、その企業は、企業の母国（居住地国）である日本において居住者（内国法人）としてその全世界所得を課税されるとともに、投資先の国（源泉地国）では、非居住者（外国法人）として、その国で生じた所得について課税を受ける。すなわち、母国と外国の双方で活動を行う企業に対して、それぞれの国の税法が適用されることになる。

このような国際的な事業・投資活動に関して、租税法は、国際的には定められておらず、企業の母国と投資先の国の国内税法が、それぞれ適用されることになる。例えば、わが国の場合、法人に関する国際租税関連の規定として、外国税額控除（法法69）、外国法人の納税義務（法法第３編）、外貨建取引の換算等（法法61の８～61の10）、移転価格税制（措法66の４）、過少資本税制（措法66の５）、過大支払利子税制（措法66の５の２）、外国子会社合算税制（措法66の６）等が規定されている。このような税制は、その内容は各国で異なるにせよ、ほとんどの先進諸国で規定されている。

この国内法以外に、国際間では、租税に関する国家間の取決めとして租税条約が締結されている。租税条約は、国家間の資本あるいは人的交流を促進し、租税が同一の所得に対して双方の国で課される、いわゆる国際的二重課税を排除あるいは軽減することで、租税が、これらの障害になることを防止することを目的として締結されている。また、租税条約以外に、外交官等の相互免税を規定した「外交関係に関するウィーン条約」等の条約あるいは各種の国際協定等が、租税に関する定めを置いている。

国際租税法は、このように、自国の国内法及び外国の国内法並びに租税条約等の国際的条約等から構成され、国際的に、２以上の国あるいは国際機関等が、多国籍に適用される税法を定めていることではない。また、その目的は、国際的な二重課税の排除をすることにより国際間の資本及び人的交流を促進する一方、国際的な租税回避あるいは脱税等を防止することで自国の歳入を確保することにある。

(2)　課税管轄権（各国の税率は国際間で調整されているのか）

国家は、主権を有しており、原則として、その領土及び国民を自由に支配することができる。このような国内問題をもっぱら管轄し得る国家の権能は、国内管轄権といわれ、他国は、この国内管轄権に介入することはできない。課税管轄権（tax jurisdiction）は、この国内管轄権に含まれる概念である。

また、国家は、独自に国籍を決定することができ、国民となった者は、その国の統治に服し、その法の下で生活することになる。これを対人主権という。さらに、外国人の場合、その国内にいるかぎり、その国の領土主権に服し、その国の統治の下に立たなければならない。

この主権に基づく課税管轄権の行使について、国が、その国の国民あるいは企業、外国人あるいは外国企業に対して、どのような税制を適用しても自由であり、他国から干渉を受けることはない。したがって、世界各国の税制は、国家間で調整されることはないことから、法人税あるいは所得税のない国もあれば、高い税率で法人税あるいは所得税を課税する国も存在することになる。

わが国は、所得税においては、納税義務者を居住者と非居住者に大別して（所法５）、居住者を非永住者とそれ以外の居住者（永住者）に分けて、それぞれの課税所得の範囲を定めており（所法７）、原則として、国籍では個人を区別していない。これは、国家間の人的移動の増加により、国籍という法的な帰属ではなく、生活を営み家計を維持している経済的帰属の場所で課税を行うという、居住者概念を基礎としたものである。したがって、外国国籍の者でも居住者に該当する場合が生じることになる。

法人の場合は、その法人の国籍により区分する基準として設立準拠法主義あるいは本店所在地主義があり、経済的帰属を基礎とする基準として、その法人の管理支配の行われている国により判定する管理支配地主義、あるいはその業務の中心である国をその法人の本拠地とするみなし本店所在地主義があるといえる。なお、わが国の法人税法は本店所在地主義を規定している。

また、内国法人及び居住者の課税所得の範囲について、法人税及び所得税は、全世界所得（国内源泉所得＋国外源泉所得）を規定しているが、この規定は、居住者及び内国法人の国外源泉所得を日本で免税とすると、国内源泉所得のみを得ている他の納税義務者と、課税上、平等ではなくなることを考慮したもので、仮に、国の政策として、海外投資を促進し、企業の国際競争力を増進させることを目的とするのであれば、国外源泉所得を免税にする方式も、政策としてはあり得ることになる。

居住者及び内国法人に対する課税が、「居住者」あるいは「法人の国籍」を連結環とする人的主権に基づくものである一方、非居住者及び外国法人に対する課税は、領土主権に基づくものといえる。すなわち、非居住者及び外国法人とその国家との人的関連は希薄であり、そこでは、その領土内で生じた所得（国内源泉所得）が連結環となる。したがって、居住者及び内国法人に対する課税は、その人的側面を重視することで、その者が稼得するすべての所得を課税範囲とすることが可能であるが、非居住者及び外国法人の課税は、所得という物的側面が重視され、原則として、国内源泉所得に限定して課税を行うことになる。

(3) 国際的租税回避（税金のない国に法人を設立することは有利か）

すでに、課税管轄権の項で説明したように、各国は、他国から干渉されることなく、独自に自国の税制を決定することができる。そのため、外国投資をする企業にとって、税以外の要素を考慮しなければ、所得税あるいは法人税がない国等（タックス・ヘイブン）に子会社等を設立して、当該子会社に所得を留保することが最も有利になる。このような事態に対処するために、先進諸国は、タックス・ヘイブン税制を規定して、このような国際的租税回避を防止している。また、いわゆるタックス・ヘイブンに、販売子会社を設立して、当該子会社に、通常の価格よりも安価で製品を販売することで、親会社の所得をこの子会社に移転して留保することができるが、このように製品価格あるいはサービスの対価等、関連会社間の移転価格を操作することで関連会社間の所得の移転を防止し、所得移転があった場合、それを再配分する税制が、移転価格税制である。

さらに、租税条約締約国ではない第三国の居住者が、締約国の一方の国にトンネル会社等を設立して、他方の締約国の課税を租税条約により減免することでその恩典を得ることをトリティーショッピング（treaty shopping）といい、これも、租税条約を利用した国際的租税回避である。米国は、自国のモデル租税条約等において、このトリティーショッピング防止の条項を規定している。なお、2003年11月に署名された日米租税条約の第22条（特典条項）は、このトリティーショッピングを防止するための条項である。

このような国際的租税回避は、国内における租税回避と同様に、租税法の予定した節税という行為と異なり、関連会社間の価格を操作したり、実体のない法人をダミーとして利用する等の手段を使って、租税を免れる行為である。このような課税当局と納税者間の一種のタックス・ゲームが、国際租税をより複雑なものとしている。

近年、わが国において国際的租税回避が問題視されていることを受けて、平成17年度税制改正では、非居住者等に対する不動産化体株式及び事業譲渡類似株式の譲渡益課税の適正化、民法組合等の外国組合員に対する源泉徴収制度の創設、移転価格税制における国外関連者の範囲の拡充等の措置が講じられている。

また、OECD（経済協力開発機構）は、G20の支援を受けて、国際的租税回避に対応策を検討し、2013年2月に、BEPSに対する現状分析報告書として、「税源浸食と利益移転への対応」（Addressing Base Erosion and Profit Shifting）を公表した。さらに、OECDは、2013年7月に、「BEPS行動計画」（Action Plan on Base Erosion and Profit Shifting）を公表し、各国の関係団体等の意見を踏まえて、2015年10月5日にBEPS行動計画に示された15の課題に関するBEPS最終報告書が公表されている。日本は、このBEPS勧告に基づいて国内法等の改正を順次進めている。

2　租税条約

(1)　租税条約の目的（誰が租税条約の恩典を受けることができるのか）

租税条約を締結する目的は、国際間の二重課税の回避あるいは脱税の防止にある。租税条約は、租税が、国家間の資本あるいは人的交流等を妨げないために締結される条約であり、条約相手国の企業等が、自国で所得を得る場合、その課税を減免することで、この国際間における二重課税を排除あるいは軽減することを規定している。したがって、内国法人の場合、わが国において租税条約の恩典を受けることはできないが、条約相手国である外国において、その国で生じた所得に対する課税が減免されることになる。もちろん、租税条約は、租税の免除の場合と租税の軽減の場合があり、条約相手国において租税が免除されれば、国際的二重課税は生じないが、租税の軽減の場合は、条約相手国においても課税を受けることになるので、国際的二重課税は排除されないことになる。そこで、わが国の場合、租税条約及び国内法の規定により、基本的に、外国で所得等に課された租税について外国税額控除を選択することにより二重課税の排除を行っている。

(2)　モデル租税条約の役割（モデル租税条約を守らないと不都合があるのか）

租税条約には、OECD等の国際機関等から公表されたモデル租税条約がある。このOECDにより公表されたOECDモデル租税条約といわれているものは、OECDが、1963年にまとめた「所得及び資本に対する二重課税回避のための条約草案」が最初のもので、次に、その改訂版で、1977年にOECD理事会で採択されたものが、従来からOECDモデル租税条約といわれてきた。これは、1992年及びそれ以降に改訂され、現在に至っている。また、その他のモデル租税条約としては、先進国と発展途上国との間のモデル租税条約として、国際連合が、1979年（2001年改訂）に、国際連合モデル租税条約を公表している。米国は自国の租税条約締結の指針として、1977年、1981年、1996年、2006年及び2016年にモデル租税条約を公表している。

OECDモデル租税条約及び国際連合モデル租税条約は、加盟各国の国際間における条約ではなく、あくまでも国際機関による勧告であることから、それを各国に強制する力はない。しかしながら、これらのモデル租税条約に規定されている原則等は、すでに国際的に認められたものであり、各国が租税条約を締結する場合、その内容については両国の合意により、必ずしも、OECDモデル租税条約を踏襲する必要もないが、原則的に、OECDモデル租税条約に準拠する形になっている。また、一度締結して施行された租税条約の解釈について、租税条約の条項が簡潔な表現であり、かつ、公式の説明等が租税条約に付されていないことが多いことから、OECDモデル租税条約に付された詳細なコメンタリーが、個別の租税条約の解釈に参照されることが多い。

(3) 租税条約と国内法の関連（租税条約と法律の適用関係はどうなるのか）

わが国では、憲法第98条第２項に条約遵守を規定していることから、国際条約である租税条約は、国内法（法律）に優先して適用となる。また、租税条約と国内法が同位にあることを憲法等で規定している国（例えば、米国）では、後法としての国内法が租税条約と異なる定めをおく場合、後法優先の原則により、国内法が優先する国もある。わが国では、国内法と租税条約に異なる規定がある場合、租税条約の規定が適用になり、一般に、租税条約は、所得源泉地国における租税の減免を規定していることから、租税条約を適用することによって、国内法よりも租税の負担が増加することはないように機能することになる。具体的な課税においては、最初に、国内法の適用を検討し、続いて、租税条約に別段の定めがあれば、国内法が租税条約により修正されて適用されることになる。

(4) 租税条約の一般原則（米国国籍の個人は、どの国の租税条約の適用を受けるのか）

租税条約は、国内法と比較すると、その規定の内容は簡潔といえる。通常、租税条約の構成は、個別的な規定の前に、租税条約の適用となる人的範囲、対象税目、条約上の用語の定義等がおかれている。

人的範囲は、条約締約国の居住者（個人居住者及び内国法人）が適用の対象となる。したがって個人の場合は、その者の国籍ではなく、居住者である国の租税条約の適用を受けることになる。また、対象税目は、通常、所得税及び法人税であり、地方税である住民税等を除いている条約もある。条約上の用語の定義では、条約上に定義のない用語についての解釈は、租税条約を適用して課税を行う国の国内法の解釈によることになっている。また、租税条約は、条約相手国の居住者の課税を減免することをその目的としていることから、自国の居住者にはその恩典が及ぶことはなく、条約相手国の居住者の課税を強化することに使用されることはないことを原則としている。

(5) 事業所得（外国法人の事業所得は、その所得源泉地国においてすべて課税を受けるのか）

租税条約における事業所得の課税は、租税条約に定める支店等の恒久的施設（permanent establishment：PE）がなければ、条約相手国（源泉地国）における事業所得課税がないという原則を規定している。これが、事業所得課税の第一の要件である。

この恒久的施設の例外としては、企業のために商品を購入し又は情報を収集することのみを目的とするもの等は、物理的な施設が存在しても、恒久的施設には含まれない。

また、企業の一定要件の従属的代理人が、源泉地国で支店と同様の機能を果たす場合、この代理人は、恒久的施設となる。この要件は、本人に代わって契約締結権限を有し、これを常習的に行使することである。

第二の要件は、外国法人が、恒久的施設を有する場合、当該恒久的施設は、外国法人の組織の一部であり、本店（外国法人）と支店（恒久的施設）の取引は一つの法人内の内部取引になる。したがって、何の規制もなければ、外国法人が恣意的に当該支店の利益を操作することができることになる。そこで、租税条約は、上記の恒久的施設原則に続く事業所得算定の第二の原則として、独立企業の原則を規定している。この独立企業の原則は、本店と支店がそれぞれ独立した者と仮定して取引が行われることを定めた原則である。

さらに、恒久的施設の所得の範囲を決定する原則として、総合主義と帰属主義がある。

総合主義とは、国内に支店等の恒久的施設がある場合、この支店等にすべての国内源泉所得を総合して課税する方式をいう。わが国の国内法は、この方式を採用していたが、この方式では、支店等に帰属しない投資所得、その支店を通さない本店直取引による所得も合算して課税されることになる。

帰属主義は、支店等に帰せられるすべての所得について、その支店等の所在地国において課税を行う方式をいう。OECDモデル租税条約をはじめとして、わが国の締結した租税条約のほとんどがこの方式を採用している。

ここまでの説明は、OECDモデル租税条約の旧事業所得条項(旧7条)に基づくものであるが、OECDは、2009年11月にモデル租税条約における事業所得条項(新7条)を改正した。その理由として、旧7条に関して各国における解釈等に相違があり、その結果、二重課税等の事態が想定されたからとOECDは説明している。この新7条は、OECD承認アプローチ（authorized OECD approach）といわれ、PEへの利得を帰属させるための望ましいアプローチとしてOECDにより開発されてきたものである。

非居住者課税の原則は、平成26（2014）年度の「総合主義から帰属主義へ」の改正により大きくその内容を変えたのである。その詳細については、本章3「外国法人」の項参照のこと。

(6) 国際運輸業所得の課税（国際線で営業する航空会社の課税はどうなるのか）

国際運輸に従事する企業が、条約相手国に恒久的施設を有する場合、通常であれば、その所得は条約相手国で課税を受ける事業所得であるが、その事業の特殊性、所得算定の技術的困難性等を考慮して、わが国の締結している租税条約では企業の居住地国でのみ課税を行うことになっている。

(7) 不動産所得（日本居住者がハワイの建物を賃貸している場合の課税はどうなるのか）

不動産の賃貸等から生じる所得は、その不動産の所在する国に所得源泉があるとされる。

したがって、外国法人あるいは非居住者が、その国で不動産所得を得る場合、その不動産の所在地国の国内法により、その所得を申告して納税する。

不動産所得については、租税条約による税率の軽減はない。

副題の場合、米国において課税関係が生じることになる。

(8) 利子、配当、使用料等（外国法人からの借入金の利子の課税はどうなるのか）

利子、配当、使用料等の投資所得については、租税条約のそれぞれの該当する条項に定義規定があり、その内容が定められている。そして、租税条約に定める軽減税率が適用される。

例えば、利子所得は、国内法では20.42％の税率による源泉徴収であるが、租税条約により10％等に軽減となる。なお、この場合、この適用を受ける者は、「租税条約に関する届出書」を支払者を通じて支払者の所轄税務署長に提出することとなる。また、外国法人等が、これらの所得の生じた国に恒久的施設を有し、これらの所得が、この恒久的施設に実質的に関連を有するときは、これらの所得は事業所得に含まれるが、わが国における課税では、当該所得について限度税率を超える税率による税額相当額は、総合課税による所得税額又は法人税額より控除されることになる（租税条約実施特例法4）。

さらに、国内法は、貸付金に係る利子あるいは使用料については、その利子の支払の基因となった資金の使用された場所あるいは使用料の支払の基因となった権利等の使用の場所を所得源泉地とする使用地主義を採用しているが、租税条約において、その支払者が居住する国においてその所得が生じたとする債務者主義を規定している場合、租税条約の定める所得源泉ルールが適用される（所法162、法法139）。

改正された日米租税条約及び日英、日仏租税条約等は、特定の親子間配当、利子及び使用料等の投資所得に対する限度税率を引き下げている。

(9) キャピタル・ゲイン（外国に居住する個人が得た日本の土地譲渡益の課税はどうなるのか）

資産の種類等により租税条約の規定は一律ではないが、典型例として、不動産の譲渡は、その不動産の所在地国に課税権を認めている。また、株式の譲渡は、対先進国条約では、その譲渡した者の居住地国で課税することになるが、一定以上の不動産を保有する法人の株式の譲渡あるいは事業譲渡類似の株式の譲渡の場合、源泉地国課税を規定した条約例もある。さらに、無形資産の譲渡は、使用料と同様の課税を行うことを規定した条約が多い。

副題の場合、この個人は日本で納税する義務がある。

⑽ 自由職業者等（外国の大学教授の講演料の課税はどうなるのか）

医師、弁護士等の独立的な地位に基づいて提供される人的役務を自由職業所得といい、この所得は、原則として、源泉地国に事務所等の固定的施設を有する場合、課税されることになる。

副題の場合、大学教授による学術上の講演料は、租税条約の自由職業所得に該当し、免税となる。

⑾ 給与所得者等（日本人社員が米国子会社に１か月出張した場合、米国で課税を受けるのか）

国際間における給与所得課税の原則は、原則としてその勤務が行われる国で課税される。したがって、内国法人に勤務する者は、内国法人から給与を受け取っている場合であっても、その勤務する場所が外国である場合（例えば、外国へ出張するような場合）、その勤務する国でその給与所得に課税を受けることが原則となる。逆の例として、日本の外資系法人で勤務する外国国籍の者が、外国親会社から外貨建ての給与を本国で受け取っている場合、この者の勤務する場所は日本であることから、日本で、当該外貨を円に換算して、給与所得の申告が必要となる。

このように、給与所得者の勤務地で所得源泉地を決定することで、給与の支払地による所得源泉の操作が防止されていることになる。

租税条約は、一方の国の居住者が、条約相手国への出張等により、その国で勤務することにより、その国の非居住者として課税を受けると、双方の国で課税を受ける国際的二重課税になることから、人的交流を阻害しない措置として短期滞在者免税を規定している。具体的には、出張して、たとえ１日でも外国で勤務をすれば、その１日分に相当する給与所得がその国で課税を受けることになることを、租税条約は排除している。

この短期滞在者免税の要件は、次の三つの要件のすべてを充足する場合に、短期滞在者を免税として、勤務地国の課税が免除される。

①　勤務地国での滞在期間が課税年度を通じて合計183日を超えないこと

②　報酬を支払う雇用者又はこれに代わる者が勤務地国の居住者でないこと

③　雇用者が勤務地国に恒久的施設又は固定的施設を有する場合、報酬がこれらの施設により負担されないこと

上記の①の要件は、1994年のOECDモデル租税条約、日米租税条約等において改正され、「課税年度に開始もしくは終了する12か月の期間を通じて合計183日を超えないこと」となっている。なお、勤務先等の国と日本の間で租税条約がない場合、給与所得者は、その勤務地国の国内法により課税を受けることになる。

⑿　学生、事業修習生、年金、政府職員等（外国勤務の公務員はその勤務する国で課税を受けるのか）

学生、事業修習生の規定は、もっぱら教育あるいは訓練を受けるために条約相手国に滞在する場合、これらの者が国外から受領する生計、教育、訓練のための給付をその滞在国で免税とすることを定めている。

年金の規定は、過去に勤務を行った国と現在の居任地国が異なる場合、双方の国から課税を受けることもあることから、多くの租税条約では、年金受給者の居住地国が課税を行うことを規定して、二重課税を排除している。

政府職員の規定は、政府職員の給与及び退職年金について、原則として、接受国を免税として、派遣国（本国）のみが課税することを定めている。

⒀ 特典制限条項

日米租税条約の特徴の１つは、わが国がこれまで締結した租税条約では初めて、特典制限条項（Limitation on Benefits）を規定していることである。なお、日米租税条約以後に改正された日英租税条約及び日仏租税条約等においても同様の規定がある。

この日米租税条約における最も影響のある改正事項は、投資所得（配当所得、利子所得、使用料所得等）課税の減免である。その結果、国内法（日本の源泉徴収税率20.42％、米国の源泉徴収税率30％）と租税条約との税負担の差が相当に開いたことになる。

したがって、国内法の適用を受けると税負担が重くなることから、節税を図りたい第三国居住者は、条約締約国のいずれかの国にダミー法人を設立する等の手段を講じて租税条約の適用を受ける行為を行うことになる。この条約締約国に設立された法人はその国の居住者になり、これまでの租税条約では適用対象者になる。このようなことを租税条約の不正利用であるトリティーショッピングというが、特典制限条項は、条約の適用対象者である居住者の要件をさらに一段と厳しく制限を課すことで租税条約の不正利用をする者を排除することを目的とした規定である。

⒁ 二重課税の排除（居住者が受け取る外国国債の利子が外国で課税を受けている場合、日本ではどうするのか）

同一所得について、外国と本国の双方で課税を受ける国際的二重課税（副題のような場合）を排除するために、租税条約は、条約の規定に従って所得源泉地国で課税を受ける場合、その税額について居住地国が外国税額控除を行うことを規定している。また、開発途上国との租税条約には、みなし外国税額控除（tax sparing credit）が規定されている例がある。

⒂ 情報交換

租税条約は、国際的脱税等に対処するために、条約相手国と相互に必要な情報を交換する情報交換の規定を設けている。そして、入手した情報に関しては、国内法と同様に守秘義務が課される。

また、G20及びOECDを中心としてタックス・ヘイブンに対する規制強化の一環として、租税条約あるいは情報交換協定における情報交換に係る規定が改正され、金融機関情報等の交換も可能になっている。

2014年5月にパリにおいて開催されたOECD閣僚理事会で採択された「租税に係る金融情報の自動交換の宣言」による国内法の整備として、平成27年度税制改正により「非居住者に係る金融口座情報の自動的交換のための報告制度の整備」が行われた。

⒃ 相互協議

租税条約の規定に反する課税を受けたり、あるいはその恐れがある場合、納税者は、権限ある当局に相互協議の申立てをすることができる。移転価格税制の適用において、一方の締約国で関連会社（例えば、子会社）等が、移転価格税制により課税を受けると、他方の国の納税者（例えば、親会社、逆の場合もある）は、すでに移転価格税制により再配分を受けた所得について申告所得として納税していることから、租税条約に基づく両国の権限ある当局の相互協議により対応的調整を受けることができる。

また、移転価格税制に係る相互協議が合意に至らないこともあることから、最近は、仲裁等の制度が租税条約に導入されている。

⒄ BEPS防止のための租税条約関連措置の実施に係る多国間条約

このBEPS条約は、OECDによる租税回避防止を目標とした2013年７月公表のBEPS行動計画15にある「多国間協定の開発」に基づくもので、日本は、2017年６月７日にパリにおいてこの条約に署名をして参加した。2018年７月１日に批准書等を許諾した５か国・地域についてこの条約が発効した。日本は、2018年９月26日に留保及び通告を提出していることから、日本がこの条約の適用対象国として選択している条約相手国で、かつ、その相手国も留保及び通告を提出している場合、適用対象となる規定についても双方の選択が合致することを条件に、既存の租税条約がBEPS条約の規定に置換えあるいは追加されることになる。

3 外国法人

(1) 総合主義から帰属主義へ（平成26年度改正）

総合主義は、外国法人の支店等である恒久的施設（Permanent Establishment：PE）が国内にある場合、全ての国内源泉所得を総合して課税する方式である。平成26年度税制改正により、平成28年４月１日以後に開始する事業年度から外国法人がわが国に有する恒久的施設（PE）に帰せられる所得（PE帰属所得）を国内源泉所得とする帰属主義となる。なお、所得税については、平成29年分以後の所得税について適用となっている。

このような改正に至った理由としては、日本の締結している租税条約のすべてが帰属主義を採用していること、また、OECDが、従来のモデル租税条約７条（事業所得条項）も帰属主義であったが、その解釈や運用が各国で統一されていなかったため、結果として二重課税・二重非課税を効果的に排除することができていないという問題提起がなされた結果、2010年にPE帰属所得の新しいアプローチ（AOA：Authorised OECD Approach）を導入したことがその原因である。

この改正により、日本にPEを有する外国法人の場合、総合課税となる所得が、PE帰属所得と国内資産譲渡所得等に基因するPE非帰属所得に区分されて課税となる。なお、このPE帰属所得とは、これまで課税していなかったPEに帰属する国外源泉所得（PEが第三国の国債に投資して得た利子等）である。また、外国本店がPEを通さずに直接日本の株式等に投資して得た利子・配当等については、原則として、法人税の申告の対象外とされ、所得税の源泉徴収によって課税関係が終了することになる。

(2)　PE帰属所得

PE帰属所得については、AOAに基づき、そのPEが本店等から分離・独立した企業であると擬制した場合に得られる所得とされ、PEに帰属しない所得はPE非帰属所得となる。PE帰属所得の算定においては、これまでPEと本店等との間の内部取引について所得として認識してこなかったが、改正により、移転価格税制と同様に独立企業間価格による取引が行われたものと擬制して、内部取引損益が認識される。また、PEへの資本の配賦・PEの支払利子控除制限として、PEが本店等から分離・独立した企業であると擬制した場合に必要とされる程度の資本をPEに配賦され、PEが支払った内部利子を含む負債利子総額のうち、そのPEに配賦された資本に相当する部分については、損金に算入することを制限されることになる。

そして、PEが本店等のために行う単なる購入活動からは所得が生じないものとする単純購入非課税の取扱いは廃止となる。

(3)　外国税額控除の導入

外国法人のPE帰属所得について日本において課税されることから、外国法人のPEが本店所在地国以外の第三国で取得した所得について、その国と日本の間で二重課税を受けることとなることから、外国法人にも外国税額控除が認められることになった。

また、今回の改正は外国法人に対して本支店間の内部取引を認識することを要求すると同時に、内国法人と国外PEに対しても外国法人と同様に内部取引を認識することを要求していることから、日本は内国法人について全世界所得課税を原則としているため、国外PEの外国税額控除の算定の場面に影響が及ぶことになる。これまで、外国税額控除の控除限度額の算定の基礎となる国外源泉所得は、国内源泉所得以外の所得とされているが、外国法人への課税原則が国内源泉所得からPE帰属所得に変わると国外源泉所得の範囲が不明確となるため、国外源泉所得を積極的に定義する方式に改められている。

(4) 文書化

同一法人内である本支店間の内部取引に関して、内部文書が納税義務者及び課税当局双方にとって機能事実分析等において重要であるため、内部取引に係る文書を作成、提示することを納税者を求めている。

4　個人の課税

(1) 居住形態の判定（外国子会社に３年間の予定で出向した社員の居住形態は何か）

個人は、所得税の課税上、居住者と非居住者に分類され、居住者は、非永住者とそれ以外の居住者（永住者）に分けられている。

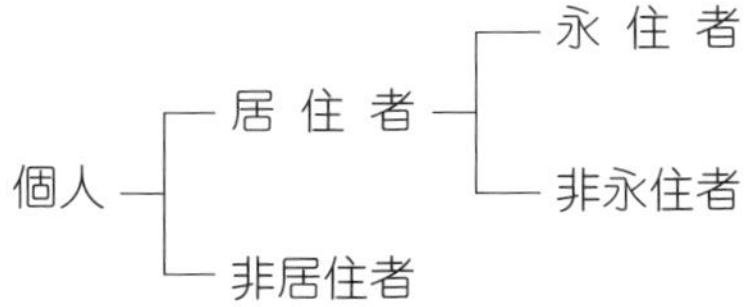

このように居住者あるいは非居住者を判定することを居住形態の判定とい

うが、わが国の所得税法は、個人を国籍ではなく、この居住形態により判定して、その居住形態ごとにその課税所得の範囲が異なる旨の規定を置いていることから（所法７）、この判定は重要であり、かつ、最初に行う必要がある。

居住者は、国内に住所を有し、又は現在まで引き続いて１年以上居所を有する個人をいう（所法２②三）。また、居住者のうちの非永住者は、平成18年度改正により、居住者のうち、日本国籍を有しておらず、かつ、過去10年間のうち国内に住所又は居所を有していた期間の合計が５年以下である個人、と改正された（所法２①四）。非居住者は、居住者以外の個人をいう（所法２①五）。なお、住所とは、個人の生活の本拠をいい、居所とは、生活の本拠ではないが、多少の期間継続して現実に居住する場所をいう。さらに、その判定が難しい場合を想定して、住所の有無の推定規定があり（所令14、15）、例えば、国内の子会社等で１年以上勤務するために来日した外国人社員は、入国時から居住者とされ、逆に、副題にあるように、国外の子会社等に１年以上の勤務で出向する日本人社員は、出国時から、非居住者となる。

平成29年度税制改正において、高度外国人材に対する非永住者課税の見直しが行われ、非永住者の課税所得の範囲から所得税法に規定する有価証券で、過去10年以内において非永住者であった期間内に取得（平成29年４月１日以後の取得したものに限る。）で所定の譲渡による生ずる所得が除かれることになった。

(2)　課税所得の範囲

①　居住者（永住者）の課税所得の範囲……全世界所得

②　非永住者の課税所得の範囲……第95条第１項（外国税額控除）に規定する国外源泉所得以外の所得及び国外源泉所得で国内において支払われ又は国外から送金されたもの

③　非居住者の課税所得の範囲……国内源泉所得

(3) 国内源泉所得（日本子会社に勤務する外国人社員の外国払い給与は、課税になるのか）

国内源泉所得に係る所得金額の算定では、外国払い給与のある非永住者の給与所得の計算が最も複雑である。なお、その給与のすべてが国内で支払われている場合には、年間の給与収入の額が2,000万円を超える者は確定申告を行い、その他の者は、年末調整の対象となる。具体的には、初めて来日した者で、日本で１年以上５年以下勤務する外国人社員がこれに該当する。通常、このような者は、非永住者として取り扱われ、国内源泉所得は、国内と国外の勤務日数により給与総額（外貨建給与は円貨に換算）を按分して計算され、さらに、国外源泉所得で国内において支払われ又は国外から送金されたものを考慮して課税所得の金額が算定される。したがって、副題の場合、外国払い給与は、原則としてわが国の課税となり、確定申告が必要となる。

(4) 非居住者の課税（日本で賞金を得た外国スポーツ選手の課税はどうなるのか）

個人の非居住者の課税は、外国法人の課税と類似している。その所得は、恒久的施設の態様により、総合課税による申告納税方式によるものと分離課税による源泉徴収方式によるものに区別され、租税条約の適用がある場合は、租税条約に規定する軽減税率の適用がある。副題の場合は、通常、20.42％の税率による源泉分離課税により日本における課税関係は終了する。

☞租税条約における給与所得の短期滞在者免税の規定を、ここでもう１度検討してみよう。

(5) 出国税（国外転出する場合の譲渡所得等の特例）の創設

(A) 出国税の導入の背景

政府は平成27年度の税制改正において、富裕層の税逃れ対策強化の一環として、国外に住所を移す者に対して株式等の含み益に所得税を課税する税制改正（国外転出時課税制度）を実施した（所法60の2①他）。その背景には、香港、シンガポール、ニュージーランド等のように、株式譲渡益等への課税はない国に居住者が国外転出をして株式等を譲渡することで租税回避を図る動きがあり、この新制度は、その対抗策ということになる。

(B) 出国税の概要

(a) 納税義務者

この制度における納税義務者は居住者のうち、国外転出後に日本における居住形態が非居住者となる者である。なお、この制度の趣旨から居住者のうちの非永住者は納税義務者から除かれるものと思われる。

(b) 課税対象

所得税法に規定する有価証券若しくは匿名組合契約の出資の持分（以下「有価証券等」という。）又は決済をしていないデリバティブ取引、信用取引若しくは発行日取引（以下「未決済デリバティブ取引等」という。）を有する場合には、当該国外転出の時に、次に掲げる場合の区分に応じそれぞれ次に定める金額により当該有価証券等の譲渡又は当該未決済デリバティブ取引等の決済をしたものとみなして、事業所得の金額、譲渡所得の金額又は雑所得の金額を計算する。

(c) 所得金額の算定

納税管理人を定めた場合とそうでない場合で、所得金額の算定時期が異なることになる。

① 国外転出の日の属する年分の確定申告書の提出時までに納税管理人の届出をした場合は、国外転出の時における当該有価証券等の価額に相当

する金額又は当該未決済デリバティブ取引等の決済に係る利益の額若しくは損失の額となる。

② ①以外の場合は、国外転出の予定日の３月前の日における当該有価証券等の価額に相当する金額又は当該未決済デリバティブ取引等の決済に係る利益の額若しくは損失の額となる。

(d) 出国税の対象者

次の①及び②の要件を満たす居住者はこの制度の適用となる。

① 算定された所得金額が１億円以上である者

② 国外転出の日前10年以内に、国内に住所又は居所を有していた期間の合計が５年超である者

(e) 納税猶予制度

この制度は、いわゆる株式等の未実現利益に課税する制度であることから、納税資金の点で問題が生じる可能性がある。そこで、納税猶予の制度が定められている。

(6) 日本国外に居住する親族に係る扶養控除等の書類の添付等の義務化

平成27年度税制改正により次の事項が定められた。

① 確定申告において、非居住者である親族に係る扶養控除、配偶者控除、配偶者特別控除又は障害者控除の適用を受ける居住者は、親族関係書類及び送金関係書類を確定申告書に添付し、又は確定申告書の提出の際提示しなければならない。

② 給与等又は公的年金等の源泉徴収において、非居住者である親族に係る扶養控除、配偶者控除又は障害者控除（以下「扶養控除等」という。）の適用を受ける居住者は、親族関係書類を提出し、又は提示しなければならない。

③ 給与等の年末調整において、非居住者である親族に係る扶養控除等の適用を受ける居住者は送金関係書類を提出し、又は提示しなければなら

ないこととし、非居住者である配偶者に係る配偶者特別控除の適用を受ける居住者は、親族関係書類及び送金関係書類を提出し、又は提示しなければならない。

5　外貨建取引の換算

(1)　外貨建取引の換算の概要

法人が外国通貨で行われる資産の販売及び購入、役務の提供、金銭の貸付け及び借入れ、利益の配当等の外貨建取引を行った場合、その外貨建取引の金額の円換算額は、外貨建取引を行ったときの外国為替相場に基づく円換算額により記帳される。その外貨建取引が決済された場合、その決済による円貨額と帳簿価額との差額が、為替差損益となる。また、期末において、法人が外貨建資産及び負債（以下「外貨建資産等」という。）を保有する場合、期末換算の方法の問題が生じてくる。外貨建取引の換算に係る規定は、平成12年度の税制改正により、政令から法人税法（61の8～61の10）に規定が移され、その規定の内容が改訂されている。なお、これまで明確な規定のなかった個人が外貨建取引を行った場合における円換算方法について、平成18年度改正により、原則は取引時の為替相場による換算、為替予約のある場合は一定の要件の下で確定されている円換算額により換算すると規定された。

(2)　期末換算の方法

法人が、期末に保有する外貨建資産等の換算方法は、次のとおりである。なお、下記のイ、ロ②、ハについては、法人が、いずれかの方法を選択することになる。

イ　外貨建債権債務………………発生時換算法又は期末時換算法

ロ　外貨建有価証券

①　売買目的有価証券…………期末時換算法

② 満期保有目的等有価証券…発生時換算法又は期末時換算法

③ その他の有価証券…………発生時換算法

ハ 外貨預金………………………発生時換算法又は期末時換算法

ニ 外国通貨………………………期末時換算法

上記の発生時換算法は、外貨建資産等の取得又は発生の時の外国為替の売買相場により円換算をする方法である。また、期末時換算法は、外貨建資産等を期末の外国為替相場により円換算する方法であり、為替相場の変動により為替損益が発生する。

(3) 先物外国為替契約等のある場合の換算

法人が、先物外国為替契約等により、外貨建取引によって取得又は発生する資産又は負債の金額の円換算額を確定させた場合、その契約締結日にその旨を帳簿に記載するときは、その円換算額が、外貨建取引の換算額となる。

したがって、法人が、期末換算方法として、発生時換算法又は期末時換算法のいずれかを適用する場合、いずれにおいても、先物外国為替契約等によって確定させた円換算額が、期末時の円換算額となる。

(4) 為替予約差額の期間配分

その決済日が期末から１年未満で到来する短期外貨建資産等の場合を除いて、それ以外の外貨建資産等について、為替予約差額は、先物外国為替契約等の締結日の属する事業年度とその外貨建資産等の決済日の属する事業年度の間に所定の方法により期間配分される。

(5) 外国為替の売買相場が著しく変動した場合等

平成12年度改正においては、外国為替の売買相場が著しく変動した場合の外貨建資産等の円換算額への換算、期末時換算法により為替損益を計上した翌事業年度における処理、外貨建資産等の期末換算方法の選択手続等について、それぞれに規定が定められた。

6　外国税額控除

(1) 外国税額控除の意義（外国税額控除方式と外国所得免税方式の利点と欠点は何か）

外国税額控除は、居住者である個人又は内国法人が、国外で得た所得に対して、外国で課税を受ける場合、その国外所得について、内国法人等が再度わが国で課税を受けることから国際的二重課税が生じる。この二重課税を排除する方法として、所得税、法人税、相続税・贈与税及び租税条約に外国税額控除が規定されている（所法95、法法69、相法21・21の８）。

外国税額控除は、これまで、直接税額控除、間接税額控除、タックス・スペアリング・クレジット（みなし外国税額控除）及びタックス・ヘイブン対策税制に係る外国税額控除に分類されていたが、平成21年度税制改正により間接税額控除が廃止されて、内国法人が所定の外国子会社から受ける配当等の額についてこれを益金に算入しない外国子会社配当益金不算入制度が創設された。

国際的二重課税を排除する典型的方法には、外国税額控除方式と外国所得免税方式がある。租税が企業活動に影響を与えないという中立性の観点から、外国税額控除方式が外国所得免税方式よりも優れているといわれている。外国所得免税方式は、国内でのみ事業活動をする企業と比較して、国外においても事業活動をする企業が、国外所得を居住地国で免税されることから、輸出を促進することになる。この外国所得免税方式は、管理上の簡便性の点で外国税額控除方式よりも優れており、いずれの方式を選択するかは、その国の租税政策に基因することになる。外国税額控除における重要な論点の一つは、控除限度額に関するものである。控除限度額については、古くから、国別控除限度額と一括控除限度額のいずれを選定するかという議論がある。

(2) 直接税額控除（国外からの使用料に係る外国所得税を負担したのは誰か）

直接税額控除は、国外から受け取る利子、配当、使用料に課される源泉徴収税額及び外国支店の所得に課される外国法人税等、居住者又は内国法人が、国外で直接納付した税額について、わが国の法人税等から控除する方法である。

(3) 外国子会社配当益金不算入制度

内国法人の外国子会社等が親会社である内国法人に配当せずに利益を留保して日本に資金が還流しない事態となった。このような状態が続いた場合、研究開発、雇用等が国外に移転してしまう恐れがあることから、外国子会社の利益の国内への還流を促進する観点から、間接税額控除を廃止して、所定の外国子会社からの配当等を日本で課税しない外国子会社配当益金不算入制度が平成21年度税制改正により創設された（法法23の２）。

この制度が適用される外国子会社には、内国法人が外国法人の発行済株式等の25％以上の株式等を、配当等の支払義務が確定する日以前６月以上引き続き直接に所有している外国法人がこれに該当する。なお、租税条約に持株割合に関して異なる定めがある場合は、この割合により適用対象となる外国子会社を判定することになる。

外国子会社配当益金不算入制度の適用において益金の額に算入しないこととなる場合、その配当等に係る費用に相当する金額としてその配当等の額の５％相当額が益金不算入となる配当等の額から控除される。また、この配当等に係る外国源泉税等の額は内国法人の損金の額に算入せず、外国税額控除の対象にもならない。

平成27年度の税制改正により、内国法人が外国子会社（持株割合25％以上等の要件を満たす外国法人をいう。）から受ける配当等の額で、その配当等の額の全部又は一部が当該外国子会社の本店所在地国の法令において当該外国子会社の所得の金額の計算上損金の額に算入することとされている場合

（例えばオーストラリアの優先株式等）には、その受ける配当等の額を、本制度の適用対象から除外する改正が行われた。

(4)　みなし外国税額控除（tax sparing credit）

みなし外国税額控除は、租税条約においてその範囲を定めて、発展途上国において減免された租税を納付したものとみなして、日本が外国税額控除を行うが、外国税額控除と異なり、国際間の二重課税を排除する目的で行われるものではなく、発展途上国に投資する日本企業に対する優遇税制の一種である。

(5)　外国税額控除の計算

外国税額控除は、内国法人等が国外で外国法人税等を納付した場合、その納付した税額すべてがわが国の法人税等から税額控除されるものではない。外国税額控除の計算を行う場合のチェックポイントは、次の諸点である。

(A)　控除対象外国税額の検討

控除対象となる外国税額は、原則として、わが国の法人税、所得税のように、所得を課税標準として課される租税であることが要件であり、外国で課された間接税、財産を課税標準に課された税及び外国法人税等の附帯税等は、その対象から除かれる。

なお、平成13年度改正により、控除対象外国税額の範囲から、内国法人が通常行われる取引と認められないものとして、所定の取引に基因して生じた所得に対して納付する外国法人税は除かれることとなった（法令142の3⑤⑥）。

さらに、平成24年度税制改正によれば、控除限度額の計算における国外所得から非課税国外所得の全額が除外されるとともに、国外所得の90％制限は廃止され、外国税額控除の対象から除外される「高率」な外国法人税の水準が50％から35％に引き下げられた。

(B) 控除限度額の算定

(a) 控除限度額

わが国は、控除限度額について、一括控除限度額を採用している。この控除限度額は、外国税額控除により控除される外国法人税が、その外国法人税が課された国外所得に対するわが国の法人税額を限度としている。この控除限度額は、国外所得に対するわが国の実効税率を限度とする。

平成23年度税制改正によれば、控除限度額の計算において、租税条約の規定により条約相手国等において租税を課することができるとされる所得で条約相手国で課税されるものは、国外所得に該当するものとされることとなった。

（算式）

$$\text{当期の所得に対する法人税額} \times \frac{\text{当期の国外所得金額}}{\text{当期の所得金額}} = \text{控除限度額}$$

(b) 国外所得金額

国外所得金額は、当該事業年度の国内源泉所得以外の所得について、法人税を課税する場合の課税標準となる金額をいう。また、国外所得金額の算定について、販売費及び一般管理費のうち、国外業務に直接要する費用は、国外業務に係る収入から控除し、国内及び国外の業務双方に関連して発生する共通費用は、収入金額、資産の価額、使用人の数等を基準として国外所得に配賦される。

これと同様に、国内及び国外の業務に共通して生じる負債利子、各種引当金等は、国外業務に係るこれらの金額を配賦することになる。

(C) 外国税額控除の適用時期

外国税額控除は、当期において納付することとなった外国税額に対して適用されるが、国外所得の生じた年度（当該国外所得の帰属する年度）と外国法人税について外国税額控除の適用を受ける年度（当該外国法人税を納付することとなった年度）が異なることがある。特に、外国支店の法人税等の納税が賦課決定方式である場合には、両者の間に相当の時間が経過することがある。

このようなタイムラグを調整する方法として、控除限度超過額と控除余裕額の3年の繰越しが認められている。

また、外国税額控除は国税ばかりではなく、地方税についても認められるので、控除限度超過額は、外国法人税の額が国税の控除限度額と地方税の控除限度額の超える場合に生じ、控除余裕額は、外国法人税の額が控除限度額に満たない場合に算出され、それは、国税の控除余裕額と地方税（道府県民税と市町村民税）の控除余裕額に分けられる。

(D)　税額控除と損金算入の選択

納付した控除対象となる外国税額について、外国税額控除と損金算入の選択は納税者の任意である。ただし、その外国税額すべてについて、いずれかを選択することが必要である。

7　移転価格税制

(1)　移転価格税制の概要（日本法人が外国子会社に市場価格よりも低い価格で商品の売却をした場合どうなるのか）

移転価格（transfer price）とは、本来は、事業部制のような組織を採用している企業内における振替価格を意味するが、現在の移転価格税制で問題とされているのは、国内の振替価格ではなく、国際的な関連企業間の取引金額のことである。この関連企業間取引は、第三者との取引と異なり、企業の租税回避の意図の有無にかかわらず、企業が第三者間取引と異なる取引金額の決定ができることから、このような取引を通じて、関連企業間で所得が国際間を移転することになる。

言い換えると、このような関連企業間取引によって、それぞれの国の本来の税収が損なわれる結果となる。このような事態に対処するために、先進諸国をはじめとして、多くの国の税法は、移転価格税制を規定している。

この移転価格税制の本質は、国際間における課税所得の配分の問題である。そして、その特徴は、関連企業間の取引金額を、あたかも独立した企業間で行う取引と同様の、独立企業間価格（arm's length price）で行うことが必要とされている。各国の移転価格税制の内容はまちまちであるが、この原則は、どの国の移転価格税制においても共通といえる。したがって、関連企業間取引で、独立企業間価格以外の価格により取引が行われた場合、課税当局は、この独立企業間価格に引き直して、取引金額を修正することになる。

わが国では、昭和61年度改正により本税制が創設された（措法66の４）。

(2) 国外関連者と適用対象取引

(A) 適用対象法人（関連内国法人間の販売価額を通じての利益の移転にこの制度は適用されるのか）

この税制の適用の対象となる取引の主体は、法人と規定されているので、個人については適用がない。この法人とは、法人税の納税義務のある法人であり、内国法人及び外国法人の日本の支店等がこれに該当する。

(B) 適用対象取引

法人が、特殊な関連にある外国法人（国外関連者）との間に行う取引（国外関連取引）で、法人が受け取る対価の額が独立企業間価格に満たない取引又は支払う対価の額が独立企業間価格を超えている取引が対象になる。なお、外国本店と日本支店の間の本支店取引で、国内源泉所得に係るものは、通常の法人税課税を行えることから適用除外取引となっている。

(C) 国外関連者

わが国の移転価格税制の特徴は、国外にある関連者との取引にその適用が限定されていることである。したがって、副題にあるような国内における関連会社間取引には、この適用はない。

そこで、国外関連者は次のような場合に該当する。なお、持株関係の算定は、掛け算方式ではなく50％以上の株式等の保有を通じての連鎖関係により判定される。

①　直接又は間接に50%以上の持株関係がある場合

②　同一の親会社に50%以上の株式を直接又は間接に保有されている場合

③　実質的に支配・被支配の関係にある場合

平成17年度税制改正において、国外関連者の範囲に次の者が加えられた（措令39の12①四、五）。

① 内国法人等と外国法人の間に実質支配関係と持株関係との連鎖による又は実質支配関係のみによる間接の支配関係がある場合の外国法人

② 内国法人等と外国法人とが同一の者との間で、実質支配関係と持株関係による又は実質支配関係のみによる直接又は間接の支配関係がある場合の外国法人

(D) 独立企業間価格

棚卸資産の売買とそれ以外の取引の場合に分けて規定が置かれている。棚卸資産の売買については、次の4つの方法のいずれかによることになる。

① 独立価格比準法

同種の棚卸資産について、第三者間において同様の状況のもとでの取引に設定される価格が独立企業間価格となる。

② 再販売価格基準法

国外関連者がその商品を第三者に販売する価格から第三者間取引で通常見込まれる利益を控除した価格によって独立企業間価格を算定する方法。

③ 原価基準法

製品を販売する場合、その製品の製造原価に通常の利益を加えた金額が独立企業間価格となる方法。

棚卸資産の売買以外の取引、例えば、金銭の貸付け、役務の提供、技術等の提供等については、原則として、棚卸資産の売買と同様な方法のいずれかの方式によることになるが、棚卸資産の売買と異なる点も多いことから、調整が必要となる。

④ その他の方法

なお、平成16年度税制改正において、独立企業間価格の算定方式に取引

単位営業利益法が追加された。この方法は、OECD移転価格ガイドラインで認められている方法であるが、日米租税条約の交換公文において同ガイドラインの遵守が規定されたことが改正の原因である。この方法は、営業利益をベースにして原価の額又は売上金額を算出する方法である（措令39の12⑧）。

また、わが国の移転価格税制が範としているOECD移転価格ガイドラインが平成22年７月に改正されたことに伴い、平成23年度税制改正において、独立企業間価格の適用優先順位が廃止され、最適な方法を選択する仕組みとなる。さらに、独立企業間価格幅（レンジ）について、国外関連取引の価格等がレンジの中にあるときは、移転価格課税を行わないこと、レンジの外にある場合には、比較対象取引の平均値に加えて、その分布状況等に応じた合理的な値を用いた独立企業間価格の算定もできることを明確にすることとなった（措通66の４(3)－４）。

さらに、平成25年度税制改正により、独立企業間価格を算定する際の利益水準指標に営業費用売上総利益率（いわゆるベリー比）を加えられ，平成31年度改正では、独立企業間価格の算定方法にDCF法が加えられると共に評価困難な無形資産取引に価格調整措置が導入される。

(E)　独立企業間価格の算定方法等の事前確認

独立企業間価格の算定については、複雑かつ技術的であることから、法人と課税当局の見解が相違することが想定できる。したがって、法人が申告に際して適切に独立企業間価格を算定できるように、法人が最も合理的な独立企業間価格の算定方法を課税当局に申し出て、課税当局がその検証を行い、これを確認するものであり、これにより、課税当局との無用なトラブルを防止することができる。

この事前確認は、平成13年６月発遣の「移転価格事務運営要領の制定について」（平成19年６月一部改正）及び「相互協議の手続について」により処理されている。

(F) 推定課税

税務職員が法人に対して、独立企業間価格の算定に必要な帳簿等の提出を求め、その提出がなかったときは、税務署長は、類似同業法人の売上総利益率等を基礎として独立企業間価格を推定計算することができる。

(3) 対応的調整等

(A) 対応的調整

一方の国が、移転価格税制に基づいて、例えば、子会社等に対して増額更正を行った場合、両国で締結した租税条約に規定する相互協議条項に基づいて、親会社等の所在地国は、当該子会社所在地国と協議して合意に達した場合、減額更正を行うことになる。これは、国際的二重課税を防止するための措置であり、対応的調整といわれ、移転価格税制の特徴の一つである。

(B) 相互協議に係る納税猶予制度

移転価格税制の適用を受けた企業が対応的調整までの間に二重課税の負担になっていることから、平成19年度税制改正により取引相手国との相互協議の間、納税を猶予する制度が導入された。

また、平成22年８月に改正された日本・オランダ租税条約、平成22年11月に署名された日本・香港租税協定及び平成25年１月に改正署名された日米租税条約等には仲裁制度が規定された。

8 外国子会社合算税制

(1) 外国子会社合算税制の概要（タックス・ヘイブンとは何か）

外国子会社合算税制は、当初、税負担の軽減を目的として、税負担がないかあるいはその税負担が著しく低いタックス・ヘイブン国にペーパーカンパニーを設立するようなケースに対処するものであり、このような場合、一定要件の外国子会社の所得を居住者あるいは内国法人の所得と合算して日本で課税する制度として、昭和53年度の税制改正により導入された（措法40の4～40の6、66の6～66の9）。しかしながら、外国子会社等の設立に経済合理性が認められるものまで合算対象とするものではなく、適用除外要件が定められている。

⑵　平成29年度改正

⒜　平成29年度外国子会社合算税制改正の背景

1つは、国際的租税回避防止のために、OECDが行っているBEPS（税源浸食と利益移転）行動計画3において本税制の強化が勧告されたこと、第2は、各国において法人税率引き下げが行われたことで、税負担による合算対象法人の判定基準であるトリガー税率（20％未満）の適用が難しくなったこと等がある。外国子会社合算税制は、税負担のない又は著しく低い国又は地域（タックスヘイブン）にペーパー会社を設立してそこに利益を留保するという租税回避を防止する目的で創設された税制であり、一般的には、タックスヘイブン対策税制と称されていたが、平成21年度改正の外国子会社配当益金不算入制度の導入、平成22年度改正のトリガー税率を20％以下とする改正等を経て、平成29年度の改正により、タックスヘイブンに限定するのではなく、外国子会社を利用した租税回避全般を防止する税制にその性格を変えたともいえるのである。

⒝　平成29年度外国子会社合算税制の主要な改正点

本改正の適用は、外国関係会社が平成30年4月1日以後に開始する事業年度からである。

⒜　合算対象となる外国子会社の判定方法

現行制度は、居住者或いは内国法人等が合計で50％超を直接及び間接に保有する外国関係会社で、租税負担割合が20％未満のもので資産性所得を除いて、適用除外に該当しない外国関係会社を特定外国子会社等としてその所得を日本の親会社等の所得に合算して課税するものであるが、トリガー税率が廃止されたことで、外国関係会社の判定における間接保有割合が改正された。例えば、現行法では、内国法人Ａの外国法人Ｂの持分が80％で、外国法人Ｂの外国法人Ｃへの持分が70％の場合、内国法人Ａの外国法人Ｃへの持分は掛け算方式により56％であるが、今回の改正で50％超の株式保有を通じた連鎖関係により判定することになった。したがって、上記の例では、内国法人Aの外国法人Ｂへの持分が50％超でなければ、外国法人Ｃへの持ち分はないことになる。なお、この他に、居住者或いは内国法人と外国法人の間に外国法人の残余財産の概ねすべてを請求することができる等の関係がある場合、この外国法人を外国関係会社に加え、当該居住者或いは内国法人は合算課税対象者とする実質支配基準が加えられた。

(b)　適用除外基準の改正

現行法における適用除外基準は、経済活動基準と名称が変更され、経済活動基準のいずれかを満たさない外国関係会社については会社単位の合算課税対象となる。経済活動基準には、①事業基準、②実体基準及び管理支配基準、③所在地国基準、④非関連者基準、⑤経済的活動基準を満たすことが明らかな書類等の提出が期限までにない場合この基準を満たさないものと推定される。なお、当該外国関係会社の租税負担割合が20%以上である場合は、経済活動基準による判定が免除され会社単位の合算課税の適用がないことになる。

(c)　適用対象金額の計算

現行法では、適用対象金額から持分割合25％以上で6か月以上の保有の外国子会社からの配当を控除するが、化石燃料事業者で日本との租税条約締約国に化石燃料の採取場所がある者からの配当等については、持分割合要件が改正法により10％に緩和された。

(d)　受動的所得の部分合算課税制度

現行法では、適用除外要件を満たす特定外国子会社等であっても、資産性所得のうち所定の金額のものは合算課税となる。今次の改正では、資産性所得が受動的所得として範囲が拡大されている。この受動的所得は、①所定の利子、②所定の配当等、③有価証券の貸付けの対価、④有価証券の譲渡損益、⑤ヘッジ目的のものを除くデリバティブ取引損益、⑥外国為替差損益（業務の通常の過程で生じるものを除く）、⑦①から⑥までに掲げる所得を生ずべき資産からの生ずるこれらの所得に類する所得、⑧有形固定資産の貸付けの対価、⑨無形資産等の使用料（自己開発した無形資産等一定のものに係る使用料は除く）、⑩無形資産等の譲渡損益、⑪外国関係会社の利益の額から上記①から⑩までの所得金額及び所得控除額を控除した残額、を含む。なお、上記⑪の所得控除額は、（外国関係会社の総資産＋減価償却累計額＋人件費）×50％の計算である。

(e) 受動的所得の部分合算課税制度の適用免除

現行法では、資産性所得の合算課税対象所得に係る収入金額の合計額が1,000万円以下が少額免除基準であるが、改正後はこの金額が2,000万円に引き上げられ、この基準を満たす旨の書面の確定申告書への添付及びその適用があることを明らかにする資料等の保存要件が廃止された。

(C) 本税制の適用

この改正により、本税制の適用は次のように区分することができる。

① 外国関係会社の税負担割合が27％以上の場合は、本税制の適用はない（令和５年度税制改正大綱による）。

② 外国関係会社の税負担割合が20％以上30％未満の場合、事務所等の固定的施設がない等のいわゆるペーパーカンパニーの場合、総資産に対する所定の受動的所得の割合が30％を超える外国関係会社で、総資産に対する有価証券、貸付金及び無形固定資産の合計額の割合が50％を超える、いわゆるキャッシュボックスの場合、情報交換等に非協力的と財務大臣が指定した国等に本店等を有する外国関係会社、は会社単位の合算課税の対象となる。

③ 外国関係会社の税負担割合が20未満の場合で、上記の経済活動基準をすべて満たすときは受動的所得のみが合算対象となり、経済活動基準のいずれかを満たさない場合及び上記②のいずれかに該当する場合は、会

社単位の合算課税となる。

(3) 適用の対象となる特定外国子会社等（適用対象は外国子会社までか、あるいは孫会社以下にも適用があるのか）

この税制の適用対象となる特定外国子会社等は、居住者及び内国法人により、直接間接に50%を超える発行済株式あるいは議決権のある発行済株式（配当受益権のない株式等を除く）を所有されている外国関係会社のうち、次のいずれかの条件を満たすものを特定外国子会社等という（措令39の14）。外国孫会社等でも要件を充足する場合は、この税制の適用がある。

① 法人の所得に対して課される税が存在しない国又は地域に、本店又は主たる事務所を有する外国関係会社

② その各事業年度の所得に対して課される租税の額が、当該所得の金額の20%未満である外国関係会社

この上記②の要件の算式は、次のとおりである。

$$20\% > \frac{\text{外国関係会社に対して課される外国法人税額}}{\text{外国関係会社の所得金額}}$$

（分子） 外国関係会社に対して課される外国法人税額＝本店所在地国又は本店所在地国以外の国で課される法人税額＋本店所在地国で間接控除の対象となる外国法人税額＋みなし外国税額控除等の対象となる減免された外国法人税額

（分母） 外国関係会社の所得金額＝本店所在地国の法令により計算された所得金額＋非課税所得（本店所在地国の国内配当、一定要件の親子間配当及び外国法人の所在地国の法令により二重課税排除を目的としたものとして株式保有割合要件以外の要件により所在地国の課税要件に含まれないこととされる配当等を除く）＋損金算入支払配当＋損金算入外国法人税＋損金算入保険準備金（平成5年度改正事項）－益金算入還付外国法人税

(4) 適用対象となる内国法人等

特定外国子会社等の発行済株式等の株式を、直接・間接に10%以上保有する居住者あるいは内国法人、及び全体として直接・間接に10%以上保有する同族株主グループに属する居住者あるいは内国法人に対して、この税制が適用される。なお、居住者の合算課税の場合、その所得は、雑所得の収入金額に算入される。また、本税制の対象となる外国関係会社及び内国法人等の判定について、議決権の異なる株式が発行されている場合、株式数の割合、議決権数の割合、配当等の金額の割合のいずれか多い割合で行うこととなった(平成19年度税制改正)。

平成20年度税制改正では内国法人等の判定における同族株主グループの範囲に内国法人の役員等が支配する法人が加えられた。

平成22年度税制改正により、外国関係会社等の保有割合が10%以上に改正された。

(5) 合算対象となる所得金額の計算

合算対象となる所得金額の計算は、次の順序で行うことになる。

① わが国の法人税法及び租税特別措置法に基づく計算又は特定外国子会社等の本店所在地国の法令のいずれかから選択した方法により一定の調整を行った後に、前7年以内に生じた欠損金額及び当期中の納付の確定した法人税額等の控除を行って、適用対象金額を算定する。

② 内国法人の合算対象となる課税対象金額は、原則として、適用対象金額に当該内国法人の直接間接の持分割合を乗じて計算する。

(6) 外国子会社配当益金不算入制度創設に伴う改正

平成21年度税制改正において、外国子会社配当益金不算入制度が創設されたことに伴い、合算対象となる適用対象留保金額の算定において特定外国子会社等が支払う配当等の額は控除されないこととなった。

ただし、特定外国子会社等が受ける次に掲げる配当等の額は、合算対象となる金額の算定上控除される。

① 特定外国子会社等がその子会社（特定外国子会社等が発行済株式等の25％以上の株式等を配当等の支払い義務確定日以前6月以上引き続き所有している法人）からの受取配当

② 特定外国子会社等が他の特定外国子会社等からの受取配当のうち、合算対象となる金額を原資としたもの

また、内国法人が、外国子会社益金不算入制度の適用にならない配当等を特定外国子会社等から受け取る場合、内国法人が過去10年間の事業年度において特定外国子会社等の合算対象とされた金額の合計額に達するまでの受取配当の金額は益金不算入となる。

9　過少資本税制

(1)　過少資本税制の概要（子会社の必要な資金について、親会社から、出資と融資のどちらが税務上有利になるか）

平成4年度税制改正において、わが国において過少資本税制が導入された（措法66の5）。この制度は、利子と配当の合計及び税務上の取扱いの相違に基因したものである。すなわち、負債に係る支払利子は、損金として控除され、課税所得を減少させる効果を持つことになるが、配当は、支払利子とは異なり、利益処分として取り扱われることになり、企業の課税所得を減少させる効果がないことになる。

国際税務において、外国企業が、投資先の国に子会社等を設立して事業を行う場合、この子会社等への出資をできるだけ少額にして、事業上必要な資金を貸付けで賄うことが多く見られることから、多くの国では、子会社等からの外国親会社等への支払利子に一定の制限を設けている。その基準として、

借手である子会社等の負債・資本比率を尺度として、負債の比率がその所定の比率を超える場合、外国親会社等からの借入金に係る利子の損金算入を制限するもので、これが過少資本税制といわれる。

(2) 過少資本税制の計算構造

(A) 適用対象法人

わが国法人税の納税義務のある法人で、国外支配株主等に対して負債に係る利子を支払う法人である。したがって、一定要件の外資系子会社等、外国法人の日本支店（措法66の5⑦）及び本邦系法人のうち海外の姉妹会社から借入金の大きい法人が、これに該当することになる。

(B) 国外支配株主等

次に該当する非居住者又は外国法人が、国外支配株主等となる。なお、保有割合の判定は、移転価格税制と同様に連鎖関係により判定される。

① 内国法人に対して直接又は間接に発行済株式等の50％以上を有する者

② 同一の者によって、内国法人と外国法人のそれぞれ発行済株式等の50％以上を直接又は間接に保有されている場合の、内国法人からみて、外国姉妹会社の関係にある者

③ 取引、資金、人事等で内国法人を実質支配している者

(C) 適用要件

負債に対する資本の比率が300％を超える場合、その超える部分に対応する借入金に係る支払利子は損金不算入となる。また、平成18年度税制改正により、国外支配株主等に対する負債から借入れと貸付けの対応関係が明らかな債券現先取引等に係る負債からの控除が認められ、この場合の比率は２倍超となっている（措法66の5②）。なお、適用対象法人は、同種の事業を営む者の事業規模その他の状況が類似するものの負債・資本を基準とすることが認められる。この場合には、その比率が３：１を超える場合、例えば５：１で負債が多い場合であっても、本税制の適用はない。

(D) 支払利子の損金不算入額の計算

(a) 負債・資本比率が3：1を超える場合の国外支配株主等に対する支払利子の損金不算入額の計算

負債・資本比率が３：１を超える場合の国外支配株主等に対する支払利子の損金不算入額は、次の算式により計算される。

（算式）

$$\text{その事業年度において国外支配株主等に支払う負債利子の総額} \times \frac{\text{A} - (\text{国外支配株主等の資本持分} \times 3)}{\text{国外支配株主等に対する有利子負債に係る平均負債残高（A）}}$$

例えば、国外支配株主等（親会社）の資本持分200、親会社からの負債800、親会社に対する支払利子100とすると、上記算式によれば、25が損金不算入となる。なお、この損金不算入の利子は、以後においても損金算入の機会はなく、これで打切りとなる。

(b) 外国親会社が第三者を通じて日本子会社等に融資をする場合

国外支配株主等に対する負債の額には、国外支配株主等が第三者に融資を行い、その第三者が当該内国法人に融資をした場合、実質的に、国外支配株主等が当該内国法人に供与したと認められる資金に係る負債が含まれることから、会社計算では、当該第三者からの融資となるが、税務上は、国外支配株主等に対する負債の額として本税制の適用を受けることになる。

(c) 国外支配株主等による債務保証等の場合

平成18年度税制改正により、この税制の対象となる負債及び負債利子に国外支配株主等の債務保証により第三者の供与した負債、負債利子及び国外支配株主等に支払う債務の保証料等が加えられた。

10　過大支払利子税制（平成24年度税制改正）

この制度は、租税条約における利子所得の源泉地免税の措置の拡大等を背景として、関連間における借入を通じて、過大な利子支払い損金算入することで所得を圧縮し、租税を回避することが可能となった。このような租税回避を防止するために、過大支払利子税制が創設され（措法66の5の2）、平成31年度税制改正により利子の損金算入制限が強化された。

11　国外財産調書制度の創設

平成24年3月の税制改正により、国外財産調書制度が創設された。この制度は、その年の12月31日において、その価額の合計額が5,000万円を超える国外財産を有する非永住者以外の居住者がその対象となる。

国外財産調書制度の整備に伴い、財産債務明細書の見直しが平成27年度税制改正により行われた。その改正点は次のとおりである。

① 名称が、財産債務明細書から財産債務調書に改称された。

② 提出要件が、従前のその年分の所得金額2,000万円超に加えて、その年の12月31日に置いて有する財産の価額の合計額が3億円以上であること、または、その年の12月31日において有する国外転出をする場合の譲渡所得等の特例の対象資産の価額の合計額が1億円以上であることに改正された。

③ 国外財産調書と同様に、財産債務調書の提出の有無により、所得税または相続税に係る過少申告加算税等を加減算する措置が講じられた。

12　国際的租税回避の動向

日本は，これまで外国税額控除制度，タックスヘイブン対策税制（現在の外国子会社合算税制），移転価格税制の導入と国際税務関連の税制と併せて，租税条約網を拡充してきたが，2000年以降，国際税務はOECD等を中心とした各国の税務当局が連携する一方，自国の課税権を守るという，相反する動きが交錯する時代となった。

租税回避に対してこれまでは事後に気づいてその対策を講じるというのが

通常であったが，OECDが行っているBEPS行動計画12に示された所定の租税計画を税務当局に開示する義務的開示制度（Mandatory Disclosure Rules）或いは行動計画13に示された移転価格文書化等，そして，金融口座情報自動的交換報告制度（Automatic Exchange of Financial Account Information）の導入等により，租税回避に対する事前の予防的措置が講じられるようになった。これらの措置は，租税回避の取引等が起こってからではなく，起こる前にその手段を公表或いは国外の資産について税務当局に開示するというものである。この予防的手段が拡大するということは，租税計画を作成してこれを商品としていた者にとっては，計画を設定することに抑制的になり，租税回避の規制という結果になるものといわれている。

ここで問題視されることは，租税回避の予防的措置が拡大した場合，税務当局にとってプラスになり，納税義務者にとっては情報開示等の負担増になるのではないか，という点である。

現在多く論じられている租税回避は，特定の者が特定の方法を利用することで税負担の軽減という便益を得ている状況をいうことから，通常の形で税負担をしている者から見ると，著しい不公平ということになる。このような状況を放置すれば，納税道徳の荒廃を招くことになり，より強力な手段を税務当局に与える口実ともなるのである。

外国で，租税回避が横行した事例として，英国における租税回避事例がある。そこでは，取引全体から判断した税務当局の処分が支持された1981年のラムゼイ事案貴族院判決は有名であるが，この判決が出る前の実務では，租税回避が横行していたといわれている。英国では，2004年に租税回避スキームの開示制度であるDOTASが導入され，2013年には，一般否認規定が導入されている。予防的手段の拡大は，税務当局と納税義務者が相互に歩み寄り，租税回避の限界を策定する意味でも今後重視される領域といえよう。

13　グローバルミニマム課税の創設

OECDは、2017年頃から大手IT企業が、サービス等を提供して利益を得ている市場国において適正な水準の納税をしていないことから、これらの市場国に課税する新たな課税原則の創設の検討を始めた。

デジタル課税の第２の柱である最低税率制度について、OECDの包摂的枠組137か国とG20の合意を受けて、OECDは、2021年12月14日に第２の柱のモデルルールを公表した。この制度は、その適用範囲が限定されている。すなわち、国外で事業活動を行い、直近４会計年度のうちの２会計以上の年度のグループ全体の売上が７億5,000万ユーロの企業が対象となる。この対象となる多国籍企業に対しては最低税率15％が導入される。実効税率が15％に満たない場合はその差額を上乗せ税として納付することになる。令和５年度税制改正大綱には、その概要が公表されている。

〔参考文献〕

⑴　矢内一好『国際課税の租税条約』（ぎょうせい　平成４年）

⑵　矢内一好『租税条約の論点』（中央経済社　平成９年）

⑶　矢内一好『移転価格税制の理論』（中央経済社　平成11年）

⑷　矢内一好『詳解日米租税条約』（中央経済社　平成16年）

⑸　矢内一好『改正租税条約』（財経詳報社　平成19年）

⑹　矢内一好・高山政信『外国税額控除の理論と実際』（同文舘　平成20年）

⑺　坂田純一・杉田宗久・矢内一好『Q＆A国際相続の税務』（税務研究会出版局　平成21年）

⑻　高山政信・矢内一好『海外移住・ロングステイのための税務基礎知識』（財経詳報社　平成21年）

⑼　矢内一好『キーワードでわかる国際税務』（中央経済社　平成21年）

⑽　矢内一好『米国税務会計史』（中央大学出版部　平成23年）

⑾　矢内一好『現代米国税務会計史』（中央大学出版部　平成24年）

⑿　矢内一好『改正租税条約のすべて』（財経詳報社　平成25年）

⒀　矢内一好『英国税務会計史』（中央大学出版部　平成26年）
⒁　矢内一好『コンパクト解説・日本とアジア・大洋州・米州・旧ソ連諸国との租税条約』（財経詳報社　平成28年）
⒂　矢内一好『コンパクト解説・日本とヨーロッパ・中東・アフリカ諸国との租税条約』（財経詳報社　平成28年）
⒃　矢内一好『日本・国際税務発展史』（中央経済社・平成30年）

主要税目一覧

国　　税

［普通税］

〈収得税〉……所得税、法人税

〈財産税〉……相続税、贈与税、地価税、自動車重量税

〈消費税〉……消費税、酒税、たばこ税、揮発油税、石油ガス税、石油石炭税、航空機燃料税、関税

〈流通税〉……登録免許税、印紙税、日本銀行券発行税、とん税

［目的税］………電源開発促進税、地方揮発油税、特別とん税

［附帯税］………延滞税、利子税、加算税、過怠税

地　方　税

《都道府県税》

［普通税］

〈収得税〉……都民税、道府県民税、事業税、法定外普通税

〈財産税〉……固定資産税（大規模固定資産税）、自動車税、鉱区税

〈消費税〉……地方消費税、地方たばこ税、ゴルフ場利用税、特別地方消費税

〈流通税〉……不動産取得税

［目的税］………自動車取得税、軽油引取税、狩猟税、水利地益税

《市町村税》

［普通税］

〈収得税〉……市町村民税、鉱産税

〈財産税〉……固定資産税、軽自動車税、特別土地保有税

〈消費税〉……市町村たばこ税

〈流通税〉……法定外普通税

［目的税］………入湯税、事業所税、都市計画税、国民健康保険税、宅地開発税、共同施設税

［その他］………加算金、延滞金

＊普通税とは、使途を特定せず、一般経費に充てる目的で課される租税をいい、目的税とは、最初から特定の経費に充てる目的で課される租税をいう。

索　引

〈た行〉

〈は行〉

著　者　岸田貞夫（きしだ　さだお）：第1章執筆
前・松蔭大学大学院教授・弁護士

吉村典久（よしむら　のりひさ）：第2章執筆
慶應義塾大学法学部教授

柳　裕治（やなぎ　ゆうじ）：第3章1～8執筆
専修大学商学部教授・博士（商学）・税理士

髙橋里枝（たかはし　さとえ）：第4章執筆
武蔵野大学経営学部准教授

矢内一好（やない　かずよし）：第6章執筆
前・中央大学商学部教授・博士（会計学）

秋山高善（あきやま　たかよし）：第5章執筆
共栄大学国際経営学部教授

柳　綾子（やなぎ　あやこ）：第3章9～19執筆
駒澤大学経営学部講師・博士（経営学）・税理士

基礎から学ぶ現代税法　第5版

令和5年9月1日　初版発行

著　者　岸田貞夫　吉村典久　柳　裕治
髙橋里枝　矢内一好　秋山高善
柳　綾子

発行者　宮本弘明

発行所　株式会社　財経詳報社
〒103-0013　東京都中央区日本橋人形町1-7-10
電　話　03(3661)5266(代)
FAX　03(3661)5268
URL http://www.zaik.jp
振替口座　00170-8-26500

落丁・乱丁はお取り替えいたします。　印刷・製本　平河工業社
ISBN　978-4-88177-601-8